ニーチェ　仮象の文献学

ニーチェ
仮象の文献学

村井則夫 著

知泉書館

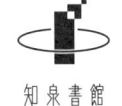

思考の課題は、世界の謎を説き明かすことではなく、その謎を作り出すことである。……

そこで哲学がなすべきことは、思考を体系化することではなく、哲学者を作り出すことである。

J. Lindsay, *Dionysos. Nietzsche contra Nietzsche: an essay in lyrical philosophy*, London 1928, p. 3.

目　次

目　次

ニーチェ

仮象の文献学

序章　ニーチェのスタイル
——表層の哲学をめぐって——

序

二十世紀以降の哲学に多大な影響を与え、現代思想の源泉のひとつともなったニーチェ（Friedrich Nietzsche 一八四四—一九〇〇年）の思想は、多くの綺想や挑発を内蔵し、一義的な読解や解釈を許さない多面性をもっている。ニーチェ思想の根幹をなす「力への意志」や「永劫回帰」がそのような多義性に貫かれているだけでなく、それを語り起こすニーチェのテクストそのものにも、さまざまな謎が仕掛けられ、かずかずの策術《トリック》が張り巡らされているように見える。のちに『力への意志』としてまとめられた遺稿がはらむ編集上の困難を別にしても、ニーチェ自身が公表した著作そのものが、読者を圧倒する華麗な文体や、変幻自在の表現技法によって、読者の予想を絶えず覆し、次々に新たな謎を産み続けていく。

ニーチェの著作のそうした振舞いは、通常の哲学書というイメージを裏切り、哲学と文学との境界をも無意味にしてしまう。その境界上で生じる思考の運動は、哲学や文学に対するわれわれの思い込みを揺さぶりながら、その区別や枠組みを苦もなくすり抜けていく。そのためニーチェの読者には、既成のジャンルや約束事の範囲で物事を整理する惰性的な理解を宙吊りにして、テクストの運動そのものに身を任せ、テクストがもっている可能性を存分に解き放つことが要求される。われわれが目を凝らさなければならないのは、哲学と文学の境界を横断しながら繰り広げられる目眩《めくるめ》く舞踏であり、思想そのものの予断を許さない生起であり、その生起が演じる観念のドラマである。しかしその舞踏は自らが従うべき模範をもたないし、そのドラマには、あらかじめ仕上げられた台本など存在しない。思想と表現のせめぎ合いを通じて観念の世界が生起し、その観念の自由のなかで、哲学的思考が躍動し変容する姿が映し出される――ニーチェのテクストを読むときに、われわれの眼前に繰り広げられるのは、こうした思想の変貌の光景である。

ニーチェのテクストには、「定義」や「要約」といった通常の学問的手順を受けつけない生理的感覚が働いており、絶えず変化し動き続ける思想の生がそこに息づいている。思考は自身の運動をテクストの形で表現し、その表現そのものが再び思考の跳躍台となって、思考をさらに強い力で羽搏かせる。思想が表現へと転じ、表現が思考へと反転するその運動が、ニーチェのテクストに比類のない力を与えている。表現されるべき内容の寸法に合わせて表現を裁断することがあってはならないし、いったん表現されたものが、固定した外枠として思考を窒息させることがあってもならない。それこそが、ニーチェにとって文体の命法であり、思考と表現の「自由」にとっての条件であった。その自由が遂行されるなか、内容と形式、思想と表現、深層と表層といった区別は、その遂行に応じて流動化されることになるだろう。むしろ、「文章」や「文体」という最も表面的で浅く見えるところ、それこそがニーチェにとっては最も深いところであり、思想がその核心を秘めやかに披瀝するところでもあった。

そこでここでは、ニーチェの思考全体を貫いている「表層」や「表面」、あるいは「衣装」ないし「意匠」という問題群を見据えながら、ニーチェにおける文体やスタイルがもつ独特の意味合いを考えていこう。表層をめぐるこの考察は、ニーチェ個人の表現技法や文体の領域を超えて、むしろ思想とその表現に内在する錯綜した事態に踏み込み、言語やテクストという現象が抱え込む問題そのものに接近することになるだろう。

一　表層の思想

◆スタイルの実験

ここに、ニーチェが著作活動を始める三十年ほど前の文章でありながら、不思議なことにニーチェの文体を予言し、描写しているように見えるある一節がある。

「概してトイフェルスドレック教授は洗練された作家ではない。文章の九割方はまともに一人立ちしていないし、残りはまったく不格好であり、括弧やダーシといったつっかえ棒で支えられており、ぼろ切れのように余計なものがあちこちにぶら下がっているせいで、常に混乱している。文章によっては、支柱が折れて解体されてしまい、完全にばらばらな状態にまで拡がっていっているものすらある。だがしかし、その最悪の調子のときでさえ、教授は独特な魅力を保持している。ある奔放な調子が、彼の言葉の全体を貫いている。時として精霊の歌のように、いや、悪魔の高笑いのようにと言うべきか。……それが天才の最高の資質と呼べる真の気質《ヒューモア》の調べと囁きであるのか、あるいは疑いもなく下の下である狂気と痴呆の反響であるのかは、いまだもって判然としないほどである」。

この一節は、十九世紀イギリスの思想家カーライル（Thomas Carlyle 一七九五―一八八一年）の『衣装哲学《サーター・リサータス》――トイフェルスドレック氏の生活と意見』（Sartor Resartus: The Life and Opinions of Herr Teufelsdröckh 一八三四年）の文章である。ここでは、『衣装哲学』が主題とする「ディオゲネス・トイフェルスドレック」なる哲学者の文体が描写されているのだが、これがあたかもニーチェの著作や文体の特徴を描写したものであるかのように思えるのである。実際、ニーチェの著作は、ここに記されているトイフェルスドレックの文章のように、感嘆符や疑問符、括弧やダーシで賑やかに飾られており、視覚的にもおよそ学術的な論考がもつ単調さからはかけ離れているように見える。

しかもニーチェの著作の多くは、章や節といった明確な階層もなく、素っ気なく番号が振られただけの断章《アフォリズム》が雑然と並び、しかも時には詩さえも織り込まれるといった破格の体裁を取っている。それは著作の統一感を故意に破り、既成のジャンル区分を尻目に、卓抜な文才をこれ見よがしに誇示しているかのようでもある。しかも、飛躍と屈折に富むニーチェの文体は、論理的に構成された厳密な論考とは異なり、「ある種の奔放な調子」や「悪魔の高笑い」にも事欠かず、居丈高で大言壮語、ややもすると誇大妄想とも受け取られかねない高揚感がその文体の基調をなしている。「狂気や痴呆」という表現も、ニーチェが晩年十年間を精神の暗黒のなかで過ごしたことを知る者にとっては、不気味な予言のようにも響くだろう。そのような尋常ならざる表現形態にもかかわらず、あるいはまさにそうした表現ゆえに、その著作は抗しがたい魅力を発散しており、ジイドやトーマス・マン、ゴットフリート・ベン、D・H・ロレンス、W・B・イェイツ、バタイユ、ブランショなど、またわが国でも萩原朔太郎や西脇順三郎を始めとして、その文章に魅せられた文学者・思想家も少なくない。

こうしたニーチェの文体上の特徴が三十年前の『衣装哲学』によって先取りされているように見えるのは、かならずしも偶然というわけではない。それというのも、カーライル、そしてやや遅れてニーチェが活動する十九世紀は、独創的な思想家たちが表現上の工夫をきわめて自覚的に行ったという点で、思想・文学の歴史のなかでも際立った時代だからである。新たな思想を展開しようとする者たちは、伝統的な表現の限界や制約を敏感に感じ取り、思想の新たな息吹を吹き込むことのできる斬新な表現様式を模索していた。十八世紀後半から十九世紀前半という時代は、思想的にはドイツ観念論とロマン主義によって代表されるが、それらの運動は同時に、文体や表現に対するきわめて大胆な――時として破壊的ですらある――実験であった。

例えばドイツ・ロマン派の代表的な理論家であるFr・シュレーゲル（Karl Wilhelm Friedrich von Schlegel 一七七二―一八二九年）は、その未完の小説『ルツィンデ』（Lucinde 一七九九年）を、書簡・日記・対話などが雑居した混成的作品として構想し、ノヴァーリスは同じく未完の長編小説である『ハインリヒ・フォン・オフターディンゲン』（Heinrich von Ofterdingen 一八〇一年通称『青い花』）のなかに「メルヒェン」や詩を取り込み、その表現に多面的な相貌を与えている。ロマン派においては、ひとつの筋や思考を直線的になぞるような古典的な形式が意識的に遠ざけられるだけでなく、作品の完成がむしろ思考や情感の閉塞とみなされ、通常の感覚からは未完成とも見えるような断片的な形式が好まれる。そのために、まとまりのある論考よりも、数行から数頁の単位で主題が次々と変わる「断片《フラグメント》」、シュレーゲルの用語で言えば「アラベスク」こそが、思考のもつ時々の生命感とその拍動を伝えるに適した表現としてしばしば用いられることになった。統一よりも分裂を選び、体系よりも断片を取るといった感性は、「断章《アフォリズム》」を好んで活用したニーチェの内にも確かに流れ込んでいる。

表現手段の実験という点では、十九世紀前半の哲学の主流をなしていたドイツ観念論もけっして例外ではない。その頂点であるヘーゲル（Georg Wilhelm Friedrich Hegel 一七七〇―一八三一年）の著作も、複雑な構文を得意とするドイツ語の特徴をあますところなく駆使し、再帰動詞

Zusatz. Die Form des Seyns der absoluten Identität kann daher allgemein unter dem Bild einer Linie gedacht werden,

$$\frac{\overset{+}{A} = B \qquad\qquad A = \overset{+}{B}}{A = A}$$

worin nach jeder Richtung dasselbe Identische, aber nach entgegengesetzten Richtungen mit überwiegendem A oder B gesetzt ist, in den Gleichgewichtspunkt aber das A = A selbst fällt. (Wir bezeichnen das Ueberwiegen des einen über das andere durch das + Zeichen).

図 1　シェリング『わが哲学体系の叙述』（1801 年）より

[735] Der unbedingte Roman $\sqrt[\frac{1}{0}]{\frac{R^{(\frac{1}{0}}}{0}}$ für die reine $\frac{\eta\theta}{0}$[absolut ethische] Poesie. —

[736] Das unmögliche Ideal der π[Poesie] = $\sqrt[\frac{1}{0}]{\frac{R^{(\frac{1}{0}}}{0}} + \sqrt[\frac{1}{0}]{\frac{\pi\varphi^{(\frac{1}{0}}}{0}} + \sqrt[\frac{1}{0}]{\frac{\pi\pi^{(\frac{1}{0}}}{0}}$ [unendlich reduzierter unendlich potenzirter absoluter Roman + unendlich reduzirte unendlich potenzirte absolute Prophetie + unendlich reduzirte unendlich potenzirte absolute poetische Poesie]. —

[737] Goethe's Wesen ist $\sqrt[\frac{1}{0}]{\frac{M^{(\frac{1}{0}}}{0}}$ [unendlich reduzirte unendlich potenzirte ab-

図 2　Fr. シュレーゲル「文学と詩に関する断章」（1979 年）より

などのドイツ語固有の表現法を多用することで、きわめて反省度の高い独特の哲学的な文体を作り上げている。その文章は、あたかもドイツ語そのものが自己意識を獲得し、おのずとヘーゲル自身の思弁的な思想を語り出しているかのようでもある。視覚的な表現技法の点でも、例えばフィヒテ（Johann Gottlieb Fichte 一七六二―一八一四年）の文章では、概念の代わりに、単独のアルファベットやピリオドといった記号までが用いられ、シェリングの著作の頁には奇妙な分数式が踊り（図1）、シュレーゲルはその断章において、ルート記号を組み込んだ複雑怪奇な表現を導入している（図2）。

つまりこの時代にあっては、独創的な思想家は多かれ少なかれ「トイフェルスドレック」的な特徴をもち、それぞれ独自の風変わりな表現形式を探求しているのである。『衣装哲学』は、そうした十九世紀以降顕著に現れる思想・文学に共通する表現上の感覚を体現し、それを「トイフェルスドレック」なる人物に託して象徴的に示していた。その意味では、『ツァラトゥストラはこう語った』を始めとする一連の奇書を著したニーチェもまた、紛れもなくトイフェルスドレックの末裔であり、さらに二〇世紀にまでその系譜を延長するなら、破壊的で実験的なスタイルをとったデリダ（Jacques Derrida 一九三〇―二〇〇四年）の『弔鐘』（Glas 一九七四年）や『絵葉書』（La carte postale 一九八〇年）なども、一種の綺想文学として、その衣鉢を継ぐものと考えることができる。

◆衣装哲学

現代の哲学者の祖型とも言えそうなトイフェルスドレックなる謎めいた哲学者を紹介するカーライルの『衣装哲学』は、この著作そのものがさらに手の込んだ仕掛けをもっている。直訳すると『仕立て直された仕立屋』とでもなるラテン語の奇妙な標題をもったこの著作は、ヴァイスニヒトヴォーで活躍したトイフェルスドレックの生涯を回顧し、彼が著した『衣装哲学』なる著作を、その伝記をも含めて紹介するといった触れ込みになっている（そのために邦訳では、カーライルのこの著作そのものが『衣装哲学』と呼び習わされている）。通常は表面的で二次的なものとされる「衣装」や「ファッション」を哲学の主題としたトイフェルスドレックは、史上初の「衣装哲学者」であり、いわば思想上の「仕立屋」とでも言うべき存在である。そのトイフェルスドレックの著作を編纂し、伝記を織り交ぜながら再編集した著作は、いわば「仕立て直された」著作なのであり、そのために『仕立て直された仕立屋』という標題がつけられているのである。とはいうものの、「トイフェルスドレック」や「ヴァイスニヒトヴォー」といった固有名詞は、そのままドイツ語として直訳すると、それぞれ「悪魔の汚物《トイフェルス・ドレック》」、「居場所不明《ヴァイス・ニヒト・ヴォー》」となるように、実のところ、これら一切は著者カーライルの作り出したまったくの虚構である。つまりトイフェルスドレックなる哲学者は、「衣装」という表層を思索する思想家であるだけでなく、彼自身が仮想上の、いわば表面だけの存在であるという点で、二重の意味で「表層」の思想家なのである。しかもこの表層の哲学者は、再編集を通じて「仕立て直され」、『仕立て直された仕立屋』という著作のなかに織り込まれる。言ってみればそれは、表面を再び表面の上に折り重ね、何重もの襞を作るのに似ている。

こうして、表面を幾重にも折り畳み、ドレープ状に形成されたこの著作は、身体と衣装、本体と外面の区別を曖昧にし、トイフェルスドレックと著者カーライルのあいだの位置関係さえも不確かにしてしまう。トイフェルスドレックが虚構なら、それについて語られた著作全体も虚構であり、仮面を剥ぐとその下には再び仮面が現れる。虚構についての虚構、表面に折り重ねられた表面という入り組んだ事態のなかでは、全体を統括するような特定の中心を見定めることはできない。そこでは、どれが真実でどれが虚構や仮象であるか、どれが原典でどれが解釈であるのか、それを見分けるための確かな手段は存在しない。読者はこうした中心のない迷宮へと誘い込まれ、入口も出口も定かでなく襞状に綾なす虚構のなかを当てどなく彷徨うことになる。

このような手の込んだテクストは、例えば同時代のキルケゴール（Søren Kierkegaard 一八一三―五五年）にも見られるものである。キルケゴールもまた多くの場合、本人の著作としてではなく、第三者の残したテクストの編集というかたちで書物を公刊し、しかもその編者としても複数の偽名を使うといった凝りようであった。ここにもまた、仮面を好み、テクストの内に身を隠し、その正体をくらますような韜晦の素振りを見ることができる。テクストの内部と外部が入り組んだメビウスの環のように、あるいはまた、書く手が書かれる手に転じていくエッシャー（Maurits Cornelis Escher 一八九八―一九七二年）の騙し絵「描く手」（Drawing Hands 一九四八年）のように複雑に絡み合ったテクストは、「書く」という行為、あるいは「エクリチュール」全般に対してきわめて意識的となった十九世紀以降の思想状況を如実に表していると言えるだろう。

『衣装哲学』という奇妙な著作をめぐって、文体に籠められたさまざまな策略、そして表層や仮象、原典と解釈といった問題に触れることで、われわれはすでにニーチェの思想の圏内に足を踏み入れていることになる。なぜならニーチェその人も、思想にとっての言語や文体の意味を問い続け、自らの著作において表現上の多彩な実験を繰り返すと同時に、仮象や解釈といった問題をその限界にいたるまで究めようとした思想家だからである。「すべての深いものは仮面を愛する」（『善悪の彼岸』四〇）という言葉にあるように、ここにもまた、「衣装」ならぬ「仮面」という表層を好み、内面と外面といった常識的な対比に不信を抱く精神を認めることができる。ここでは、「仮面」という表層が「深さ」という深層と結び合わせられ、本質と現れ、実体と現象という通常の区別が故意に混乱させられている。通常の感覚では、移ろいゆく儚い現象の背後には、不動で永遠の真理が潜んでいるものと考えられがちだが、ニーチェにとっては、真理はその表面を覆うヴェールと分離できるものではない。「真理がその薄紗《ヴェール》を剥ぎ取られたあとでも、依然として真理であるなどとは、もはやわれわれは信じていない」(『喜ばしき知恵』序四)。哲学とは本質や原理という深遠な次元を問うものであるといった思い込みを裏切るばかりか、深さや根源というものに対する形而上学的な幻想を解毒し、あえて表面にとどまり続けようとするところに、ニーチェの思考の独自性がある。ニーチェにとって何よりも重要なのは、仮面やヴェールといった表面であり、その思想は一個の「衣装哲学」とも言えるものなのである。

さらに、ニーチェの著作の編集上の問題を考慮するなら、「衣装哲学」の問題はいっそう深刻度を増していく。ニーチェによって書き溜められた断章群が、やがて本人の意思が及ばないところで、妹エリーザベト(Elisabeth Förster-Nietzsche 一八四六―一九三五年)らによって遺稿として再編集され、『力への意志』として公刊されたことを思い合わせると、そこにはまさしく、カーライルの『仕立て直された仕立屋』さながら、「衣装哲学」という表層の哲学を再編集することで、二重に表層化するような事態を認めることができる。あたかも、「著者」ニーチェが与り知らないところで、ニーチェの「著作」がおもむろに頭を擡《もた》げ、それが一人歩きを始めるかのような不気味な光景が浮かび上がるのである。言うなればここには、「著者」というものの主体性を脅かし、テクストにとっての著者の特権的な位置をあらかじめ剥奪してしまう事態が起こっていることになるだろう。『力への意志』の「著者《オーサー》」と見立てられるニーチェは、実際にはその出版にはまったく関与していない表面上のレッテルであり、そこに何ら「承認《オーソライズ》」が与えられていない以上、その書物は「著作」としての「正当性《オーソリティ》」をもっていないはずなのである。ここでは、「著者」をめぐる一連の主題、つまり二十世紀後半に現代文学や現代思想がこぞって取り上げることになる「作者の死」(R・バルト)、あるいは「作者とは何か」(M・フーコー)という問題が、すでに「事実」として先取りされていたことになる。その点でも、ニーチェの思想を「衣装哲学」として考えることは、単純な比較や類似の域を超えて、予想以上の哲学的な射程をもつように思えるのである。

二　ニーチェの文体と弁論術

◆文体の速度と密度

思想にとっての「衣装」とは、それがまとう文体のことでもある。「スタイル」という語が、ファッションや芸術の「様式」を指すと同時に「文体」をも意味し、「テクスト」が「織物」の語をその語源とし、さらには「布地《テキスタイル》」の語にその響きを残しているところからも、表層をめぐって文章と服飾とが共鳴し合う様子が伺える。表層の哲学者であるニーチェは、自らの思想が身にまとう文体に対して、きわめて繊細で鋭敏な感覚をもっていた。文体とはけっして伝達のための単なる手段ではないし、表現は思想そのものの内容と分離できるものでもない。どのような表現を取るかということは、思想の本質に属することなのである。ルー・ザロメ（Lou Andreas-Salomé 一八六一―一九三七年）に宛てた書簡のひとつでは、「文体についての教え」（一八八二年八月二四日）と題された一〇箇条の手引きが呈示されているが、そこではまず最初に、「第一に必要なものは生である――文体は生きていなければならない」という提題が掲げられている。表層がそれ自体として生命をもち、多彩な表情を見せながら躍動し、実体と属性、真理と仮象といった哲学上の概念対、あるいは内容と形式といった文芸学上の区別を無効化することが、何よりもニーチェが望んだことであった。

真理と仮象の関係を問い、仮象という表層の揺らめきに付き随おうとするニーチェは、文体に対してもそれに見合うだけの運動感覚を求めていた。風に靡《なび》く軽やかなヴェールが、しなやかな運動に応じて刻々その表情を変え、吹き寄せる風が襞の紋様を幾重にも誘い出すように、文体の表情は思想の微細な動きを伝え、思考の微風に煽られて千変万化しなければならない。

そうした文体の模範として、ニーチェは、ディドロやヴォルテール、レッシングといった近代の著者たち、あるいはアリストパネスやペトロニウスといった古典古代の著作家たちを挙げている（『善悪の彼岸』二八）。ここで名指されている著者たちは、諷刺的な文体を特徴とし、しばしば公権力とすら張り合う独立不羈の精神の持ち主である。

とりわけ、古代ローマの傑出した作家ペトロニウス（Gaius Petronius Arbiter 二〇頃―六六年）は、爛熟し奢侈を究めたローマ社会のなかでもひときわ抜きん出た「趣味《エレガンス》の泰斗」（elegantiae arbiter）とみなされていた人物である。皇帝ネロの側近を務めたこの自由精神の持ち主は、後年にはネロの不興を買って自死を命じられるが、自ら血管を割き、死を迎える間際まで宴会を続けていたという豪胆な逸話をもつ。そのペトロニウスが著した『サテュリコン』（Satyricon）は、「ギリシアの淫猥な半獣神サテュロスさながらの、好色無頼の物語」を意味しているように、散文と韻文を交えた奔放な「諷刺的作品《サタイア》」であり、ジャンル的にも分類困難な著作となっている。ニーチェはそうした闊達な精神を高く評価し、ペトロニウスを「疾駆調《プレスト》の巨匠」、つまり速度ある文体の名手とみなし、その躍動する奔放な文体を賞讃している。

「一切を疾駆させることによって一切を健康にする風の脚力、疾風の勢いと息づかい、風の解放的な嘲笑」（『善悪の彼岸』二八）をもつペトロニウスの文体の資質が、ニーチェの憧れるところであった。硬直した論文調の対極にある柔軟でしなやかな文体、その変化の素早さと的確さ、ジャンルを超えて多彩に変容するその姿に、ニーチェは何よりも惹かれていたようである。論理に従う地道な「論証」をはるか後方に置き去りにして、ますます速度をあげて、全力で走り抜け疾駆する文体こそが、ニーチェの憧れであった。「私は手だけで書くのではない／足も常に書き手たろうとする。／しっかりと、伸びやかに、また大胆に、／それはあるいは野を走り、あるいは紙上を疾駆する」（『喜ばしき知恵』「戯れ、企み、意趣返し」五二）。

◆文体のパトス

しかしながら、ニーチェの望む「疾駆調《プレスト》」の文体は、空疎に上滑りしていくだけの駄弁や饒舌ではない。それは同時に、「密度と強度に溢れ、根底に可能な限り多量の実質を蓄えたもの」（『偶像の黄昏』「私が古人に負うもの」一）でなければならなかった。「私の野心は、ひとが一冊の書物を費やして語ること、あるいは一冊の書物をもってしても語らないことを、一〇の文章で語ることである」（『偶像の黄昏』「反時代的人間の遊撃」五一）。こう語ったときにニーチェが求めていたのは、まさに他の追随を許さない文体の凝集度であった。しかしその場合の文章の密度とは、かならずしも客観的な情報量のことではない。

「あらゆる言葉が響きとして、箇所として、概念として、右に左に、また全体の上にもその力を溢れ出させる言葉のモザイク、記号の範囲と数においては最小限で、それによって達成された記号のエネルギーにおいては最大限――これら一切はローマ的であり、……最高に高貴である」（『偶像の黄昏』「私が古人に負うもの」一）。

最小限の言葉をもって最大限の内容を語るということは、ひとつひとつの言葉が喚起力を帯び、実際には語られていない事柄までをも暗示し、読者にそれを気づかせることである。それは情報や字義通りの意味の正確な伝達というよりは、むしろエネルギーの発生と流入を意味している。ニーチェにとって著述とは、高度のエネルギーの発生であり、その高速で発生する力の場に読者をも巻き込み、ともに疾走することなのである。ニーチェ自身が、自伝的著作『この人を見よ』において自らの著作を振り返りながら、「文体《スタイル》の技法」に関して次のように語っている。

「パトスをはらんでいる状態、ひとつの内的緊張を、記号によって、しかもそれらの記号のテンポを含めて伝達すること――これが文体というものの意味である。そして私の場合、内的状態が人並みはずれて多様であることを考えると、私には多くの文体の可能性があるわけである。……よい文体とは、ひとつの内的状態を生きた姿で伝えるものであり、記号、記号のテンポ、身振り――複合文《ペリオーデ》の法則はすべて身振りの技法である――の行使を過つことのない文体である。……ただし、そこでいつも前提になるのは、それを聴き取る耳が存在すること――こちらと同じくらいのパトスをもちうるだけの能力と資格を具えた人びとが存在すること、伝達するにたるような相手がいてくれることである」（『この人を見よ』「なぜ私はかくも良い書物を書くのか」四）。

ここでも「パトス」や「内的緊張」という張りつめた力が示唆され、「テンポ」という運動感覚が重視されている。情念をその律動《リズム》とともに伝え、舞踏のように舞い、音楽のように奏でられる言葉が、内的状態を伝えるためには不可欠なのである。文体とはそれ自体が情念を象《かたど》り、不可視の内的状態を「身振り」として顕在化させていく運動である。そのためにニーチェは、思想のエネルギーの横溢をもって、自らの文体の多様性の理由とみなしている。時として激越で、誇張とも思える過剰な文体は、そうした思想のエネルギーの表出なのであり、その思想の多様性と多面的な可能性ゆえに、その文体は詩やアフォリズムなど、いやがうえにも多彩なものとなっていく。

◆古代の弁論術

このような言語観の背景には、ひとつの模範が前提となっている。それは古代ギリシア・ローマで花開き、古典作家の絢爛たる文体の規範を提供した弁論術ないし修辞学である。「装いを凝らしたニーチェ自身の複合文《ペリオーデ》のはしばしに、ローマの元老院で熱弁を揮う雄弁家たちの声音が、遠く十幾世紀かの隔たりを越えて谺《こだま》している」（アドルノ『ミニマ・モラリア』九九）。こう指摘したとき、アドルノ（Theodor Ludwig Wiesengrund Adorno 一九〇三—一九六九年）はニーチェの背景を的確に見抜いていた。実際、古典古代の文献学の研究者として学問的経歴を始めたニーチェは、一八六九年、二四歳でバーゼル大学の古典文献学の教授となり、一八七二／七三年には「ギリシア・ローマの弁論術〔修辞学〕」に関する講義、一八七四／七五年、およびその翌年には「アリストテレスの弁論術〔修辞学〕」についての講義を行っている。「修辞学」または「雄弁術」とも訳される「弁論術」（rhetorica）とは、政治や法廷での演説のために、論理の組立てから聴衆の心理操作、さらには説得のための演技法までも含む総合的な技芸である。雄弁家たるものは、「身振り」を交え、パトスを籠めて自らの主張を堂々と繰り広げ、聴衆を熱気に満ちた言論の渦に巻き込むことを目指さなければならない。それは聴衆をも取り込んだ一体感の醸成であり、エネルギーの統一体を形成する技術でもあった。例えば、トゥキディデス（Thoukydides 前四六〇頃―四〇〇年頃）『戦史』（Historiae）第二巻（三五―四六）で再現されている有名なペリクレス（Perikles 前四九〇頃―四二九年）の葬送演説などがそのひとつの代表例である。ニーチェは文体を語る際に、しばしば「長い息」や「強い肺」（『善悪の彼岸』二四七）、あるいは「耳」といった比喩を用いているが、そこからも、古代における公共の場での演説が文体形成の模範とみなされていたことが窺える。

　公衆を前にして語られる修辞学的演説は、それが首尾よく運ぶためには、自らの主張を明瞭かつ印象的に表現する有効な文体を用いなければならない。ニーチェとアドルノがともに言及している「複合文《ペリオーデ》」は、そうした文体の代表と言えるものである。それは、アリストテレス（Aristoteles 前三八四―三二二年）『弁論術〔修辞学〕』（Rhetorica）のなかでも、「始めと終わりをもち、容易に全体を見渡せる長さの表現で、なおかつ思想が完結しているもの」（一四〇九a三六―三七）と言われ、起承転結が一文の内で収まっている複合的な文章構成を指す。この文型は、複雑な文法構造をもつ古典語（ギリシア語・ラテン語）、およびドイツ語が得意とする文体でもある。キケロ（Marcus Tullius Cicero 前一〇六―四三年）による弁論術の古典『弁論家について』（De oratore）においても、「周期文《アンビトゥス》」、あるいは「周回文《コンウェルシオ》」として言及されている（第三巻一八六）。ニーチェは、まさにこうした「複合文」を念頭に置きながら、古代ギリシア・ローマの演説においては、その長い一文が一息の下に語られた点を重視している。「古代人の考えでは、構文上の一区切りというのは、何よりもまず一息にまとめられる限りの生理的全体のことであった」（『善悪の彼岸』二四七）。つまりニーチェにとって「複合文」とは、単に論理のまとまりを表すだけでなく、発話者が自分自身のパトスを籠めて語ることのできる生命の拍動の長さを示すものであった。「複合文」の朗唱では、息継ぎのテンポが文章の区切りに対応し、生命のリズムが論理の節目を刻んでいく。そのため複合文を語るということは、思想に肉声を与え、論理に命を吹き込むことなのである。それはいわば、身体化された論理、あるいは演劇的身体の生成とでも言えるものだろう。

◆舞踏する文体

修辞学的演説をモデルとした文体は、単なる情報伝達の装置ではなく、言葉の音声とその陰影によって、内的な力を顕現させる。そこでは、文章の長短や区切り、句読点や記号の使用といったさまざまな表現を文体の「身振り」と捉え、その内にリズムやテンポを埋め込むことで、生命の内的な力を張らせることこそが求められる。古代ギリシア・ローマの雄弁家の演説が、豊かな身振りと滔々と溢れる言葉、意表を衝く表現技法によって聴衆を圧倒したように、ニーチェの文章は読者を酔わせ高揚させる。身振りをともなった命ある言葉は、詩と音楽に限りなく近づき、しなやかな精神の運動と軽やかな所作は舞踏にも似る。

「良き舞踏者が滋養として求めるのは、肥満ではなく、最大のしなやかさと力なのだ。――哲学者の精神は、良き舞踏者たること以上に何を求めるだろうか」（『喜ばしき知恵』三八一）。

ニーチェが求めたのは、内的な力と運動に対応し、それを表現するだけの強度と柔軟さを具えた舞踏のスタイルだったのである。理論的で概念的な定式化を哲学の模範的な表現とみなしていたそれまでの伝統とは異なり、ニーチェにおいては、硬直した理論的形式を破り捨て、躍動する精神が舞い、そして歌う。伝統的に真理の探求とみなされていた哲学を、修辞学的な表現、あるいは演劇と舞踏にも喩えられる美的表現へと転換していくことによって、ニーチェの思想と文体は、伝統的な哲学から離れ、独自の意匠を身にまとうことになる。

ひたすら表現の効果を狙う弁論術は、真理の探求である哲学の伝統のなかでは長いあいだ軽視されてきた。弁論術は、「そうであるものをそうでないものとして語る」（プラトン『ソフィステス』）偽りの学として、ソクラテス（Sokrates 前四六九頃―三九九年）によって非難されたソフィストの末裔だからである。そのため弁論術は、弁舌の力によって白を黒と言いくるめるといった側面が強調され、不確実な認識を広め真理を歪める瞞着の技法ともみなされてきた。これに対してニーチェは、表現と内容、表層と内実との関係を再考するなかで、弁論術に含まれる問題をいま一度思想の課題として取り上げ直そうとしている。それはまた、ソクラテスからプラトン（Platon 前四二七―三四七年）に受け継がれる哲学の本流に見切りをつけ、弁論の教師たるソフィストの側に就くことでもあった。

「まったくギリシア的なのは〈ソフィスト〉である。……さまざまな素性をもった悪と善とが混ざり合う。善と悪との境界線がぼやける、それが〈ソフィスト〉だ。／これに対して〈哲学〉は反動である。……プラトンは、預言者たちがダビデやサウルに対して恩知らずであるように、ホメロス、悲劇、弁論術、ペリクレスに対して恩知らずなのだ」（断章一八八七年一一月―一八八八年三月、一一〔三七五〕）。

ここからは、真理よりも効果を重んじる演技者であるソフィスト、つまり常識的な社会通念に依拠しながら巧みにその裏をかく策略家としてのソフィストに対して、ニーチェが多大な共感を抱いていることが窺える。

◆悲劇・仮面・衣装

力とその表現、演劇的身体、音楽、舞踏といった問題、および真理に対抗するものとしての美的表現といった洞察を辿るなら、その収斂点に、ニーチェの最初の著作である『悲劇の誕生』（一八七二年）の存在が浮かび上がってくる。それというのも、ギリシア悲劇の起源を考察する際にニーチェが注目したのが、抑制しえない非合理な力と、音楽的演劇であるギリシア悲劇によるその芸術的表現との関係だったからである。『悲劇の誕生』のなかでは、豊穣の神を祀るディオニュソス祭、およびその演劇的表現であるサテュロス劇が、舞踏と音楽の入り乱れる身体表現として、ギリシア悲劇の古層とみなされ、そこに生命の力の根源的な湧出が見出される。

ローマ神話ではバックス（英語名バッカス）と呼ばれる酒神ディオニュソスは、一切の秩序を押し流す奔流のような生命力を具現する。無軌道に荒れ狂うディオニュソス的生命の力を統御し、芸術表現という形式を与えるのが、ギリシアの光の神にちなんで「アポロン的」と呼ばれる契機である。ニーチェの解釈によれば、高度に成熟したギリシア悲劇の背後には、横溢する自然の力と芸術的な形象化の傾向とが鎬《しのぎ》を削っており、その両者が緊張を保ちながらも奇跡的に融和することで、アッティカ悲劇というギリシア文化の最高の精華が形成されたのである。そのため、最盛期のギリシア悲劇は、音楽・舞踏・言葉が融合し、一体となった総合芸術であった。そこにおいては、ディオニュソス祭を起源とする合唱隊《コロス》が、音楽の波動に乗せて生命の律動を伝えることで、観衆すべての情動を激しく揺さぶり、そこに類い稀な緊張感と統一が生み出される。「弁舌の言語・色彩・動き・強弱法は一方では合唱隊のディオニュソス的な叙情詩のなかに、他方には舞台のアポロン的な夢の世界のなかで、表現のまったく異なる領域に属するものとして、緊張関係を形成する」(『悲劇の誕生』八)。

ギリシア悲劇に関するこうした考察においても、弁論術の理解におけるのと同様に、根底に働く生命力とその表現が主題となっている。ニーチェにおいて問題なのは、客観的な情報伝達や誤解のない意思疎通などではなく、まさに表現の力動論にほかならない。ニーチェは、「詩人、音楽家、舞踏法と演出の能力、そして俳優としての創造的能力」(『悲劇の誕生』一)といった特質をギリシアの悲劇作家に対して要求しているが、これらの特質こそ、そのままニーチェ自身の文体に響き合う要素であったとも言えるだろう。アポロン的な契機は、「夢」あるいは「仮象」と呼ばれているように、ディオニュソス的な生命の力の表面を覆い、それに具体的な形姿を賦与する。
ディオニュソスという根源的な力は、それが現象するためには常にアポロン的な美的仮象を必要とする。そのため、『悲劇の誕生』の思想圏においてその主要な問題となるのは、根源的な力とその表現とのあいだの緊張関係であり、それを通して生の力が可視化される「表層」である。『悲劇の誕生』においては、仮面劇として上演されるギリシア悲劇が、しばしば「真理の薄紗《ヴェール》」として語られるように、それはまさに真理がまとう「衣装」ないし「仮面」の問題であった。このような繋がりを押えるなら、衣装や仮象といった問題は予想以上に深く、そしてきわめて早い時期からニーチェの思想に関わっていることが推測できる。ギリシア悲劇そのものは俳優が仮面を着用する仮面劇であったし、ニーチェが悲劇作家アイスキュロス（Aischylos 前五二五／二四―四五六年）において賞讃したのが、波打つドレープをもったその舞台衣装の発明であった。

「アイスキュロスは貫頭衣の自由な襞・華美・荘重・優雅を導入したことによって、古代服装史にとって多大な貢献を果たした。……ギリシアの楽劇は、古代芸術総体にとって、その軽やかな襞の役割を担っている。個々の諸芸術の重苦しさのすべて、孤立したすべての点は、その襞によって克服されたのである」（「ギリシアの楽劇」）。

歴史的には不確かな証言ではあるが、ここにもまた、ギリシア悲劇における「衣装哲学」とも言うべきものが語り出されている。そして、衣装や仮面といった表層、さらにディオニュソスを具象化するサテュロス劇といった問題群は、この後のニーチェの思想においてますます大きな役割を果たすことになる。

三　ニーチェと文献学

◆読解の技法

弁論術をモデルにして考察された文体論、そしてギリシア悲劇にもとづいた芸術論は、いずれにしても「声」の圧倒的な現れを根底に潜ませたものであった。弁論術が演説という肉声の場であったのと同様に、ギリシア悲劇は、合唱隊の歌、俳優の朗唱といった、声と音楽に満ちた表現の世界である。そこでは、身体をまとい、生の力の漲る直接的な表現が溢れている。しかしながら、こうした声と表現の世界に接近するには、まずは古代ギリシア文化全体を再構成することが必要であり、そのためには文字と読解の学問である文献学が不可欠であった。その点で、表現や文体に対する独特の理解には、ニーチェ自身の学問的出発点となった文献学がその背景となっているのは疑いようもない。ただしそこでの文献学とは、同時代の歴史的・客観的学問としての文献学とは一線を画したものであった。それというのもニーチェは、当時の指導的な文献学者リッチュル（Friedrich Wilhelm Ritschl 一八〇六―七六年）の下で、シモニデス（Simonides 前五五六頃―四六八年頃）、トゥキディデス、ディオゲネス・ラエルティオス（Diogenes Laertios 三世紀前半）といった古代作家の研究を進め、堅実に文献学の研鑽を積む一方で、同時代の文献学には見られない過激な――当時相当の物議をかもした――「読み」の技法を開拓することになったからである。

十九世紀のドイツにおける古典文献学は、ドイツ人文主義の興隆も相俟って、人間性の陶冶といった人文主義的理想を掲げながら、テクストの伝承史と実証的な歴史研究に徹する厳密な学問として確立されていた。『ホメロス序説』（Prolegomena ad Homerum 一七九五年）などによって文献学の礎を据えたヴォルフ（Friedrich August Wolf 一七五九―一八二四年）が、ベルリン大学創設に尽力したW・フォン・フンボルト（Wilhelm von Humboldt 一七六七―一八三五年）やドイツ古典主義の代表者であるゲーテ（Johann Wolfgang von Goethe 一七四九―一八三二年）と密接な関係にあったという事情も、文献学と人文主義との繋がりを示している。やがて古典文献学は、ヘルマン（Gottfried Hermann 一七七二―一八四八年）やベーク（August Boeckh 一七八五―一八六七年）などを経て、ドイツ的教養の中核を担いながら、歴史学や言語学などの実証的学問をも統合した厳密な学科として確かな地歩を固めていく。そのため、文献学の内にはその当初より、古典古代の文化を積極的に受容する精神的態度と、客観的な学問的方法との緊張が存在していた。つまり文献学は、人文的教養の育成という高邁な理念を掲げる一方で、精神を窒息させる単調な訓詁学に陥る傾向をもたざるをえなかったのである。「凡庸な文献学者でさえ、一日に二百冊をかたづけ」、「三〇代には読書で擦り切れてしまう」と、ニーチェ自身がのちに述懐している通りである（『この人を見よ』「なぜ私はかくも利発なのか」八）。

ニーチェがバーゼル大学就任の際に行った講演記録「ホメロスと古典文献学」（講演時〔一八六九年〕の標題は「ホメロスの人格について」）においても、歴史的・学問的知識を獲得することと、古典文化の精神的精髄を体感することのあいだにある葛藤が指摘されている。「文献学は、審美的・倫理的基盤による規範的な、ひとつの芸術的な要素を秘めており、この要素が、この学問の純粋に学問的な態度に対して由々しき反抗を示しているのである」。こうした事情のなか、ニーチェが古典文献学に求めたのは、歴史的・実証的な客観性ではなく、古典文化を規範として現代の文化の再創造を果たす革新性であった。そこでニーチェは、文献学を確立したヴォルフを回顧しながら、ヴォルフの歴史的・技術的知識と並んで、その「芸術的素養」を高く評価し、古典的文献の読解を通して、客観的・歴史的知識以上のものを汲み取る技法を提唱することになったのである。

「読む」という行為によって、文化形成の規範となる創造的精神を引き出すことが、ニーチェの意図した文献学であった。表現のエネルギー論に対応する解釈・読解のエネルギー論がすでにここには示されていると言えるだろう。講演「ホメロスと古典文献学」がその末尾において、「かつて哲学たりしもの、いまや文献学となれり」（Quae philosophia fuit facta philologia est）というセネカ（Lucius Annaeus Seneca 前四／一頃―後六五年）の言葉を逆転し、「かつて文献学たりしもの、いまや哲学となれり」（Philosophia facta est quae philologia fuit）といった銘を掲げているのは、そのひとつの表明である。それはつまり、哲学が単なる訓詁学に堕している古代ローマの現状を嘆いたセネカとは逆に、歴史的・実証的文献学にもとづいて新たな哲学的創造を果たそうという若きニーチェの誇らしげな宣言であった。その最初の実現こそが『悲劇の誕生』であり、それは同時に哲学者ニーチェの誕生をも意味していた。

この著作においてニーチェは、あくまでも当時の古典文献学の理解に反して、ギリシア文化を「人道主義的《ヒューマニズム》」なものとしてではなく、むしろ底知れぬ謎と非人間的な生の奔流する力である「ディオニュソス」を中心に解釈し、そこに生の表現の創造性を認めることになる。その意味で、ニーチェがギリシア悲劇にもとづいて展開した表現のエネルギー論は、それを読み解く解釈のエネルギー論、すなわちニーチェ流の新たな文献学とまさに表裏一体の関係にあったと言えるだろう。ヴィンケルマン（Johann Joachim Winckelmann 一七一七―六八年）以来、ギリシア文化の特質として賞賛されてきた「高貴な単純さと静謐な威大」（edle Einfalt und stille Größe）といった古典的理念がここに大きく覆され、躍動的で力に満ちたギリシア観が提示されたことになる。それに応じて『悲劇の誕生』では、同時代において総合芸術を構想し、芸術界を席捲しつつあったヴァーグナー（Richard Wagner 一八一三―八三年）を新たな文化創造の担い手として賞賛し、そこにギリシア文化の再来を見て取り、ドイツ文化の未来を託すという大胆な叙述がなされることにもなった。

◆文献学の二律背反

古典的なギリシア観に逆らい、光り輝くギリシア世界の根底に蠢く闇を示した『悲劇の誕生』は、「哲学者」ニーチェの誕生であると同時に、「古典文献学者」ニーチェの死でもあった。従来の古典文献学の枠組みを大幅に踏み越えたこの著作は、師のリッチュルからは不興を買い、学界からの反応は、冷ややかな黙殺のみであった。のちに歴史的・実証的文献学の第一人者となる——そしてニーチェの出身校プフォルタ校の後輩でもある——ヴィラモーヴィッツ＝メレンドルフ（Ulrich von Wilamowitz-Moellendorff 一八四八—一九三一年）が、『未来の文献学』によってこの著作を痛烈に揶揄し、ボン大学の古典文献学教授ウーゼナー（Hermann Usener 一八三四—一九〇五年）は「このような書物を書いた者は学問的には死んだも同じだ」と溜息交じりに嘆くことになる。すでに触れた講義「ギリシア・ローマの弁論術」は、そうした逆風のなかで行われたため、実際の聴講者はわずか二名であったという。

このような評価は大学の研究者としての経歴には致命的であったとはいえ、それによってニーチェ自身の構想する文献学そのものが挫折したわけではない。それどころかニーチェは、『悲劇の誕生』の公刊後も引き続き文献学に関する考察を続け、後年の著作でも繰り返し「文献学」に対する言及を行っている。第二の著作『反時代的考察』では、「生に対する歴史の利害」と題して、文献学と密接に関わる歴史の考察を展開するばかりか、「われら文献学者」という論考をその一部として構想するなど、読解や歴史理解をめぐる原理的な考察に着手している。「われら文献学者」そのものは最終的に未完の断章として残されることになったが、そのなかではヴィラモーヴィッツ＝メレンドルフの揶揄に対抗するかのように、「未来の文献学者」について語り、自らの構想する文献学に対する自負を示している。何よりも、「文献学」における基本的問題である「歴史」や「解釈」、「意味」といった事柄は、ニーチェの思想を深く規定することになる。

ニーチェの構想する文献学とは、過去の客観的な再現を目指す当時の文献学とは一線を画し、過去の文化に秘められた力を解放し、それを現代の文化創造の活力へと転じることを目指していた。文献の読解や歴史的事象は、解釈者自身の関心や世界観によって大きく左右されるのであり、その意味で解釈が主観的であることは避けがたい。過去を理解するにはまずは現代が出発点となり、他者を理解するには自己が基準となるのである。しかしながら、解釈者は自身が行う解釈によって、逆に自らの最初の理解を変更し、新たな解釈を創造的に形成する可能性を発見する。「ひとは体験されたものにもとづいて、古代を自分なりに説き明かし、またそのようにして得られた古代というものにもとづいて、体験されたものを査定し評価するのである」（「われら文献学者」七）。

事柄と解釈者との関係は、けっして事実と観測者のような客観的で中立的なものではない。むしろ解釈者と事柄は、双方ともにひとつの運動のなかで互いに触発し合い、そのときどきの意味を創造的に産出していく。そこで読解される意味は、読み手自身をも揺さぶり、変貌させていく。ニーチェはこれを「文献学の二律背反《アンチノミー》」と呼んでいるが、そのような意味の産出に忠実に従っていくことが文献学者の課題なのである。書かれたテクストを、理解という運動のなかに解き放ち、読み手自身が抱く先入見や理解への意欲をも含めて、意味の生起の過程へと投げ込むこと——これは二十世紀の「哲学的解釈学」において「解釈学的循環」と呼ばれる動的な意味産出の運動にほかならない。それは、文献学者と過去の事象とのあいだに創造的な力の場を発生させる表現と意味の力学とも言えるものだろう。そのためニーチェは、ひたすら古文書に埋もれて自らの現在の生を見失う当時の訓詁学を批判し、むしろ文献学そのものを、新たな意味の創造と文献学者自身の自己変革の技法として作り替えていくことを望んだのである。

◆疾駆調《プレスト》と緩徐調《レント》

言語をめぐるニーチェの考察には、常に音楽における速度の比喩がつきまとっている。若い時代に音楽家を志望し、実際にいくつかの楽曲をも残しているニーチェが、音楽と言語のあいだにある種の並行関係を感じ取っていたというのは十分に考えられることである。そうした感覚に従って、文体の理想的なあり方が「疾駆調《プレスト》」と言われたのに対して、文献学は、同じく音楽的な比喩を借りながら、「緩徐調《レント》」の技法と呼ばれている。ニーチェによれば、文献学は「ゆっくりと読む」技術である。文献学は、「ゆっくりと、顧みて、慎重に、背後を考え、心の扉を開け放したまま、繊細な指と眼とをもって読むこと」（『曙光』序）、すなわち「慌ただしい時代の只中で時間をかけ、静かになり、緩慢になること」を教える。もちろん、ここでの「ゆっくり」ないし「緩徐調」とは、目が活字を追う生理的な速度を指しているわけではない。むしろ「緩徐調」とは、テクストの読解に際して常に文脈全体を想定し、一文一文を慎重に文脈のなかに位置づけながら、意味の全体を構築する精神の集中度を指していると考えるべきだろう。読むという行為は、テクストから独自の意味の世界を作り上げ、現実の世界から独立した別種の時間を経験することである。「文献学者だけがゆっくりと読み、六行について半時間あれこれ考える。彼が手にする結果ではなく、彼のこの習慣こそが彼の功徳なのである」（断章一八七六年、一九〔一〕）。六行について沈思黙考する半時間とは、時計で正確に計ることのできる三十分ということではなく、むしろ現実の時間の停止した集中と沈黙の領域である。「ものを読む」というのは、何らかの「結果」や「結末」を目指すものではなく、読む行為を通じて、意味の世界が生成する過程に付き随い、それに参与することなのである。

表現の「疾駆調」と文献学の「緩徐調」は一見すると矛盾のように見えるが、実のところ両者はけっして別のことではない。それどころか、「疾駆調」で展開される表現の速度と密度に張り合うためには、読解の高度の緊張感、読みの凝縮度、つまりは文献学の「緩徐調《レント》」が必要とされるのである。読解において生じる意味の世界は、けっして解釈者による主観的な構成ではないし、かといって単なる客観的な情報の受容でもない。読解においては、凝縮されたテクストの世界が、解釈の集中力を前に、意味の空間としてゆっくりと立ち上がってくる。それは解釈者から完全に独立した客観的な世界とは言えないが、解釈者の意のままに設定されたものでもない。それは解釈者自身も——そして著者でさえも——予想しえなかった事柄を含み、その意味を刻々と変貌させ、ときどきに新たな相貌を示してくる。ここで現れる意味の空間は、解釈者の自由な理解を解き放つと同時に、解釈者自身の予想を裏切り、思い掛けない経験をもたらす独自の領域である。それは、解釈者がそのなかで生きることのできる意味の空間の出現なのである。文献学とは、読むという行為を通じて、新たな空間を発生させ、そこへと没入していくことを意味する。「疾駆調」と「緩徐調」が出会うなか、力と意味を産出する過剰な生の空間が拓かれること、つまりはテクストという別種の現実を生きること——これがニーチェの文献学であった。

ニーチェが望んだのは、「緩徐調」の巨匠であると同時に、「疾駆調」の名手たること、つまり文献学者であると同時に芸術家であることであった。その点でも『悲劇の誕生』はやはりひとつの典型である。なぜなら『悲劇の誕生』は、古代ギリシア文化に対する徹底した読解の展開であり、「緩徐調」の文献学の実現であると同時に、その著作そのものが、類い稀な表現力を有し、「疾駆調」の文体を誇っていたからである。それ自身が読解であると同時に表現でもあるという性格は、もとより優れた思想書すべてに共通するものではあるが、それはとりわけ強い意味で、ニーチェの一連の著作に当てはまる。例えば『ツァラトゥストラはこう語った』においては、過去のさまざまな要素の読解を踏まえながら、高密度で過激な表現が繰り出され、その後の『善悪の彼岸』や『道徳の系譜学』でも、ヨーロッパ思想全体とキリスト教とを読解しながら、そこに独自の表現が生み出されている。『反時代的考察』に収められた「バイロイトのリヒャルト・ヴァーグナー」や、『ヴァーグナーの場合』などの一群のヴァーグナー論も、ヴァーグナー解釈を展開しながら、それを自らの思想へと変貌させていくものであった。このように、解釈でもあり表現でもあるということ、あるいは「緩徐調」と「疾駆調」の交差であることが、ニーチェの著作の独特のリズムを作りなしている。速度の緩急が呼吸や拍動のような生のリズムを作り出し、特異な運動感覚を引き起こす。ニーチェの文体は、舞踏する精神に寄り添い、それを包みながら豊かにたゆたい、動きとともに波打っている。まさにそれは裸体と見紛うばかりにしなやかで、繊細きわまりない衣装であった。

Ⅰ　文献学・修辞学・歴史学

――初期ニーチェにおける言語と歴史――

序　差異化と統合

ニーチェの思考の内には、微視的な細部に向かう冷徹な分析の眼差しと、一切を一挙に把握し、それを理念的な総括にまでもたらそうとする統合の意欲とが常に競い合っている。多様で微細な動機と力関係の分析によって形而上学的思考を解体する系譜学を徹底して遂行する一方で、「超人」の理想、あるいはニヒリズムの克服によるヨーロッパ精神の全面的変革といった壮大なヴィジョンが描かれるように、ニーチェにおいては、増殖する細部を微かな分節線に沿って腑分けする繊細さと、全体を大胆に再編して構築する強靱な創造性とが並び立ち、その思考の内に並外れた緊張を産んでいる。しかもその二つの契機は、批判的分析力と理論的総合力といった学問知の水準に限定されることはなく、ニーチェの哲学的思考の最深部にまで及ぶものであった。アポロン・ディオニュソスという二柱の神の関わりを主軸に描かれる『悲劇の誕生』から始まって、「力への意志」や「永劫回帰」のそれぞれに見られる緊張と矛盾に満ちた関係にいたる哲学的思考の展開からも、張り詰めた知性の極限の様相を窺い知ることができる。その最も極端な実例としては、一八八九年初頭、トリノで精神錯乱に陥った際に、混乱した精神状態の内に書かれたいわゆる「狂気の手紙」を挙げることもできるだろう。そこでは、「アレクサンドロスとカエサルは私の分身で、シェイクスピア、ベーコン卿、最後にはヴォルテールでもナポレオンでもあった」(1)といった荒れ狂う自己分裂に翻弄されながら、同時に「ディオニュソス」「十字架に架けられた者」という署名によって崩壊寸前の自己同一性をかろうじて堅持しようとする危機的なせめぎ合いが繰り広げられる。ニーチェの活動全体は、分裂する差異化と創造的な統合のこのような葛藤に貫かれながらも、けっしてそれを弁証法的に総合する方向をとることはなく、むしろその緊張そのものを生と思考の躍動として貫徹しようとする。

ニーチェの思考全体を貫くこのような亀裂と緊張は、「力への意志」の思考に代表される後年の哲学的・思弁的思考よりもはるか以前に遡り、ニーチェの学問的経歴の出発点であった文献学の内にその元型《プロトタイプ》を見出すことができる。それというのも、文献学こそ、ニーチェ自身がバーゼル時代の講義「文献学大全」で論じているように、(2)「批判」(Kritik)と「解釈学」(Hermeneutik)を主要な部門として、資料分析による批判的な解体を徹底する一方で、過去の文化を全体において理解することを目標とするといった、相反する課題を常に意識せざるをえない分野だからである。古代ギリシアを対象とする古典文献学、そして文献学の具体的な主題としてのホメロスや修辞学の問題を通じて、ニーチェは言語の歴史性や、言語の芸術性といったきわめて現代的な問題への感性を磨いていったものと考えられる。そうした過程において、直接には文献学・解釈学を名乗っていない著作においても、言語・歴史・芸術といった文献学的・解釈学的な主題が論じられる。『反時代的考察』第二論文「生にとっての歴史の利害」では、歴史をめぐる連続的時間の表象が疑問視されると同時に、歴史理解の能動的な媒介が論じられる。また一連の修辞学関連の講義、および「道徳外の意味における真理と虚偽」では「物」と「言葉」の自然主義的で一義的な関係が揺さぶられる一方で、比喩形成における言語の創造的力能が積極的に評価されていく。

これらかずかずの論点を考慮するなら、ニーチェの思考においてはきわめて早い時期から、歴史や文化的事象を極小単位に細分化する差異化の方向と、飛躍や断絶を前提したうえでそれを逆説的に結び合わせる文化創造の意欲とが不可分のものとして働いているように見える。このような思考の収斂するひとつの焦点として、後年の「系譜学」を想定することが許されるなら、ニーチェの活動は、文献学によって芽生えた逆説的思考を先鋭化し、その哲学的考察を経て、最終的には「系譜学」と呼ばれる新たな文献学へ転換していったものと考えられる。テクストや言語を本来の活動領域とする文献学は、ニーチェにとっては、生や文化というテクスト全体を読解するための戦略にまで拡大されていくのである。(3) それはニーチェ自身の生と自己理解にも深く関わっており、実際にニーチェ自身、自らの伝記をいくども構想したり、自著をその再版序文によって反省し総括するなど、編纂と解釈に類する試みを多様に繰り広げている。その点で、ニーチェは生涯にわたって、ニーチェ自身にとっての文献学者であった。そのように理解するなら、ニーチェの思考が活動を停止する直前の多幸症的で誇大妄想的な『この人を見よ』は、まさしく自己の文献学の暴走であり、「狂気の手紙」もまたきわめて異様な意味ではあるが、文献学の極北の試みとでも言えるかもしれない。一八八九年初頭に錯乱の極みに達したのは、ニーチェその人であるというよりは、むしろニーチェの文献学そのものであった。こうした思考の生成と運動を辿るために、本論では、バーゼル大学就任講演「ホメロスと古典文献学」の前後から、物議を醸した『悲劇の誕生』、そして修辞学に関連する一連の講義を挟んで『反時代的考察』へと繋がっていく経緯を扱うことにしたい。

一　文献学と歴史的媒介

(i) 文献学の誕生

「ヴォルフが、自身のために〈文献学者〔文献学専攻〕〉（studiosus philologiae）という名称を発明した一七七七年四月八日が文献学生誕の日である」[4]。『反時代的考察』の一編として計画された「われら文献学者」の草稿においてこう記されるように、ニーチェにとって文献学とは、ある特定の日時に「発明」された学問分野《ディシプリン》であり、時代の刻印をそれ自身の内に刻みつけているものであった。しかもニーチェがここでその生誕の日として挙げている一七七七年四月八日とは、一八歳の青年ヴォルフ（Friedrich August Wolf 一七五九―一八二四年）が、当時の大学制度には存在しなかった「文献学者」という名称を「発明」して、ゲッティンゲン大学の学籍登録を行った日である[5]。ヴォルフが代表作『ホメロス序説』（Prolegomena ad Homerum 一七九五年）を公刊するはるか以前、それどころか、ハレ大学で最初に文献学のゼミナールを開いた時期（一七八三年）にも先立って、ニーチェがあえてこの日付を選んでいる事実からは、ニーチェにとってはヴォルフの文献学が達成した成果以上に、何よりも文献学という分野そのものの確立、そして「文献学者」の誕生こそが重要であったことが窺える。ひとつの学問領域がある特定の人物によって、ある時点をもって誕生し、発明されるものであること、その意味では学問もまた徹底して歴史的であり、日付をもつものであるといった認識が、そこには端なくも示されているように思える。それ自体が歴史的なテクストを対象とする文献学は、文化的事象の歴史的な成立過程を客観的に分析するだけでなく、ひるがえって当の文献学自身の成立状況、ひいては学知そのものの歴史性・相対性を洞察せざるをえない。青年ヴォルフが傲然と「文献学者」を名乗った日を「文献学生誕の日」とみなすニーチェは、新たな学問を創設しようとしたヴォルフの「反時代的」な革新に共感すると同時に、「永遠の哲学」とは異なり「認識されたものの認識」（ベーク）を目指す文献学を、その歴史性と相対性において把握していたことになる。「古典文献学が現代においてなにがしかの意味をもつとすれば、それは反時代的に——つまりは時代に逆らい、それによって時代のために、そして望むらくは来るべき時代のために——働きかける以外には考えられないのだ(6)」。

名実ともに近代文献学の創始者となったヴォルフは、ゲーテやW・フォン・フンボルトと交流を結び、Fr・シュレーゲルやシュライエルマハー（Friedrich Daniel Ernst Schleiermacher 一七六八—一八三四年）に多大な影響を与えた点で、十八世紀の新人文主義と新興のロマン主義との掛け橋の役割を果たした人物である。そのためにヴォルフの文献学は、文学と批判の結合を目指すという人文主義的な目標をもつ一方で、(7) 既存の文化に対する批判的意識を基盤に、歴史的考察を深める徹底した反省の側面をもっていた。十八世紀後半にフンボルトが、古代研究を手がかりとしながら、やがては言語そのものの探求に向かったように、(8) この時代においては、歴史的反省と言語論的考察とが結合し、唯名論的記号論や象徴論的言語観とは一線を画した超越論的な言語論・歴史論が形成されつつあった。(9) ヴォルフによる文献学の確立は、そうした思想的状況を代表するものとして、言語と解釈、歴史と芸術についての新たな学知の誕生を宣言するものであった。この十八世紀後半を境に、テクストや言語に関する知見は大きく変質し、言語の歴史性が注目され、解釈の創造性に対して新たな思考が生じることになる。ニーチェがヴォルフの文献学を継承し、バーゼル大学においてはヴォルフの著名な『文献学大全』(Encyklopädie und Methodologie der Studien des Alterthums 一七八六年)と同趣旨の標題の講義を行い、十九世紀において再びその精神を復興させようと願ったとき、ニーチェは十八世紀後半に生じた言語と歴史に関する学知体系《エピステーメー》の変貌(10)を正面から受けとめていたことになる。

ヴォルフの文献学においては、十八世紀前半までの文化や言語に対する素朴な信頼が揺さぶられ、それらが歴史的に形成されたものであること、その点では、多様な変遷を被り、歪曲され変形される可能性をもつものとみなされる。古代文化の正確な理解のためには、伝統の堆積や権威による隠蔽・歪曲を打ち破るための「批判」、ひいては一種の偶像破壊が必要となる所以である。そのためニーチェにおいても、文献学は本質的に否定的な契機を含み、破壊と生産性とを不可分の仕方で結び合わせるものと理解されている。そうした理解にもとづいて、ニーチェが文献学上のひとつの模範としたのが、同時代に『アリストテレスの偽書断片』（Aristoteles Pseudepigraphus 一八六三年）の編集とともに、「アリストテレス全著作《コルプス》」の成立過程の追跡を行い、のちのイェーガー（Werner Jaeger 一八八八―一九六一年）による発展史的なアリストテレス理解の基礎を作ったV・ローゼ（Valentin Rose 一八二九―一九一六年）であった。(11) ローゼの議論は、ロドスのアンドロニコス（Andronikos 前一世紀）によって確定された「アリストテレス全著作」の完全性という前提を疑い、そこに収録されることのなかった他のアリストテレス著作を含め、その伝承の経緯を明らかにすることを目指していた。(12) ニーチェもまた、歴史的伝承の信憑性に対する判断保留《エポケー》と、伝統的権威に対する懐疑的・批判的吟味という文献学の思考に従って、歴史の厚みに潜り込み、おびただしい資料が交錯し合う伝承の森へと分け入っていく。

ライプツィヒ大学時代にリッチュル（Friedrich Wilhelm Ritschl 一八〇六―七六年）の元で、ニーチェはディオゲネス・ラエルティオスの『哲学者列伝』（Vitae philosophorum）をめぐる一連の論考に取り組んでいる。そこにおいてニーチェは、『哲学者列伝』が依拠したはずの資料を比較対照し、相互の成立過程を丹念に追跡することで、最終的に『哲学者列伝』の典拠となった源泉を探り当てようとする。『哲学者列伝』は、本文の記述のみならず、各哲学者の記述に付された「著作目録」や「同名人名録」ゆえに、歴史的に有用な資料とみなされているが、ニーチェの文献学的考察では、その目録の資料も、マグネシアのディオクレス（Diokles 一／二世紀）の『同名人名について』に由来し、またその他の記述に関しても、ディオクレス、およびアレラテのパボリノス（Phaborinos; Favorinus 八〇頃―一五〇年頃）の『逸話集』、『雑録』にもとづくことが論証される。こうして、断片の集成である『哲学者列伝』の記述の大半が、主要な二系統の源泉に差し戻され、さらにその両者が依拠している資料にまで遡って考察されることによって、歴史的伝承というものが単純な経験的な事実の系列ではなく、錯綜をきわめた伝承の束であることが明かされていく。歴史的伝承は、さまざまな資料が取捨選択と変形を被りながら伝達されているという意味では、歪曲や書き換え、転写と誤記をも含み、それ自体が編集された一個のテクストであるといった歴史感覚が浮彫りにされていく。「歴史とは、自らの存在に関する無限に多様で無数の関心同士の抗争でないとしたら一体何であろうか[14]」。

バーゼル大学での就任講演「ホメロスと古典文献学」（一八六九年）においても、ニーチェは、一個の統一的存在と信じられていた古代最大の権威ホメロス、あるいはヨーロッパ文学の典範となったその作品群を、複数の伝承やテクスト層からなる混成的形成物とみなす見解を明確に打ち出している。そこでは、ヴォルフ『ホメロス序説』にならって、口誦による伝承と作品の文字化という文化的媒体《メディア》自体の変質を考慮しながら、『イーリアス』『オデュッセイア』の「著者」の同一性と「作品」の統一性を解体し、最終的に二大叙事詩の統一性、および歴史的実在としての「ホメロス」に疑義が呈されている。「『イーリアス』のような叙事詩の計画は、けっして統一的全体でも有機体でもなく、継接《つぎは》ぎであり、美的規則に従って行われる反省の所産(15)」なのであり、「ホメロスという名前は、最初から美的完全性の概念とも、また『イーリアス』や『オデュッセイア』とも必然的な関係をもっていない(16)」とされるのである。

これらの論考では、所与の全体性や統一性を疑い、それを多様な構成契機へと還元する解体の視点が貫徹されている。とはいえ、ヴォルフにおいても文献学は、実証的な批判に尽きるものではなく、むしろその目標は古代文化の精神性の把握であったように、ニーチェの文献学もまた、個別的事実への還元という側面と総合的な理解という方向を併せもっている。ニーチェ自身「文献学大全」において述べているように、「批判（Kritik）はそれ自体が目標なのではなく、十全な理解のための手段にすぎない。その限り、批判は解釈学（Hermeneutik）のひとつの局面にすぎないのである」[17]。この「解釈学」においては、批判的な解体を経ることによって、全体性への素朴な先入観を揺さぶりながらも、そこからいわば統制的な理念として全体性を再構築していくことが目指される。そこで獲得されるべき全体性とは、論理的で硬直した全体性ではなく、むしろ可塑的で流動的な全体性の理念である。そこでは、経験的な事実の機械的な総計ではなく、個々の事実をはじめて有意味な事実とするような意味の源泉、ないし地平としての全体性が求められる。そうした超越論的な全体性の理念について、ニーチェは早い時期から関心を抱いており、そのことは、文献学を志す以前に構想していた学位論文が、「カント以降の目的論」を主題とするものであった点からも窺える。そこではカント（Immanuel Kant 一七二四―一八〇四年）にならって、「全体性」の概念は経験の内実に由来するのではなく、経験を統括する理性の働きとみなされ[18]、またランゲ（Friedrich Albert Lange 一八二八―七五年）の『唯物論の歴史とその現代的意義の批判』（Geschichte des Materialismus und Kritik seiner Bedeutung in der Gegenwart 一八六六年）やシュピア（Afrikan Spir 一八三七―九〇年）の『思考と現実』（Denken und Wirklichkeit 一八七三年）などの影響をも感じさせる仕方で[19]、目的論について懐疑的な態度が示される反面で、ショーペンハウアー（Arthur Schopenhauer 一七八八―一八六〇年）の「意志」に言及しながら、目的論の問題を「生」の主題と繋げようとする構想が示されている。[20]「〈合目的的〉ということが言えるのは、〈生〉との関係においてのみである」[21]。つまり「カント以降の目的論」をめぐる考察において、ニーチェはカントにならって、「目的」や「全体」といった概念は、理論的認識においては構成的な意味をもたず、あくまでも統制理念の機能を果たすにすぎないことを認める一方、それらの概念を認識論的水準から引き離し、「生」の遂行とともに捉えることで、断片的な試みながらも、新たな全体性の理解を模索していたものと考えられるのである。

(ii) エピグラム的思考と神話的同一性

資料批判を通じて、複数の源泉資料へと解体していく手法は、ニーチェの文献学にとってはあくまでも全体の理解に資するものでなければならなかった。全体性とは、認識にとっては構成的な意味をもたない「理念」ではあるが、認識の遂行、あるいはより広く「生」の形成にとっては欠かせない目標となるのである。批判による解体と、全体を目指しての総合との緊張は、おそらくニーチェが文献学の主題としてディオゲネス・ラエルティオスを選んだ際にも意識されていたものと思われる。なぜならディオゲネス・ラエルティオスの『哲学者列伝』は、元来が古代ギリシアの哲学者についての多様な伝承や断片的文献を通じて、哲学者の生と学説の全体を再構成しようという試みであったからである。『哲学者列伝』では、さまざまな観点から語られる多様な断片を積み重ねることによって、機械的で一義的な統一とは異なった生きた全体性が浮彫りになる。その点でこの著作は、個々別々の断片的記述と、それらの断片が集まることで予感される創造的な全体性とのあいだを往復する複眼的な読解を前提しているとも言えるのである。

『哲学者列伝』の文献学的考察においてもまた、断片的な細部への解体と同時に、そうした細部から逆に全体を透かし見るような、微視観察《ミクロロジー》的な視点が取られている点が注目に値する。それが顕著に窺える論点が、とりわけ学位論文において前面に押し出される「エピグラム作者としてのディオゲネス・ラエルティオス」(22)という主題である。『哲学者列伝』には、個々の哲学者の死を語ったり、生涯の記述を締め括るに当たって、他の著者による総括に混じって、ディオゲネス・ラエルティオス自身が作った「エピグラム」がある種の「墓碑銘」として付されているが、この点にニーチェは着目しているのである。そうした着眼点から窺えるように、哲学者たちの生と学説について蒐《あつ》められた断片群と、象徴的な出来事や逸話《アネクドート》によって生涯を印象的に概括する短い「エピグラム」でギリシア哲学を叙述するその技法に、ニーチェ自身も多大な共感を覚えていたように見受けられる。もちろんニーチェも、文献学的論文の内ではそのような価値評価を正面から語ることを避けてはいるが、例えば『反時代的考察』の時期においても、「私はツェラー〔の『古代哲学史』〕などよりも、ディオゲネス・ラエルティオスを好んで読む。なぜなら後者には、少なくとも古代の精神が生きているからである(23)」と言われ、また歴史研究や実証的調査が哲学を席捲する現状に対して、「ギリシア哲学は依然として退屈さの呪いから解放されなければならないあり様だ。むしろ先達にならって、ラエルティオスを読みたまえ(24)」などと記されるように、その共感は明らかである。そこには、人間の生と学問を不可分のものとみなし、生涯と学説を並行して描写する古代的スタイルへの関心が示されていると同時に、既存の伝承の数少ない断片を通じて、あえてその全体像を照射しようとする手法が、古代ギリシアの「精神」の叙述にふさわしいものとみなされているのである。観点の異なった細部の組み合わせ《コラージュ》によって全体をほのかに浮かび上がらせるその手法は、のちのニーチェ自身のアフォリズムの技法を髣髴させるものがある。いずれにしても、ニーチェの思考においては、思弁的な体系構築とは異なった仕方で、生や精神の息づく統一性を探り当てる感性が働いていたものと思われる。

生と思想、言語と精神を相互関係において理解し、そこにある種の統一を見ようとするニーチェの関心は、「ホメロスと古典文献学」にも示されている。それというのも、バーゼル大学の就任講演を公刊したこの論考（一八七〇年）は、講演時（一八六九年五月二八日）の標題が「ホメロスの人格について」であったように、そこには明確に「人格」という同一性の問題が刻印されていたからである。「ひとりの人物からひとつの概念が生じたのか、それともひとつの概念からひとりの人物が生じたのか。これが真の〈ホメロス問題〉、つまりはかの中心的な人格問題である」(25)。ニーチェはこの講演で、ヴォルフに従って『イーリアス』『オデュッセイア』という作品の統一性が、後世によって編み出された一種の虚構《フィクション》であることを確認し、ホメロスの偶像破壊を推し進めながらも、その一方ではヴォルフの問題意識を超えて、独自の「人格」概念を救い出そうとしているのである(26)。もとよりそこで語られる「人格」は、けっして歴史的実在としての人間ホメロスではない。「人格」という概念を、歴史的な人物に依存する経験的な同一性としてではなく、ある作品の統一を作り上げる理念的で超越論的な同一性と読み替え、それとともに、実証的検証によっては把握しえない創造的活動としての「人格」を取り出すことが、この講演の主な狙いであった。「『イーリアス』と『オデュッセイア』の詩人としてのホメロスは、歴史的な伝承ではなく、ひとつの美学的判断なのである(27)」。「美学的判断」としての「人格」を語ることによって、ニーチェは「ホメロス」を歴史的・実在的次元から解き放つばかりか、新たな同一性の概念を提示し、それによって芸術と思想におけるイメージの構成と使用という問題にも接近することになった。そのためここでは、歴史的実在としてのホメロスその人や、ホメロスの作品の「意味」ではなく、「ホメロス」という名を付された言説の統一体を可能にする条件こそが問題となる。このような意味の統一体の条件としての「ホメロス」は、実証的に検証可能な歴史的人物ではなく、理念的・象徴的な核であり、さまざまな伝承を引き寄せる神話的な磁場とみなされる。その限りで、「ホメロス」の名前は、「オルフェウス、エウモルポス、ダイダロス、オリュンポス〔の神々〕といった芸術家の名前の系列、ひとつの新しい芸術分野の神話的発見者の系列(28)」に数え入れられる。これらの「人格」はもとより歴史的実在ではなく、それればかりか、何らかの意味内容を具現する象徴《シンボル》や、ある観念を擬人的に代理する寓意《アレゴリー》でもない。それらの名前は、作品や伝承の一貫性を保障する意味統一の名称でありながらも、それ自身は内容をもたない空虚な中心であるため、象徴や寓意という「代理表象」の論理からも逸脱してしまうのである。

複雑に絡み合う多様な伝承が、相互の関係性と変化によって産み出される動態によって、自己組織的にある統一体が編成され、ひとつの美的現象が形成される。神話的・歴史的な次元に由来する名前がそこに設定され、一定の同一性を保持しながら、さまざまな領域へと転移され生き永らえる。「ホメロス」という名前で表される同一性も、このような過程を通じて、歴史的伝承のなかで「聖化」された同一性なのであり、その意味では、神話的・美学的同一性とでも呼ぶことが可能なものである。もとよりこの同一性は、あるひとりの著者によってあらかじめ計画されたものでもなければ、それ自体が意味内容を構成的に規定するものでもない。けっして予断を許さない転換と変遷、結合と離反の動態、あるいはそこに働く力こそが、この同一性の運命を決定する。したがってニーチェにとっての「ホメロス」とは、意味の断片を集積し、それらを取り囲み、そこに一定の中心を生み出す一種の「位相空間《トポス》」、あるいはより正確には、その空間の生成そのものを可能にする「力の場《コーラ》」と考えられるべきだろう。ある思想と一義的に結合される寓意や象徴とは異なり、ここで想定される「人格」は、創造的な自己変成の過程であり、思想自身の力動性に応じて、自らその姿を刻々と変貌させていく流動的な活動を意味しているのである。

二　『悲劇の誕生』と文献学の哲学化

(i)　二柱の神と概念形象

「ホメロスと古典文献学」は、その締め括りに、「かつて文献学たりしもの、いまや哲学となれり」といった句を掲げ、文献学の哲学化を宣言するものであった。ニーチェ自身はこれに先立って、すでにライプツィヒ時代にディオゲネス・ラエルティオス論を書き進めながら、とりわけデモクリトス（Demokritos 前四七〇／六〇―三八〇／七〇年）に強い関心を抱き、そこから「哲学的背景」をもったデモクリトス論を計画していた(29)。E・ローデ（Erwin Rohde 一八四五―九八年）宛の手紙にはその目論見が端的に語られている。「細々したことは差し当たり問題ではない。いまは私にとって、普遍的・人間的な事柄が気掛かりなのであり、文学的・歴史的研究の必要がいかにして形成されるのか、そして哲学者が駆使する形成化の手腕によってそれがいかに形をとるかが問題なのだ(30)」。デモクリトス論そのものは最終的に実現しなかったが、すでにこの時期において、ニーチェにとって文献学はもはや実証的な経験学ではなく、生と哲学に直接に関わるものと理解されるばかりか、そこには文献学的・歴史学的研究そのものの形成、さらにその可能条件への反省すら含まれていたことが窺える。こうしてニーチェは、最初の著作『悲劇の誕生』によって、すでに獲得した文献学的知見を活かしながら、それを哲学的な次元へと転換することになった。

ギリシア文化の総体的理解を目指した『悲劇の誕生』において、ニーチェは生産的意味での文献学的手法によって、ギリシア悲劇やギリシア文化の同一性を解体し、それを複数の位相へと差し戻していく。「アポロン的文化の精緻な伽藍を、いわば一石一石取り壊し、伽藍が立っているその基盤を見なければならない」[31]。全体が巧みに調和し、偉容を誇るギリシア文化の大伽藍を、その構成要素に分解していく解体の隠喩に、ニーチェの分析手法の一端が象徴的に語られている。『悲劇の誕生』においては、いまやギリシア文化そのものが一個のテクストとみなされ、その成立過程や原資料へと解体されるのである。その分析においては、ヴィンケルマンに代表される古典主義的なギリシア観に反して、ギリシア文化の美的・統一的外観の背後には、常に複数の異質な契機が蠢き、互いに争い合っているものと理解される。こうして、造形的形成と破壊を担うそれぞれの「自然の芸術衝動」が指摘され、それらの力動が形象的にアポロンおよびディオニュソスとして描かれる。『悲劇の誕生』の狙いは、このアポロン・ディオニュソスという形象的装置を用いることによって、表層的には一個の統一体と捉えられる「文化的事象」や「生」の内に含まれる複数の問題系を炙り出し、その多様な様相を描き出すことであった。もとよりアポロンとディオニュソスは、ギリシア神話の実証的分析の果てに、神話的体系の構造的な決定要因として導出されているわけではなく、それら自身が、ギリシアの悲劇的文化を捉える形象として構想されたものである。そのため、ここで語られるアポロン・ディオニュソスの二契機は、歴史的に独立した要素や、実証的に検証可能な事実として提起されているのではなく、むしろギリシア悲劇という美学的統一性から、それを可能にした構成契機としていわば逆算されたものと考えるべきだろう。すでに「ホメロス」において示された神話的・美学的同一性が、ここで哲学的な意味を獲得し、概念的内実を形象化するニーチェ独自の技法として結実する。神話的・人格的形象に概念的機能を重ね合わせ、その形象の変貌とともに概念的内実を創造的に転換していく形象的思惟、あえて名称を付すなら「概念形象」とでも呼べるような思考がここに具体化するのである。神話的同一性を生きるそうした「概念形象」、あるいは「概念的人物」(32)(G・ドゥルーズ)は、すでに「オルフェウス、エウモルポス、ダイダロス、オリュンポス〔の神々〕」の系譜とともに示されていたが、その系譜の内にいまや「ディオニュソス」「アポロン」の名前が刻み込まれる。そしておそらくその系譜のはるか果てには、ニーチェ哲学の虚焦点であると同時に、その神話的同一性の守護者である「ツァラトゥストラ」の名前がやがて浮かび上がることだろう。

(ii) 歴史的媒介と解釈学的循環

ギリシア文化、そして何よりもギリシア悲劇の総体的理解を目指す『悲劇の誕生』にとっては、アポロン・ディオニュソスの神話的二契機への還元と同時に、その両者の緊張に満ちた融合こそが重要な課題であった。「ホメロスと古典文献学」と同様に、ここでも文献学による解体とともに、その解体を貫いて浮かび上がる力動的で可塑的な同一性が探求される。そして何よりも、『悲劇の誕生』は、同時代のヴァーグナーの「総合芸術」の理想に託して、現代における悲劇的文化の復活を目指す文化的プログラムを掲げていた。そして、ギリシア悲劇の絶頂において奇跡的に実現され、その後エウリピデス（Euripides 前四八〇頃―四〇六年）とソクラテスによって衰退を迎えた悲劇的文化を甦らせる指標として、『悲劇の誕生』では「音楽をするソクラテス」の概念形象が提示される。[33] 獄中で死を迎えたソクラテスが、「音楽をやれ」とのお告げをたびたび聴いていたことを告白したという逸話に由来する、いわば「エピグラム」的な理念が、歴史的距離を超えてギリシア文化と現代文化を繋ぐ跳躍台の役割を果たすのである。そこには、文化の歴史性に対する洞察とともに、過去の考察を通じて現代文化を刷新する創造的な歴史理解の祖型が提示されることになった。歴史的考察を通じて、その考察の視点そのものが根本的に変容し、そこにまた新たな歴史が開かれるという、歴史的媒介の根本的なあり方がここに洞察されている。

統一的意味の解体とその成立由来の解明という点から見るなら、『悲劇の誕生』の文献学的思考は、「系譜学」の最初の試みと見ることができる。また現代における悲劇的文化の再生を理念的な目標とみなすことも、歴史的考察そのものの成立要件に対する積極的な見解を示している。その点で『悲劇の誕生』は、文献学の方法論を先鋭化し、歴史的探求としての文献学自身の成立根拠、あるいはその考察の意味を十分に見極めながら、実証的な文献学の枠組みを大きく逸脱していく。伝統的な古典文献学が、古代のテクストを対象とする限りで、経験的意味での過去と関わっていたのとは異なり、『悲劇の誕生』の時期のニーチェにおいては、歴史的過去が本来は構成されるべきものであること、そしてその構成された歴史の内にそれを構成する者自身が含まれること、その意味で歴史そのものがその本質において再構成であり、「反復」であることが自覚されていく。

『悲劇の誕生』の執筆と同時期に行われた講義「文献学大全」においては、こうした歴史理解の逆説が、簡潔ではあるが、より明瞭に語られている。「歴史的理解とは、哲学的諸前提のもとで特定の事実を把握することにほかならない。その諸前提の高さが、歴史的理解の価値を決定する。……人間は自己を思考するものとなればなるほど、それだけ豊かに過去を認識する」[34]。自己認識と歴史認識の相即的関係を指摘することで、ニーチェは現代の哲学的解釈学における「解釈学的循環」の洞察に接近している[35]。そしてさらに、「古典文献学の哲学的前提とは、古代の古典性のことである。われわれは最高の現象を捉え、それとともに成長しようとする。没入して生きること（Hineinleben）こそが課題である」[36]といった見解を示すことによって、解釈学的循環と生の遂行との関係、およびそこに働く理念的中心としての「古典性」といった規範性にも言及することになった。解釈者自身が参与し、解釈によって自ら変質していく過程が語られ、しかもそこでは、その循環関係を単なる空転ではなく、まさに「循環」として成立させる同一性が想定されていることになる。これはまさに、経験の対象としての事実的過去ではなく、経験の可能の制約としての「歴史」の哲学的な発見であるとも言えるだろう。歴史に関するこのような哲学的知見を具体的かつ大規模に展開した『悲劇の誕生』においては、経験的な事実の集積ではなく、自己の関心によって再構成された歴史といった観点が前面に打ち出される。「文献学者」ニーチェは、この著作をもって「哲学者」ニーチェへと変貌し、「かつて文献学たりしもの、いまや哲学となれり」という宣言が、ニーチェ自身において実現される。

とはいうものの、文献学を哲学へと転換し、歴史的考察を未来の展望《ヴィジョン》へ繋げようとする『悲劇の誕生』は、その複合的な課題ゆえに、過度の負荷を強いられることになった。そこにおいては、ギリシア文化の文献学的解体とその理念的再統合との関係が明確にされることがないまま、本来は哲学的関心によって構想されたはずのアポロン・ディオニュソス両契機が、悲劇の「誕生」という起源論的構図の中で、あたかも歴史的・事実的経過のように叙述される傾向が強い。しかもそこでは、議論を一挙に哲学的水準に移行させる装置として、ショーペンハウアーの形而上学的図式が援用されることによって、方法論的順序と歴史的順序の区別がますます曖昧にされ、歴史的な生成の問題と形而上学的な根拠づけの問題が混同される。つまりそこでは、ショーペンハウアー的な「根源的一者」が、ギリシア悲劇の「根源」であると同時に、歴史の「起源」でもあるという二重性のもとに理解されることで、『悲劇の誕生』が具現化している歴史性への洞察が平板化されてしまうのである。ニーチェは、文献学・歴史学の哲学的転換を急ぐあまり、形而上学的「根源」の思考を性急に導入し、それによってかえって歴史性固有の次元を通り越してしまったのである(37)。

三　修辞学と歴史学

(i) 転義の論理

『悲劇の誕生』公刊後のニーチェは、あまりに複雑かつ高密度に形成されたその議論を解きほぐし、その内圧を下げるかのように、歴史・言語・芸術など、それぞれの分野での理論的反省を展開している。これらの考察においては、ショーペンハウアーに依拠した形而上学的思考が棚上げされ、言語の芸術的活動としての「修辞学〔弁論術〕」、あるいは生の現象としての「歴史」が個別に主題とされることで、より純度の高い考察が可能になっている。『悲劇の誕生』においては、解体と統合という思考上の方向性が、ディオニュソス・アポロンそれぞれの特質に重ね合わせられ、さらには形而上学的な個体化と根源の関係とも並行して捉えられるなど、きわめて重層的な記述がなされていたのに対して、『反時代的考察』、あるいはその前後の草稿や講義では、それらの関係の哲学的含意が徐々に解きほぐされていく。そこでは解体と統合の二契機が、分析や叙述の方法論としてではなく、むしろ言語や歴史の領域にとって構成的な要件とみなされ、一種の超越論的な事態として論じられていく。いまや『悲劇の誕生』の文献学によって発見された言語と歴史の独自の次元が一層掘り下げられる。この移行の鍵を握るのが、切断と転移、差異化と媒介、非連続性と連続性といった一連の事態である。

『悲劇の誕生』公刊の時期以降、ニーチェはバーゼル大学において、ゲルバー（Gustav Gerber 一八二〇―一九〇一年）の『芸術としての言語』（Sprache als Kunst 一八七一年）などに拠りながら、「古代弁論術の歴史」、「古代修辞学の叙述」、「アリストテレスの修辞学」など、一連の修辞学関連の講義を行っている(38)。これらの講義では、古代以来、弁論の技術として成立した「修辞学〔弁論術〕」（Rhetorik; Beredsamkeit）に関して、キケロとクィンティリアヌス（Marcus

Fabius Quintilianus 三五頃―一〇〇年頃）によって確立した五部門「発見・配列・措辞・演示・記憶」[39]を踏まえながら、特に「措辞〔修辞〕」に関わる問題に重点を置いて修辞学が論じられる。つまりニーチェの論じる「修辞学」は、古代・中世において構想力の論理として提示された「発見」や、自己表現の技法としての「演示」、あるいは学知の構造化の方法論と理解された「記憶」など、知と人間の全体を包括する学問論・人間論でもあった古典的修辞学とは異なり、表象装置としての言語の機能を中心に議論が展開されている点で、近代的な文飾論としての傾向を強く帯びている[40]。特に「古代修辞学の叙述」においては、言語が事柄を反映するという自然主義的な理解が拒絶され、「転義〔比喩〕」（Tropus）の機能に焦点を絞って、言語の表象機能が論じられている。こうした思考はまさしく、言葉と物、認識と事実との一義的な対応関係を破棄し、事象と認識の成立に関わる可能条件へと遡及する十八世紀後半の超越論的な傾向に連なるものである。そのためにニーチェは、一般には言語の芸術的・技巧的操作と捉えられる修辞学の特質を、言語一般の機能にまで拡大し、いわば修辞学の普遍化・超越論化を図っている。「意識的な技法として一般に〈修辞学的〉と呼ばれるものは、無意識的な技法として、言語とその生成の内ですでに働いているのであり、修辞学とは、言語の内で生じている技法の継続なのである[41]」。つまり修辞学とは、言語における特殊で作為的な技巧などではなく、すべての言語の可能条件を探究するものとみなされるのである。そのため言語に関して、「われわれが依拠することのできる非修辞学的な言語の〈自然さ〉などは存在しない」[42]と言われ、最終的には、「およそ言語たるものは修辞学なのである」[43]という大胆な主張が提起されることになる。[44]

このように普遍化された修辞学によれば、言語は外的な事物や出来事と一義的に対応するものではなく、その意味ではなんら真理を表現するものではない。言語とはむしろ、主観的な神経刺戟や想念から発して、観念的形象を経て、音声的表現へと段階的な変換を遂行する一連の修辞学的過程そのものなのである。言語と物との自然主義的な連続性を断ち切り、そのあいだを繋ぐものとして修辞学的な「転移」（übertragen）を想定するこの論理は、未完草稿「道徳外の意味における真理と虚偽」において全面的に提示される。この論考においても、「隠喩」（Metapher）という修辞学的用語を用いながら、「知性と物との一致」という古典的真理観を覆し、カント的な「物自体」にも疑義を呈したうえで、言語の虚構性が指摘されるからである。「神経刺戟が形象の内へと転移される――これが第一の隠喩である。この形象がさらに音声において模写される――これが第二の隠喩である」[45]。この二重の非連続とその間の転移を指摘することによって、言語の真理機能が否定される。なぜなら、これらの異なった領域のあいだを繋ぐのは、「因果性でも、正当性でも、表現でもなく、せいぜいのところ美的関係、あるいは、まったく異質な言語への暗示的転移、ぎこちない翻訳[46]」にすぎないからである。「古代修辞学の叙述」でも語られていたように、「本来の言葉遣いと比喩のあいだに区別が存在しないのと同様に、正しい話法と、いわゆる修辞学的な比喩的話法のあいだにも区別は存在しない[47]」のであり、これを「翻訳」と言うのなら、それは典拠となるテクストが存在しない翻訳、「原文なき翻訳」とでも言うほかはないのである。

この転移の関係において示される神経刺戟・形象・言語という各々の領域は、アリストテレス以降、ロック（John Locke 一六三二―一七〇四年）にまで継承された事物・観念・言語の変奏のようにも思われるし、あるいは、プラトン的な「模倣《ミメーシス》」の論理の再現のようにも見えかねない。しかし、ニーチェのこの構図においては――ロックとは異なり――経験的知覚が第一の事実として固定されているわけではないし、また――プラトンとは異なり――そこで指摘される各々の領域のあいだに価値の序列が存在しているわけでもない。プラトンにとって芸術が、イデアの模倣である現実をさらに模倣するという意味で、真理からの二重の距離ゆえに拒絶されていたのとは異なり、ニーチェの「転移」の論理には、そのような階層的序列は当てはまらない。また、感覚的知覚を唯一の基盤として知識を構成するロック的な認識論とは異なり、ニーチェの修辞学的言語観においては、神経刺戟そのものすらもすでに一種の「転移」なのである。

領域の境界を越える「転移」は、「美的関係」にすぎない以上、意味内容の内にその転移の根拠をもっているわけではない。むしろ、内容的な必然性に支えられることがないまま、次々と異なった領域へと飛躍していくその移行の運動そのものが、言語現象を可能にしている。「古代修辞学の叙述」においても、アリストテレスに依拠しながら、修辞学が「学知《エピステーメー》」や「技術《テクネー》」ではなく、「能力《デュナミス》」である点が特筆されるように、二重の断絶によって隔てられ孤立した領域同士を繋ぐのが、言語化の力能であり、隠喩形成という媒介の「力」なのである。ただしこの場合の「力能」とは、古代の修辞学〔弁論術〕が、法廷弁論・議会弁論・演示弁論などを発生源としているように、まず第一には、他者に対する説得の「力」を指している。しかしニーチェにとっては、他者という異質の領域を制圧する説得と、感覚刺戟・形象・言語の領域を越境する跳躍は、非連続性の媒介という点では、同一の事態と映ったことだろう。実際に「移行」を表す übertragen は、同時に他者への「伝達」の意味をもっており、ニーチェは同一テクストの内でもこの両者の意味を文脈によって使い分けている。異なった領域の断絶と飛躍が、übertragen の一語に集約して語られているのは、けっして偶然ではない。

(ii) 歴史的媒介

修辞学講義、ならびに「道徳外の意味における真理と虚偽」では、言語を普遍化された「転義」と捉え、異質で非連続的な領域へと越境する「転移」の理解によって、言語的現象の内に生じる「媒介」の生起が記述された。事象と言語とを切断しながら、その非連続性を媒介する力動に注目するその論理は、ニーチェの歴史理解にも働いている。それを端的に示すのが、「生にとっての歴史の利害」と同時期の草稿に残されたある図式（図3）、およびその前後のひとまとまりの考察である。この草稿ノートにおいては、すでに『悲劇の誕生』や「文献学大全」で示されていた解釈学的な歴史理解がさらに哲学的に推し進められ、時間理解そのものの構造にまで思考が深められている。そこでは、時間が一般的に想定される水平の直線ではなく、垂直に連なる無数の点として表現され、しかもその点の流れを、削除線のような斜めの線がいくつも横断し、点同士の断絶が強調される。そこに付された註記には、「時間はけっして連続体（continuum）ではなく、存在するのは、ただまったく別々の点のみであって、線ではない。――遠隔作用（actio in distans）」と記されている。(48) そしてその同じ図式には、非連続性ばかりではなく、離れた点同士を複数の弧が結び、非連続を繋ぎ合わせる「遠隔作用」が表される。それはあたかも、時間という弓が引き絞られて、その緊張の内に張力が宿っているか

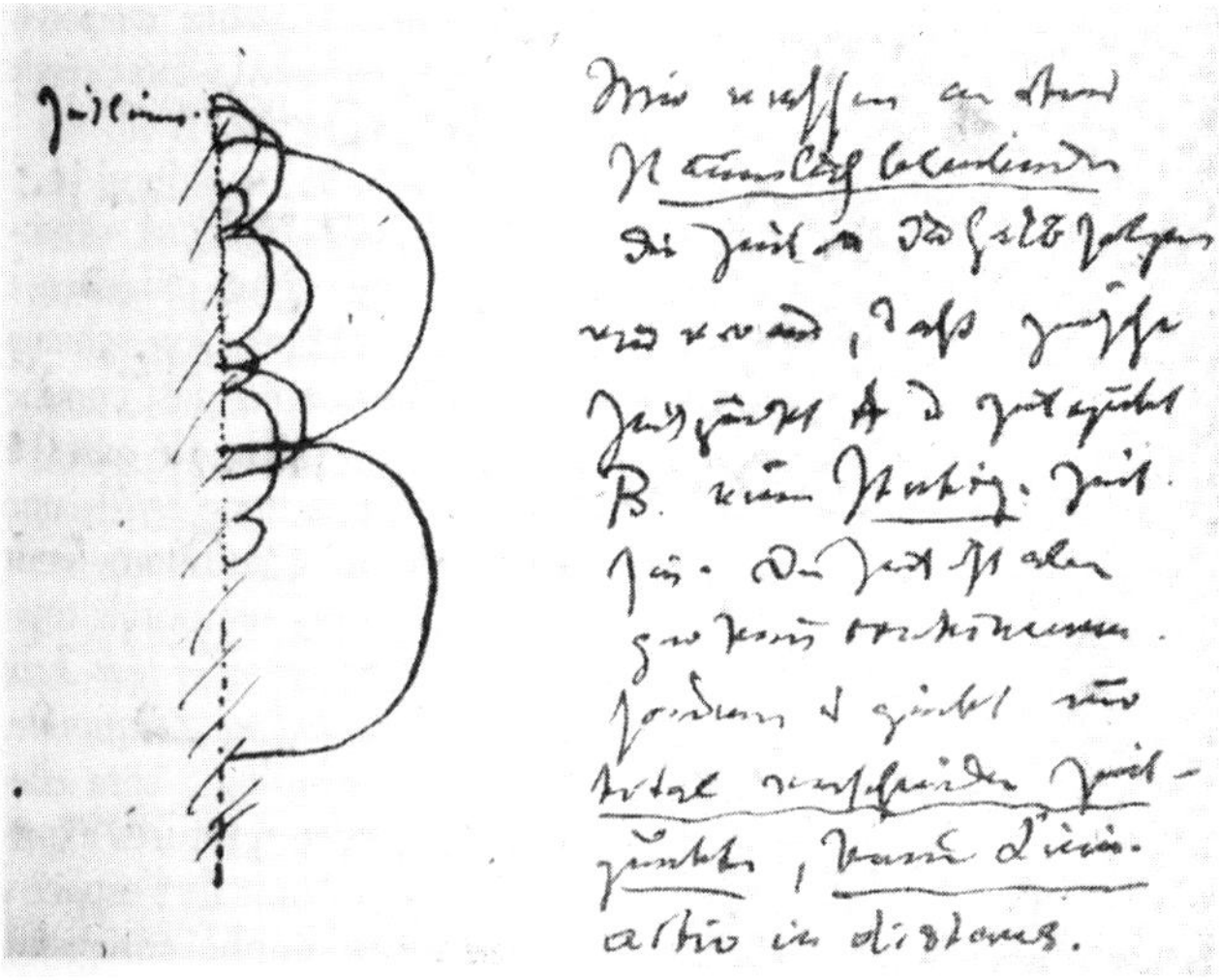

図3　ニーチェ，1873年の断章

のようである。ここではまさに、重力や磁力といった物理的な「遠隔作用」のイメージに従って、空間的に接触していない点同士に働く力関係が問題となっている。それを裏づけるように、直後の註記では、「時間点は、他の時間点に作用するのであり、したがって力動的（dynamisch）な特性が前提されるべきである」と述べられる。時間とはけっして過去から現在への一方的な流れや、因果関係の系列などではなく、過去と現在、現在と未来が複雑に入り組みながら呼び掛け合い、その力を交わし合う「遠隔作用」なのである。

『反時代的考察』第二編「生にとっての歴史の利害」は、こうした時間理解と同様に、歴史における非連続的な媒介、つまりは歴史における遠隔作用を論じるものであった。「生にとっての歴史の利害」という標題が示すように、歴史は客観的な事実の堆積ではなく、生の能動的参与との関係のもとで理解されなければならない。歴史主義が優勢であった十九世紀の学問的状況に逆らって、生を抑圧しがちな歴史学を生の昂進に資するものとして捉え返し、「死を想え」(memento mori) を「生を想え」(memento vivere) に転換する生の衛生学こそが、ニーチェの目指すところであった。(49) その議論の導入においては、一切を忘却するがゆえに「非歴史的」な動物と、歴史的知識の重圧によって生の意欲を阻喪させる人間とが対比される。つまり、ニーチェはここで、「歴史」の現象を浮彫りにするために、まずは動物における「忘却」という事例を通じて、時間を各々の瞬間へと微小化し、連続性を断ち切った時間理解を想定する。「非歴史的なもの」(das Unhistorische) と呼ばれるこの断続的な時間は、「忘却」によって他の瞬間からは完全に切断されることによって、生を目前の現在のみに沈潜させ、生の厚みと充実としての「地平」を作り出す。「生命あるものはいかなるものでも、ある地平の中でのみ健康で強壮で生産的になりうるということ、これはひとつの普遍的法則である」(50)。これに反して歴史とは、非連続的に切断された時間点としての瞬間を、人間固有の「造形力」(die plastische

Kraft）によって結び合わせ、そこに意味の張力を発生させることと理解される。この接合の仕方、つまり歴史における「遠隔作用」のあり方が、歴史の三様態として、すなわち「記念碑的歴史」「尚古的歴史」「批判的歴史」として区別されるものにほかならない。それらは各々、その作用の実現において、過去・現在・未来のどの位相を中心に統合するかという点に相違はあるが、いずれも時間的に隔たった距離を跳躍して、異なった時間点を結合し、それらを互いに引き寄せる力を具現している。

歴史の三様態はいずれも、極小点として細分化された瞬間同士を再び結合する力の遂行を意味するのであり、歴史的時間とは、差異化と統合の逆説《パラドクス》そのものである。非歴史的な生は、無限の時間点の並列において、他の一切を忘却して瞬間ごとの生に没頭するものであり、他方、すべてを記憶し、継起的連続の内に解消する過度の歴史化は、生の現実からの逃避であり、この両者のどちらにも、生にとって有効な歴史は存在しない。差異化と統合という逆方向のベクトルが釣り合う緊張の内にこそ、はじめて断続的瞬間と継起的連続とを両立させる場所、すなわち「生にとっての」歴史が成立する。こうした歴史理解には、文献学時代にニーチェが提起した考察、つまり歴史理解と自己理解の相互性、あるいは伝統の解体と理念的全体性の再構築といった問題群が集約されているものと見ることができる。つまり、歴史主義が重視する「客観性」に抗して、「現在の最高の力からのみ、過ぎ去ったものを解釈することができる[51]」と語られる点に、自己理解に基盤をもつ「文献学大全」の歴史観が反映する一方で、時間点の結合による「全体の構成」が論じられる点に、カントに託して考察されていた目的論の探求が形を変えて現れている。「生に対する歴史の利害」はまさに、非連続的な断絶を一種の理念的全体性に向けて総合する歴史的媒介を課題としていた。それは、「真理衝動でも正義衝動でもなく」、「芸術衝動」の自己表現であり、「すべてを結びつけて考え、個々のものを全体へと織り上げることであり、いつの場合にも、構想の統一性が——事柄にそれが存在しないときでさえ——その中に設置されねばならないという前提に立つ[52]」。

(iii) 超歴史・歴史・非歴史

このような歴史の逆説的な構成ゆえに、「生に対する歴史の利害」では、「歴史的なもの」とも「非歴史的なもの」とも次元を異にして、歴史を歴史として際立たせるための第三項、つまり「超歴史的なもの」の契機が言及される。差異化と統合の逆説として生きられる「歴史」は、その緊張関係の内部で遂行的に理解されるほかはないのであり、その限りでこの遂行は、内在的な視点の内に集約され、最終的には歴史の連続性を絶対化する危険をはらんでいる。一切が歴史の内に解消され、その独自性を失う歴史相対主義の罠である。そのため、歴史があくまでも生きられた逆説として理解され、「生」との関係の内に緊張に満ちた適切な関係を保つには、歴史そのものの外部に立った視点が要求されるのであり、それが「超歴史的なもの」と呼ばれる次元にほかならない。この「超歴史的なもの」とは、歴史の次元を相対化して、歴史を有限的な「生」の経験として際立たせる一種の「理念」である。「非歴史的なもの」と「超歴史的なもの」はともに、生の遂行そのものから内在的・超越論的に導出された「歴史」を、その超越論性の過剰――ニーチェの言葉で言えば「歴史病」(die historische Krankheit)――から護る「生の衛生学」の要件である。「〈非歴史的なもの〉とは、忘却することができ、自己を限定された地平の内に封じ込めることのできる技と力であり、〈超歴史的なもの〉とは、生成から目を転じて、生存に永遠にして同等(gleichbedeutend)の意義と特徴を与えるもの、つまり芸術と宗教に向けさせる諸力のことである」[53]。

「超歴史的なもの」として、ここではなかば唐突かつ無規定に「芸術と宗教」が導入されるにしても、それはけっして芸術と宗教が永遠の理念を保障するということを意味していない。この点で、「生にとっての歴史の利害」の後半(第九節)でなされるE・フォン・ハルトマン(Eduard von Hartmann 一八四二―一九〇六年)に対する批判は重要な意味をもっている。ニーチェの批判は、ハルトマンが「世界過程」(Weltprozeß)という連続的な歴史観を強調し、ヘーゲル的な絶対精神の歴史を強化した点に向けられている。そしてその批判においては、歴史を究極の目標に向かう「過程＝審判」(Prozeß)とみなす救済論的思考が、「哲学的悪ふざけ」(Spass-Philosophie)として揶揄されているのである。[54] このハルトマンの思考の基盤となったヘーゲルでは、哲学・宗教・芸術が、自己に還帰した絶対精神の表現とみなされていたことを考え合わせるなら、ニーチェの語る「超歴史的なもの」としての「芸術と宗教」が、歴史の「過程」の目標や、絶対的な視点から歴史に「審判」を降す超越的理念を指すものではないことが推察できる。[55]「超歴史的なもの」の規定も、正確に「芸術と宗教に向けさせる諸力(Mächte)」と述べられ、それと並んで、「非歴史的なもの」が「自己を限定された地平の内に封じ込めることのできる技と力(Kraft)」とされていたように、いずれにしてもここで問題なのは、歴史を歴史と異なった次元へと解放する「力」(Kraft; Macht)なのである。ニーチェが目指そうとしたのは、歴史を互いに無関係の事実の集合体とみなすことでもなければ、無時間的で抽象的な理念へと揮発させることでもなく、非連続性と連続性、断片化と統合のあいだに働く力動を、「生にとっての歴史」の生成として捉え直すことであった。こうして、時間を非連続な無限の瞬間に差異化する微分的思考と、それらを全体化と理念化へと統合する積分的思考とのあいだに「力」という現象が浮かび上がる。歴史とはまさにこの「非歴史的なもの」の力と「超歴史的なもの」の力との拮抗のなかで形成される次元であり、それ自体としては無定形な「力の場」とも言うべき事態なのである。

歴史を歴史たらしめるこの「力」の働きを見極めるためには、超歴史・歴史・非歴史の三項の位置取りを正確に理解しておく必要があるだろう。つまりこの三者の関係は、「超歴史的なもの」が、「非歴史的なもの」対「歴史的なもの」の二項関係を相対化し、「非歴史的なもの」が、「歴史的なもの」対「超歴史的なもの」の二項関係を相対化するという位置づけになる。「超歴史的なもの」は、「非歴史」と「歴史」、つまり「忘却」対「記憶」、「非連続」対「連続」という二項対立を無効化し、さらに「非歴史的なもの」は、「歴史」と「超歴史」、すなわち「時間」対「永遠」、「有限」対「無限」という二項対立を無効化する。こうして、二対の対立関係そのものが相互に相対化し合うことで、哲学的に根源的と思われてきた対立関係そのものが宙吊りにされる。ここにおいてニーチェは、形而上学的な二項対立の思考を逆手にとって、その二項対を相互に牽制し合う関係に持ち込むことで、それらの対立そのものを流動化してしまうのである。その意味では、歴史に対するこの考察は、やがて形而上学とのあいだに開かれる本格的な戦線の前哨戦であった。

結語

言語と歴史をめぐる考察は、ニーチェの最初期の活動から、その思考を大きく規定するものであった。ヴォルフを継承して文献学の復興に努め、言語やテクスト、あるいは歴史に関しての問題群に触れることで、ニーチェは、十八世紀後半以降に徐々に進行する学知体系《エピステーメー》の変革に直面し、やがては自らがその変革に大きな一歩を刻んでいくことになる。ディオゲネス・ラエルティオスやホメロスの文献学的解釈の内には、意味の統一体をその成立過程へと解体する「系譜学」の萌芽的着想を見ることが可能であるし、またそこに示されるさまざまな構想――「神話的・美学的同一性」の思考や、「概念形象」の着想――は、のちのニーチェの思考のなかでますます精度を高め、いよいよ過激さを増していく。何よりも、修辞学的な言語理解において、物と言葉をめぐる思考の内に大規模な亀裂が生じ、意味の統一性への信頼が解体される。それとともに、「転移」や「翻訳」といった、それ自身の内に正当化の根拠をもたない作用が、「意味」の生成の場として捉え返される。非連続性を媒介する「転移」の思考は、言語の領域にとどまらず、生全体の遂行を貫く時間の現象、そして何よりも歴史の次元をも貫いていく。分断された時間点を結ぶ「遠隔作用」もまた、その時間点そのものの内に内容的な根拠を有することはないため、その接合そのものも、「作用」ないし「力」として表現されるほかはない。歴史の「意味」と言われるものも、そこでは「生にとっての利害」というかたちに転換され、「非歴史的なもの」と「超歴史的なもの」とのあいだに張り巡らされる利害関心の「力」として記述されていくのである。

　文献学から修辞学を経て歴史論にいたるこの過程において、ニーチェ固有の思考がおもむろに起動し始める。もとより、『悲劇の誕生』で示される「音楽をするソクラテス」はいまだ「ツァラトゥストラ」ではないし、言語や歴史を貫く力動はなお「力への意志」ではない。しかしながら、言語論における意味の解体の議論と、歴史論における「力」の議論が交差する先には、それ自身の内に根拠をもたない意味を産出する「解釈」という問題がおぼろげに姿を現す。そして歴史論において、歴史を相対化するものとして構想されながら、それ自体は超越的理念としての絶対性をもたない「超歴史的なもの」の次元が指摘されていたことも、これ以降のニーチェの思考の道筋を暗示する。歴史を非歴史的な次元へと開放し、歴史そのものを相対化していくところ――超歴史的な理念ではないにもかかわらず、歴史に「永遠で同等な(gleichbedeutende)」意味を付与するその場所――に、「等しいものの永劫回帰」の問題が立ち現れるのを、われわれはやがて目撃することになるだろう。

（1） Briefe von Nietzsche, 1241: An Cosima Wagner in Bayreuth, 3. Januar 1889, Fr. Nietzsche, Sämtliche Briefe, Kritische Studienausgabe (= KSB), hg. von G. Colli und M. Montinari, Berlin/New York 1986, Bd. 8, S. 572.

（2） Id., Encyclopädie der klassischen Philologie [1871 event. 1873/74], Nietzsches Werke. Kritische Gesamtausgabe (= KGW), Bd. II-3: Vorlesungsaufzeichnungen [SS 1870-SS 1871], Berlin 1992, S. 375.

（3） 「ニーチェにとって、つねに宙吊りにされた一種の文献学、終点をもたず、つねに先へと繰り延べられていくような文献学でないとしたら、哲学とはいったい何なのだろうか」。M. Foucault, Nietzsche, Freud, Marx, in: *Dits et écrits 1954-1988*, t. 1 (1954-1975), Paris 2001, p. 598.（フーコー「ニーチェ・フロイト・マルクス」大西雅一郎訳、『ミシェル・フーコー思考集成Ⅱ』筑摩書房、一九九九年）。

（4） Fr. Nietzsche, Notizen zu Wir Philologen, März 1875 3 [2], Kritische Studienausgabe (= KSA), hg. von G. Colli und M. Montinari, Nachgelassene Fragmente 1875-1879, 2. Aufl., München1988 (Berlin/New York 1967-77, 1988), Bd. 8, S. 14.

（5） M. Riedel, Die Erfindung des Philologen, in: id., *Kunst als »Auslegerin der Natur«. Naturästhetik und Hermeneutik in der klassischen deutschen Dichtung und Philosophie*, Köln/Weimar/Wien 2001, S. 98f.; art. Philologie, G. Ueding (Hg.), *Historisches Wörterbuch der Rhetorik*, Bd. 6, Darmstadt 2003, Sp. 953.

（6） Fr. Nietzsche, *Unzeitgemässe Betrachtungen* II: Von Nutzen und Nachtheil der Historie, Vorwort, KSA 1, S. 247.

（7） 曽田長人『人文主義と国民形成』知泉書館、二〇〇五年、五七―八七頁参照。

（8） Cf. W. von Humboldt, Latium und Hellas oder Betrachtungen über klassischen Alterthum, Gesammelte Werke, Berlin 1904, Bd. 3, S. 168ff.

（9）J. Trabant, Immer weniger als willkürliches Zeichen: Europäische Sprach-Semiotik von Dante bis Humboldt, in: id., *Traditionen Humboldts*, Frankfurt a. M. 1990, S. 11-33.

（10）M. Foucault, *Les mots et les choses. Une archéologie des sciences humaines*, Paris 1966, pp. 307-313.（フーコー『言葉と物』渡辺一民・佐々木明訳、新潮社、一九七四年）

（11）J. I. Porter, *Nietzsche and the Philology of the Future*, Stanford, California 2000, pp. 36-40.

（12）西尾幹二『ニーチェ』第二部、中央公論社、一九七七年、四〇―五〇頁。

（13）Fr. Nietzsche, De Laertii Diogenis fontibus; Beiträge zur Quellenkunde und Kritik des Laertius Diogenes, KGW II-1, Philologische Schriften [1867-1873], Berlin/New York 1982.

（14）同時期の草稿。Herbst 1867-Frühjahr 1868, 56 [7], KGW I-4: Nachgelassene Aufzeichnungen [Herbst 1864-Frühjahr 1868], Berlin/New York 1999, S. 368.

（15）Fr. Nietzsche, Homer und die klassische Philologie, KGW II-1, S. 264.

（16）*Ibid*., S. 263.

（17）Id., Encyclopädie der klassischen Philologie, KGW II-3, S. 375.

（18）Id., Die Teleologie seit Kant, April/Mai 1868, 62 [16]; 62 [28], KGW I-4, S. 560.

（19）Cf. M. S. Green, *Nietzsche and the Transcendental Tradition*, Urbana/Chicago 2002, pp. 46-53. シュピアに対するニーチェ自身の言及として以下を参照。Cf. Fr. Nietzsche, Die Philosophie im tragischen Zeïtlalter der Griechen 15, KSA Bd. 1, S. 857. ランゲについては以下を参照。Briefe von Nietzsche, 517: an C. von Gersdorff, August 1866, KSB 2: September1864-April 1899, S. 159f.

（20）J. I. Porter, *op. cit*., p. 108.

（21）Fr. Nietzsche, Die Teleologie seit Kant, April/Mai 1868, 62 [51], KGW I-4, S. 573.

（22）Id., Beiträge zur Quellenkunde und Kritik des Laertius Diogenes, 1: Laertius Diogenes als Epigrammendichter, KGW II-1, S. 193ff.

(23) Id., *Unzeitgemässe Betrachtungen* III: Schopenhauer als Erzieher 8, KSA 1, S. 417.
(24) Id., *Nachgelassene Fragmente*, Anfang 1874-Frühjahr 1874, 32 [76], KSA 7, S. 782.
(25) Id., Homer und die klassische Philologie, KGW II-1, S. 257.
(26) G. Ugolini, Philologica, in: H. Ottmann (Hg.), *Nietzsche Handbuch. Leben-Werk-Wirkung*, Stuttgart/Weimar 2000, S. 160f.
(27) Fr. Nietzsche, Homer und die klassische Philologie, KGW II-1, S. 263.
(28) *Ibid.*, S. 266.
(29) 青年マルクスもまた、デモクリトスに強い関心をもち、学位論文『デモクリトスの自然哲学とエピクロスの自然哲学の差異』（一八四一年）を著していたことが想起される。
(30) Briefe von Nietzsche, 559: An E, Rohde. 1-3 Febr. 1868, KSB 2, S. 248.
(31) Fr. Nietzsche, *Die Geburt der Tragödie*, KSA 1, S. 34.
(32) G. Deleuze, F. Guattari, *Qu'est-ce que la philosophie?*, Paris 1991, pp. 63s.「プラトンのソクラテスが〈歴史〉に登場するソクラテスではないように、ニーチェのディオニュソスは、神話に登場するディオニュソスではない。……ニーチェがディオニュソスに生成すると同時に、ディオニュソスが哲学者に生成するのである」（ドゥルーズ／ガタリ『哲学とは何か』財津理訳、河出書房新社、一九九七年、九五頁）。
(33) Fr. Nietzsche, *Die Geburt der Tragödie*, KSA 1, S. 96, 102.
(34) Id., Encyclopädie der kalssischen Philologie, KGW II-3, S. 344.
(35) ニーチェと哲学的解釈学全般との関係については、以下を参照。J. Figl, *Interpretation als philosophisches Prinzip*, Berlin / New York 1982; J. N. Hofmann, *Wahrheit, Perspektive, Interpretation. Nietzsche und die philosophische Hermeneutik*, Berlin/New York 1994.
(36) Fr. Nietzsche, Encyclopädie der klassischen Philologie, KGW II-3, S. 345.
(37) Cf. P. de Man, Genesis and Genealogy (Nietzsche), in: id., *Allegories of Reading. Figural Language in*

Rousseau, Nietzsche, Rilke and Proust, New Haven/London 1979, pp. 84s.（ド・マン「生成と系譜（ニーチェ）」、『読むことのアレゴリー――ルソー、ニーチェ、リルケ、プルーストにおける比喩的言語』土田知則訳、岩波書店、二〇一二年、一〇五―一三四頁）

（38）　Fr. Nietzsche, Geschichte der griechischen Beredsamkeit [WS 1872-1873]; Darstellung der antiken Rhetorik [SS 1874]; Aristoteles Rhetorik I. Drittes Buch der Rhetorik [WS 1874-1875; SS 1875; WS 1877-1878?], KGW II-4, Vorlesungsaufzeichnungen (WS 1871/72-WS 1874/75). これらの講義でニーチェが依拠した源泉資料に関しては以下を参照。G. Most/Th. Fries, Die Quellen von Nietzsches Rhetorik-Vorlesung, in: J. Kopperschmidt, H. Schanze (Hgg.), *Nietzsche oder die Sprache ist Rhetorik*, München 1994, S. 17-38, 251-258. この議論を踏まえた論考として以下を参照。今崎高秀「芸術としての哲学――ニーチェ前期思想の生理学的背景」、『倫理学年報』第五六集（二〇〇七年）、一一一―一二四頁。

（39）　B. Vickers, *In Defence of Rhetoric*, Oxford 1988, pp. 67-72.

（40）　修辞学の近代的変質については、古典的な研究書である以下を参照。W. J. Ong, *Ramus. Method and the Decay of Dialogue*, London 1958.

（41）　Fr. Nietzsche, Darstellung der antiken Rhetorik, KGW II-4, S. 425.

（42）　*Ibid.*

（43）　*Ibid.*, S. 426.

（44）　ここにニーチェの思考の大きな転換点を見る議論として以下を参照。Ph. Lacoue-Labarthe, Umweg, in: W. Hamacher (Hg.), *Nietzsche aus Frankreich*, Frankfurt a. M./Berlin 1986, S. 99f. 修辞学講義、およびラクー=ラバルトの議論に関して以下を参照。P. de Man, Rhetoric of Tropes (Nietzsche), in: id., *op. cit.*, pp. 103-118; J. Kopperschmidt, H. Schanze (Hgg.), *op. cit.*; A. Haverkamp, Figura cryptica. Die Dekonstruktion der Rhetorik, in: id., *Figura cryptica. Theorie der literarischen Latenz*, Frankfurt. a. M. 2002, S. 23-43. 簡潔な報告として以下を参照。清水紀子「ニーチェとレトリック」、上智大学ドイツ文学会『ドイツ文学論集』第三七号

（二〇〇〇年）、一一五—一三二頁。

（45） Fr. Nietzsche, Ueber Wahrheit und Lüge im aussermoralischen Sinne, KSA 1, S. 879.

（46） *Ibid.*, S. 884.

（47） Id., Darstellung der antiken Rhetorik, KGW II-4, S. 427.

（48） Id., Nachgelassene Fragmente, Frühjahr 1873, 26 [12], KSA 7, S. 579. Cf. G. Didi-Huberman, *L'image survivante. Histoire de l'art et temps des fantômes selon Aby Warburg*, Paris 2002, p. 139. 図版は本書による。（ディディ＝ユベルマン『残存するイメージ——アビ・ヴァールブルクによる美術史と幽霊たちの時間』竹内孝宏・水野千依訳、人文書院、二〇〇五年、一四六頁）

（49） Fr. Nietzsche, *Unzeitgemässe Betrachtungen* II: Vom Nutzen und Nachtheil der Historie für das Leben, KSA 1, S. 304.

（50） *Ibid.*, S. 251.

（51） *Ibid.*, S. 293.

（52） *Ibid.*, S. 290.

（53） *Ibid.*, S. 330.

（54） *Ibid.*, S. 314; 317.

（55） G. Agamben, *Infanzia e storia. Distruzione dell'esperienza e origine della storia*, Torino 1978.（アガンベン『幼児期と歴史——経験の破壊と歴史の起源』上村忠男訳、岩波書店、二〇〇七年、一六八—一八五頁）。

コラム

書評　山口誠一訳著『ニーチェ『古代レトリック講義』訳解』（知泉書館）

二十歳代の若きニーチェが処女作『悲劇の誕生』を書き上げたのち、学界から黙殺される孤立無援の状況のなか、バーゼル大学において古代の修辞学《レトリック》に関する文献学の講義を行っていたことは、ニーチェの年譜上の記載を通してつとに知られていた事実である。すでに進行していた体調悪化の中、わずか二名の学生を自宅に招いての講義であったことが、「文献学者」ニーチェの挫折を象徴する出来事として伝記で言及されることもしばしばである。しかしその具体的な内容に関しては、従来のニーチェ研究のなかでかならずしも十分に論じられてきたわけではない。ましてや、若きニーチェに関して「哲学と文献学の相克」といった図式を前提として、『悲劇の誕生』においてニーチェが文献学から離脱したと想定する限り、文献学の業績は過渡的なものと映り、本格的な論及の対象とはなりえないのは当然のことでもあった。しかしニーチェの思想の展開をその文体や思考法の深層にまで遡って考えようとするなら、表面的には克服されたかに見える文献学や修辞学の思考が、その後の思想をも根底では大きく規定しているということは十分に考えられることである。

言語に対する際立って繊細な感覚をもち、哲学的な議論において「隠喩《メタファー》」などの修辞学用語を多用するニーチェの場合、語りの技法としての修辞学が重要な意味をもっていることは当然とも言える。そうした理解へと大きく歩を進めたのは、一九六〇年代のデリダのエクリチュール論を背景に、七〇年代にPh・ラクー゠ラバルトがこの講義の前半部分のフランス語訳（J゠L・ナンシーと共訳）を元に、論文「迂回」を著し、さらにその問題提起をP・ド・マンなどが引き継ぐといった議論の環境が生まれたためである。そして一九九四年にニーチェの批判版全集（グロイター版）において、それまで公刊されていなかった後半部分を含めて、この講義の全貌が知られるにいたった（一般に普及している研究者版全集には未収録）。本訳書はこの批判版全集の原典に依拠し、後半部分は抄訳とはいえ、ニーチェのこの講義を日本語としてはじめて紹介した貴重な試みである。

この講義においてニーチェが取り組んだギリシア・ローマ時代の修辞学とは、中世には自由学芸の一学科に組み入れられていたことからも分かるように、ヨーロッパの学知の根幹を形成していたものである。それは元来は弁論の技術や文体論に由来し、言語を通しての「共通感覚〔常識〕」の涵養を目指し、人間性の陶冶といった文化的理念までをも包括して、やがてはルネサンス人文主義にまで継承されていく壮大な系譜を形成していく（古代的学知としての修辞学と中世との関係については、古典的著作であるH・I・マルー『アウグスティヌスと古代教養の終焉』〔知泉書館、二〇〇八年）がすでに邦訳紹介されている）。また修辞学の一部門である「記憶術」が、近代の「方法」の形成に寄与した思想史的経緯については、すでにW・オング『ラムス主義――方法、および対話の衰退』（一九五八年、未邦訳）やFr・イェイツ『記憶術』（水声社、一九九三年）などが指摘するところでもある。しかし近代以降になると、修辞学は狭義の文体論へと徐々に制限され、その範囲を次第に狭めていくことになる。

こうした背景から、ニーチェが扱う修辞学も、古代修辞学の骨子を踏まえながら、議論の中心は主として文体論に置かれている。そのため主題としての拡がりは限定されるものの、それゆえにかえって言語の特質と修辞学的な文飾論とが密接に絡み合ったかたちで論じられることになる。とりわけ後年のニーチェの思想にとっても重要な意味をもつのが、「隠喩」の理解であり、そこに含まれる言語の「転移」といった視点である。本講義においてニーチェは、「隠喩」を論じながら、「われわれが依拠することのできる非修辞学的な言語の〈自然さ〉などというものは存在しない」と語り、言語そのものを修辞学的とみなす観点を打ち出している。言語はどこまで遡っても「転移」であり、隠喩以前の自然性や超越的なシニフィエは存在しないといったその主張は、まさにのちにニーチェが哲学的・神学的概念の解体を通して彫琢していく反形而上学の思考に通じる。またこの講義において論じられている古代修辞学のさまざまな文飾技法や言語的考察を見ると、ニーチェが『反時代的考察』第一篇において、なぜあれほど執拗にD・シュトラウスの文体批判を行っているのか、その背景が理解されるだろうし、文体と思想の不即不離の関係を追い求めたニーチェのスタイルの一端を垣間見ることもできるだろう。

もとより本講義は、古代修辞学についての基本的知識を提供することを目的としている以上、その大半は、ギリシア・ラテン語文献にもとづく紹介であり、その叙述も当時の先行的研究に多くを負っている。そのため、この講義本文だけから直接にニーチェの思想を読み取ることは、多くの読者にとっては困難な内容になっている。その点を考慮して本訳書では、標題に「訳解」と謳われているように、一般的な解題を超えた丁寧な紹介と周到な考察が付されている。その解説では、この講義の意味とその射程が立ち入って論じられ、ヘーゲルとの対比、記憶術と系譜学の関係など、優れて示唆的な論点が提起されている。さらに巻末には、ニーチェと修辞学をめぐる現代の関連文献の一覧、加えてニーチェ自身の蔵書のなかから修辞学に関係する文献を列挙したリストが付され、資料的な価値を高めている。翻訳という行為は、その原典を日本語の環境へいかに導入するか、その点に関する訳者の姿勢が問われるものだが、本書ではそうした訳者なりの紹介の意図がきわめて明瞭に示されていると言えるだろう。ニーチェの修辞学、および修辞学そのものの長大な伝統に接近するひとつの道が拓かれたことを慶ぶと同時に、すでに邦訳のある「ホメロスと古典文献学」や「われら文献学者」(『ニーチェ全集』ちくま学芸文庫版、所収)とともに本訳書が参照されることで、ニーチェの文献学と修辞学をめぐる新たな光景が現れることを期待したい。ニーチェにおける修辞学・文献学の問題は、例えばハイデガーによる「アリストテレス『修辞学』講義」（『アリストテレス哲学の根本概念』〔二〇〇二年、未邦訳〕）やブルーメンベルクの隠喩論・修辞学論、あるいはその継承を試みる現代の哲学的「形象学」などと並んで、言語や形象《イメージ》をめぐって今後展開されるであろう現代哲学の課題のひとつと考えることができる。それのみならず、哲学と修辞学という問題は、R・レイナム『雄弁の動機』（ありな書房、一九九四年）やK・バークの一連の議論などを中継点として、多元的な文化論にも接続可能な豊饒な水脈とも言えるだろう。

Ⅱ　仮象の論理
――『悲劇の誕生』における芸術論と形而上学――

序　理性と非理性

文献学者ニーチェが、ディオゲネス・ラエルティオスやホメロスをめぐる議論を通じて、歴史的に伝承された文献に沈潜し、言語や歴史といった現象の内に匿《かく》された逆説的な事態に深く関わることで、ニーチェの文献学は哲学へと変貌していった。しかしながら、文献学から哲学への移行は、文献学の領域である言語や歴史を哲学的に反省し、哲学が文献学を包括するという一方的な関係に解消されるのではなく、むしろ文献学が哲学の奥深くにまで浸潤し、哲学的思考を大きく変質させ、場合によってはそれを限界にまで導くといった危険きわまりない関係でもあった。文献学は哲学へと足を踏み入れることで、自らの拠りどころであったはずの実証性や客観性から逸脱する一方で、哲学もまた文献学の着想を取り込むことで、自身の真理規範の恒常性を放棄し、歴史や言語といった経験的で可変的な次元へと身を委ねることになる。古代の学知の模範であった『文献学とメルクリウスの結婚』（マルティアヌス・カペラ）、つまり文献学と哲学の結合は、ニーチェにあっては、けっして完全な宥和や合致などではなく、むしろ双方が自らの外部へと引き出され、互いに異質なものへと転換する異他化への誘惑であった。『悲劇の誕生』において「芸術家＝形而上学」[1]（Artisten-Metaphysik）を自らの立場として公然と掲げ、さらには文献学研究を通じて修辞学の分野に取り組むことによって、ニーチェにおいて哲学の問題はおのずからその性格を変えなければならなかった[2]。一方が仮象の制作であるがゆえに、また他方は蓋然性の領域を扱うという理由から、慎重に哲学から区別されていた修辞学と芸術が再び哲学的論議の内に介入することによって、仮象と真理、臆見《ドクサ》と学知《エピステーメー》という、哲学の起源に属する古い対立が新たなかたちで問い直されることになるのである。しかもその際のニーチェの関心は、真理規範を明確にすることによって哲学的真理の領域を限定するのではなく、真理と仮象の区別そのものが成立する地点へと遡ることを通じて、哲学的理性の発生をその起源から究明することであった。「学問を芸術家の光学によって、芸術を生の光学によって見る[3]」というニーチェの提示した課題は、各々の領域を異なった遠近法によって解釈し、それらの領域のもつ見掛け上の自立性を、その起源へ向けて相対化することを意味する。「学問という問題は学問の地盤の上では認識しえない」[4]と述べられているように、ここでは、学の自己根拠づけの理念が放棄されたうえで、理性によっては見通すことのできない理性自身の起源ないしは根源が問われることになるのである。

理性的に構築されたさまざまな事象は、自らの非理性的起源を忘却することによってその自立性と威信を獲得したというニーチェの洞察に従うなら、理性は自身の一貫性を貫こうとする限り、自らの背面に回り込み、自身の限界に直面せざるをえなくなる。「論理的なものの目的は、〈非論理的な中心〉を認識するところにある」[5]。そのため理性の起源への問いは、「人間的なら、「人間の内にある善なるものや理性的なものとは、偶然や見かけだけのものであったり、諸事象内部の非理性を明るみにもたらす」[6]という課題を不可欠の要素とすることになる。なぜきわめて非理性的なもののただの裏側であるにすぎない」[7]からである。しかし理性的把握を逃れ去る次元を非理性として語り、さらにそれを理性の「中心」と理解することは、それ自体逆説的な試みだと言える。なぜなら「非理性」といったものは、理性との相関の内で、理性への否定として語られるが、理性にもとづくそのような理解は、非理性を単に理性の限界としてのみ捉え、理性の「根源」というその内実を汲み尽くしてはいないからである。理性が有する理解可能性という超越論的原理と、理性に抑圧され歪曲された非理性的根源への遡行の問題は、哲学そのものの根本的な性格を規定することになるだろう。(8) 非理性を単に理性の外部としてではなく、その起源として提示するという逆説的な課題を処理するための作法として、ニーチェはのちに、系譜学と名づけられる年代記の技法を導入し、そこにおいて「根源」(Ursprung)という形而上学的関係と「起源」(Herkunft)という時間的理解の両者の緊張を主題とすることになる。(9)

ニーチェ畢生の課題であるこれらの主題は、すでに第一の著作である『悲劇の誕生』において懐胎され、さまざまな要素との複合の中で語られているという予想のもとに、本論では『悲劇の誕生』、および同時期の遺稿・草稿類を読み解いていくことにする。『悲劇の誕生』、つまり初版では『音楽の精神からの悲劇の誕生』(10) の標題で公刊されたこの著作においては、酒神讃歌《ディテュランボス》を謡う合唱団《コロス》からのギリシア演劇の誕生、さらにアッティカ悲劇からのソクラテス的主知主義への後退が歴史的に記述されているだけではなく、あらゆる始源論につきまとう「から」(aus)という決定的な移行の現象、ないしは架橋しえない間隙を超える逆説的な跳躍が主題となっていると考えられる。この跳躍の現象を絶えず念頭に置きつつ、同時にニーチェ後期の解釈論を消尽点とする本論の議論では、『悲劇の誕生』の基底となっている形而上学的理論と、その記述の技法としての神話的物語法《ナラトロジー》を出発点として、芸術論における美的仮象の議論が主題となる。仮象概念を基軸とするこれらの議論からは、『悲劇の誕生』の内に可能性として潜在している問題が、積極的な洞察として取り出されることになるだろう。そこにおいては、『悲劇の誕生』というテクストがニーチェの著作群のなかでもつ例外的位置、および本文テクストと遺稿・草稿類との微妙な緊張関係が焦点となる。

一　『悲劇の誕生』の論理構造

(i)　神話的前提

「悲劇の起源と目的」(11)を記述することを目指した『悲劇の誕生』は、その基本原理であるアポロンとディオニュソスを芸術論の範疇として導入することを第一の課題とする。この二極的図式における両項の力点の配分に応じて、ニーチェはホメロス以前のギリシア世界からドーリス式芸術の誕生までの時代を四期に区分したのちに、それに続くアッティカ悲劇をギリシア的本質の頂点と捉え、さらにその衰退の形態としてのソクラテス的主知主義を発展の最終段階に据えている。ここで語られる諸事象の説明原理としてのアポロンとディオニュソスは、この二柱の神に祭祀を捧げていたギリシア文化の自己理解に由来し、歴史的反省によって抽出されたものであると同時に、そうした歴史的範疇にかならずしも限定されない形而上学的原理としての思弁的性格をも具えている。そのためこの説明原理は、古代ギリシアを起源とする歴史的性格を保ちながら、音楽・言語・演劇というさまざまな芸術媒体《メディア》を分析する際の基本類型としても用いられ、さらには十九世紀における「ドイツ神話の再生」を証言するための基本原理となるのである。(12)

神話的過去に由来する形象を介して現代を解釈し、それによって失われた希望の再生を召喚するニーチェのこの試みは、観察者の観点の水平化、および歴史的事象の物象化を結果する歴史主義的な客観的・実証的考察の対極に位置する。(13) アポロン・ディオニュソスの二神格および悲劇の「誕生・死・再生」という構図は、何よりも神話に根差す形象喚起力ゆえに、象徴の意味充実への積極的な関心を惹起するものであり、客観的・中立的な文化論的図式として形式化されることを拒絶するのである。つまりアポロン・ディオニュソスの二契機は、特定の時代の歴史的考察によって再構成されたものでありながらも、当の時代と領域を超えて普遍的に適用可能であるばかりか、それ自身現代に復活して再び新たな歴史的現実として生き続けるものと理解されている。その象徴性を媒介として「起源と目的」を結び付け、歴史と反歴史との緊張を保つという意味で、二柱の神はまさに神話的原型としての二面性をもつのである。それゆえ

『悲劇の誕生』の議論は、神話においては統合されている歴史的具象性と普遍性という相反する要請のなかでそれらを共に満たすべく、歴史における現象記述と形而上学的思弁とを並行して進めることになる。ニーチェの著作群のなかで例外的に整合的な論述形態を有する『悲劇の誕生』は、歴史的連続性に依拠することでその記述上の一貫性を維持しているが、そうした連続性自体は原理的次元への形而上学的省察と不可分の関係にある。つまり歴史的・通時的生成を論じる起源論は、構造的・共時的原理の分析、および形而上学的根拠づけによる思弁的反省との緊張の只中で遂行されるのである。そのため、歴史的起源と形而上学的根源とを両者の相補的関係のままに捉えるという課題は、すでに『悲劇の誕生』の根本概念のなかに含まれていたと言えるだろう。

(ii)　形而上学的前提

芸術の発展を支える二契機であるアポロンとディオニュソスは、夢と陶酔という生理的現象との類比を通して導入される。これらの契機は、作品の様式史上の変遷に対する分析を通して経験的に抽出されるのではなく、まず第一に夢と陶酔という、「人間の芸術家の媒介を経ない」(14) 自然の根源的な創造力との類比にもとづいて、生理学的ないしは自然哲学的に語られている。つまりアポロン的原理は夢における彫塑的な形象的世界形成の作用に、ディオニュソス的原理は陶酔における個体の解消、あるいは社会的拘束をすら破壊する放縦になぞらえられるのである。夢と陶酔という生理現象を「自然のもつ芸術的衝動」[15]と呼び、そこから始めて具体的な芸術作品へと移行するこの議論は、自然哲学的な有機体モデルによって自然美と芸術美の移行を説明するという外見を取りながらも、同時にその連続性の中心に存在するある切断面を指摘するものとなっている。「〔夢と陶酔という〕生理現象のあいだには、アポロン・ディオニュソスのあいだに認められるものと同様の対立が存在する」[16]と言われるように、芸術論的二原理と自然現象のあいだには構造上の同一性が設定されてはいるが、ここで注目されているのは、あくまでも夢・陶酔およびアポロン・ディオニュソスという二対の関係相互の同型性であって、各々の項同士の厳密な因果関係や対応関係ではない。つまりニーチェの問題設定は、自然と芸術の構造的類比を主張しながらも、連続的な有機的成長によっては説明できない両次元の差異をあらかじめ前提しているのである。そしてこのように共通の原理をもっては通約しえない自然と芸術の断絶を解明する際にニーチェが依拠したのが、ショーペンハウアーの意志の形而上学であった。

ショーペンハウアーは、意志と表象の二分法をカントによる物自体と現象の区別に対応させると同時に、理論的認識より広い射程をもつ身体的開示性を重視することによって、身体的に遂行される意志の根源性を積極的に主張する。しかし物自体としての意志に対しては時間・空間の直観形式および根拠律を適用することはできないため、意志そのものは知解を許さない、一にして「盲目的な活動」であり、表象として分節された現象界とは截然と区別されている。さらにショーペンハウアーは、身体における意志の直接的現前と、身体自身の客体的存在との二重性を通して、「真の実在」である意志という未分節な一性から現象界における表象としての客体化の過程を導出し[17]、そのような意志の「自己分化」(Entzweiung) ないしは「像化」を「個体化の原理」(principium individuationis) として記述する。このような多様性の領域への分節過程は、現象界の三様相を形成し、直観内容をともなわない「概念」、意志の可視的客観化であると同時に意志の実体を隠蔽する経験的「現象」、さらに根源的意志の直接の反映として芸術の対象である「イデア」とに分化することになる[18]。

超越論的主体としての身体と内世界的な客体としての身体という二重性にもとづいて、その構造からただちに形而上学的理論を展開し、根源的意志から世界内のすべての事象を演繹するという論理[19]は、方法的には類比にもとづく一種の外挿法であり、十分な根拠をもつとは言いがたい。しかしニーチェは、そのように不徹底な方法論的反省の手続きには言及することなく、結果として獲得された形而上学的構造のみを自らの理論的支柱として活用している。したがって、身体的・生理的現象である夢・陶酔も、記述のための比喩を提供することはあっても、それ自体が形而上学的原理を導出する方法論的拠点となることはない。芸術と自然の区別から議論を展開する『悲劇の誕生』は、形而上学的図式をあらかじめ前提するかたちで、自然の根拠に「根源的一者」(das Ureine)としての意志を設定し、根拠律によっては解明できない一者・自然・芸術それぞれの差異を「仮象」(Schein)という像化の論理を通じて理解しようとするのである。そのため一者からの像化の系列は、仮象を幕上に重ねることによって、一者・仮象・仮象の仮象というかたちで段階的に記述される。こうして、ショーペンハウアー形而上学を援用し、意志の自己表出の理論を継承することによって、「芸術論への貢献」[20]を意図して導入されたアポロン・ディオニュソスは、単に芸術論の領域に限定されない形而上学的二原理として理解されるようになる。つまり一連の像化の連鎖において、アポロンは造型的根源力を表し、仮象の階梯を上昇方向に導く個体化および像化の原理として機能するのに対して、ディオニュソス的原理は、仮象の造型的世界を未分節の一者へ下降させる解体の原理と理解されるのである。[21]

(iii)　歴史記述の意味

ショーペンハウアーの形而上学的構造を前提として獲得された二原理は、根源的一者と仮象の諸段階のあいだの移行を支配し、仮象の連鎖における上昇の緊張を表現する。しかし『悲劇の誕生』冒頭において、「単に論理的な洞察ではなく」、「直観の直接的な確実性」が要求されているように[22]、この原理的二形象は中立的な説明原理としてではなく、ギリシア世界に発祥する神話的具象性を具えたものとして感得される必要がある。そして神話的形象の象徴喚起力は、元初的出来事に関する歴史（＝物語）を通じて獲得されるものであるとするなら、『悲劇の誕生』とはまさしく、ギリシア世界におけるアポロン・ディオニュソスの始源的抗争を叙述することによって、両原理の直観可能な形象性とその根源性を彫琢しようとする物語なのである。そして形而上学的二原理間の相互関係とその歴史的発展を記述する『悲劇の誕生』においては何よりも、国家・社会・文化を元初的混沌との融即へ導くディオニュソス的力と、形象化による「美的仮象」の形成原理であるアポロンとの相互依存関係が歴史的に追跡されることになる。

ホメロス以前からアッティカ悲劇、さらにソクラテスにいたる古代ギリシア史を語る際に、アポロン・ディオニュソスそれぞれの原理は、互いにもう一方に言及することなしに論じられることは稀である。確かにアポロンは原始的状態における自然と人間との平和共存を表現しているようにも見えるが、自然状態における幸福な融和がニーチェ自身によって否定されているように、およそ何らかの文化的営為の存在するところにはすべてアポロンとディオニュソスの葛藤が見出されている。「アポロンはディオニュソスなしに生きることはできなかった[23]」のであり、オリュンポスの精緻で明確な神話体系も、ディオニュソスに対するアポロンの勝利の結果勝ち取られたものであり、ドーリス式国家の禁欲的な文化・芸術も、アジア的ディオニュソスの流入に逆らう自己陶冶の賜物と理解されているのである。彫塑的性格の優位ゆえにアポロン的文化とみなされているこれらの文化の背後には、常にそうした形態化を脅かすディオニュソス的原理が作用している。それと同様に、小アジアからのディオニュソスの流入もまた、ギリシアにおけるアポロン的原理を発動させる契機としてのみ語られている。ディオニュソスはすべての社会的紐帯と慣習的禁忌を解体する文化的擾乱の作用にとどまらず、あらゆる個別的自立者を根源的一者へ向けて解消するような「現実的な生存に敵対する原理」であり、一切の理解可能性を凌駕する了解と生の限界として捉えられる。そのためディオニュソスは、それ自身が現象として成立するためにさえ、常に自らに対立するアポロン的形態化による馴致を必要とする[24]。「生は全うされなければならない。それゆえ純粋なディオニュソス主義などは不可能なのである」[25]。

彫刻などのアポロン的造型芸術に対して優位を認められている音楽も、根源的な意志を形象を介さずに直接に具現する「世界の反映」[26]であるという点においては、ディオニュソス的現象として理解されてはいる。しかし音楽そのものの内にもディオニュソス的要素としての和声・旋律のほかに、アポロン的要素としてのリズムの存在が指摘されるように[27]、具体的現象においてアポロンとディオニュソスは両者の相補的関係においてのみ成立しうる。確かに両原理は根源的一者と現象を媒介する原理として、それぞれ自立した機能を有するが、内世界的現象の成立場面において両者は不可分の関係をもつのである。しかも個体化の原理を表現するアポロンの内には、ショーペンハウアーにおいて見られたイデア・概念・表象という現象界の三様相が未分化のままに一括され、すべてが仮象として記述されているところからも窺えるように[28]、具体的現象の考察を通して展開されるニーチェ的現象論は、「単なる仮象」と「永遠の形相」を区別するための規範を解消することによって、現象に先行するイデアというプラトン的要素を可能な限り制限し、現象をその成立場面において記述しようとする傾向をもつのである。つまり『悲劇の誕生』での議論は、歴史記述のなかで具体的事象を主題とすることによって、内世界的現象の成立を問う現象論の視点を取り込み、それによって、形而上学的思弁によっては十分に解明しえない、現象における成立と解体との相補性を示しているとも言えるだろう。言い換えれば、現象を成立させ、そのものとして理解可能にするような言わば理性的契機と、理論的把握を逃れ去る現象の成立場面における動態という非理性的契機との相関がここに暗示されているのである。

根源的一者から仮象にいたる形而上学的構造を、方法論的吟味を欠いたままショーペンハウアーより継承したため、ニーチェにおいては、超越論性と世界内性という身体の二重的位置を元に、現象成立の内的構造を理論的に徹底して反省することは不可能であった。それに代わって『悲劇の誕生』において採られたのが、歴史的事象を通して両原理の相互関係を検討するという手続きである。もとよりそこにおいても現象の原理的成立と歴史の経験的変遷との関係が主題的に論じられているわけではないが、『悲劇の誕生』においては、歴史を具体的検証の場としながら、形而上学と現象論とがなかば強引に結び付けられているのは事実だろう。それと同時に『悲劇の誕生』は、悲劇の誕生・死・再生という神話的物語法《ナラトロジー》を通じて、アポロンとディオニュソス両形象の具象的喚起力を深め、形而上学的原理に対して神話的形象としての象徴性を付与したうえで、さらにザグレウス神話という、引き裂かれたディオニュソスの再生の物語に託して[29]、歴史における始源と目的の循環を暗示しているのである。

二　芸術論と仮象の論理

(i) 美と像化

現象世界においてアポロンとディオニュソスは単独では存在しえず、一方は常に他方との関係においてのみ成立するという理解は、『悲劇の誕生』全体を貫く基本的な洞察である。根源的次元での解体原理と、生成の根源的矛盾を仮象によって理解可能にする形象化とは、相互の依存と背反の緊張の内でのみ個々の現象をそのものとして成立させる。理論的認識に先行し、そこで用いられる記述様式を無効化するこのような根源的軋轢、すなわち原初的流動性と理解における分節化との緊張関係をその葛藤のままに現象にもたらし、具体的な形象性を付与することが、『悲劇の誕生』の核心をなす芸術論、およびそこにおいて成立する「悲劇的認識」の意義である。つまり、音楽および演劇的形象を媒体として成立するアッティカ悲劇においては、根源的一者、およびアポロンとディオニュソスの両原理が美的仮象を介して自らを直視し、原初的流動性の次元が形象的言語として結実するものと理解されるのである。そして芸術作品も世界内の現象である以上、両原理の相互性を介してはじめて現象として成立するが、アッティカ悲劇という芸術現象を他の現象と区別し、全ギリシア文化の頂点たらしめている点が、その「美的仮象」としての性格に求められている。

「美とは何か」という問いに答えてニーチェが提起したのが、「意志が現象に関してもっている本来的な意図を私たちに対して隠蔽することによる快の感情[30]」という定義であった。つまり美的現象とは、根源的一者からの発現という側面と同時に、そうした現象の仮象性そのものを「隠蔽」として自覚にもたらす言わば仮象の自己意識をともに含んだものとして理解されている。仮象とは、本来の存在とは異なった現象様式を指すものであり、その限りで自身の内部に差異性と再帰性の構造をもつが、美的仮象においてはそのような仮象の構造が自覚的に承認されるのである。つまりニーチェにおける美的仮象の本質は、原理的次元と現象との非対称性を洞察し、仮象を仮象として受容すること、すなわち「戯れ[31]」という差異の意識の自由度をともなった仮象の全面的な肯定にある。仮象に没頭してそれに惑溺することは「病理現象[32]」と規定され、美からは明確に区別されている。したがって、作品において成立する像を仮象として相対化する意識こそが、現象についての知を根拠の次元に適用する錯視を防ぐことになる。またその一方で「存在の残虐性」に距離を取りながらそれを肯定するこの意識が、芸術の「治療効果」を可能にし、芸術作品に対して「救済」としての性格を付与しているのである。

現象発生の前反省的な流動性と理解可能性の原理との葛藤は、美的仮象における高次の形象化を通じて、仮象自体のもつ自己関係性を実現し、それ自身の内に自己相対化の契機を内在させた直観的像を形成する。そしてニーチェが「美的要求」と「節度＝規範（Maaß）の倫理的要求」とを並置し、両者をギリシア文化の「崇高な目的」と呼んでいるように、美的仮象におけるこのような像の自己実現は、具体的形象の成立のみならず、像形成における規範の確立をも可能にする。(33) つまり「美の規範」とは、像形成に先行してあらかじめ存在するイデアとしての基準ではなく、像形成という遂行の只中において、しかもそこで形成される美的仮象の自己差異化の構造に従い、規範が有する自律の傾向をたえず相対化しながら成立するものである。規範が主題となりうるのは、自己内部において自己に対する距離が開ける場面にほかならないため、美的仮象を仮象一般と区別する自覚的な自己相対化の契機は、規範の成立にとって不可欠な構造なのである。

差異性の意識を随伴した像形成の過程においてこそ美的規範が成立するという理解は、「転倒したプラトン主義」(34) を自認するニーチェをプラトンから隔てる論点をより明確にするだろう。芸術を「模像の模像」と規定し、芸術における真理からの離反を告発するプラトンの芸術批判は、哲学的真理に対立しながらもその内には解消しえない芸術のある種の自立性を承認する議論として理解できるが[35]、ニーチェの美的仮象論は、哲学的真理との対立という論点を残しながらも、美的仮象のもつ見掛け上の自立性をもその内部の自己再帰的構造へ向けて解消するという意味で、プラトンの仮象理解をより根本的な仕方で転倒させる試みなのである。本来は自立しえないはずの仮象が学的真理に対して独自の地位を主張するという点に芸術の虚偽性を見ていたプラトンに対して、ニーチェにおいては美的仮象こそが、自立化を拒む徹底した反省および批判の場として、理性の自己保存の条件である学的真理に優越するものと理解される。

このような学問理解は、『悲劇の誕生』においてはソクラテス的主知主義に対する批判というかたちで歴史的に検証されている。アッティカ悲劇衰退の原因をソクラテスに帰するニーチェの診断は、学問的理性に対する絶対的信頼と、自己相対化の契機の欠落とをソクラテスの内に認める見解によって裏打ちされている。概念的思考は、理解可能性の根拠としてのアポロン的原理によって成立する一個の仮象ではあるが、ソクラテスにあってはその仮象性の意識が、知の「不可謬性[36]」の意識に取って替わられ、理性自体が本来有する「探求」としての批判的性格が見失われていると判断されるのである。そのため、このようにして絶対化された知は、「思惟は存在を認識できるばかりか訂正すらできる[37]」という信念にもとづいて、対象的規定としての因果性理解を根拠の次元に無批判に適用するという錯誤を犯すことによって、自らの仮象性を問いえないまま、知としての自らの性格を裏切っていく。このような「学問の限界[38]」の指摘においてニーチェは、理性が自らの反対物である非理性へと転化する「啓蒙の弁証法」を予見しているだけではなく、自己相対化の契機を喪失した支配知としての学の自己確立が、美的仮象による客観的措定以前の世界肯定と相容れないことを主張しているのである。

ニーチェによるソクラテス批判の核心が、学における限界の意識の忘却であり、アッティカ悲劇によって遂行されるのがまさに自己相対化の意識に貫かれた仮象の肯定であるならば、ニーチェにとって芸術は、学問をさえ凌駕する徹底した批判および反省の立脚点となるだろう。そして美的仮象における批判的意識を可能にするのは、現象の現出の場としての主観性を批判の準拠枠とする近代的意味での反省遂行ではなく、仮象の虚構性の洞察とともに開かれる否定的経験である。しかもここでの否定性という事態は、客体的現象を限定する対象規定としての否定ではなく、主観性の成立場面にまで淵源する措定以前の現象である。主観性と美的仮象という問題は、ニーチェにおいては天才論というかたちで展開され、その文脈において「天才」は「自らを無化する現象[39]」として規定されるが、この天才論からは、否定性を媒介として主観の内的可能性を捉え直す根源的な主観性理解が窺えるだろう。芸術的主観、あるいはオルフェウス的主観は、根源がそこにおいて自らを救済する「媒体[40]」（Medium）として把握されるのである。そして、美的仮象に具体化される仮象の意識とは、主観的に形成された形象の理解内容を「原知性（Urintellekt）の像（Bild）にすぎないもの」として自らの根源へ向けて自己否定し、表象における限界の意識を自覚することにほかならない。「こうしてわれわれの思考は、原知性の像にすぎないのであり、思考は一なる意志の直観によって成立する。つまり意志は、自らの幻像を自らに対して思考しながら、思考するのである[41]」。

(ii) 仮象と崇高

主観性の限界を意識させる芸術的形象を「崇高」の範疇において論じてきた美学的伝統をここで顧慮するなら、アポロンによって成立する美的仮象ないし芸術が、『悲劇の誕生』においいて多くの場合、「崇高」（erhaben）の形容詞とともに語られている事実[42]は、まさしく十八世紀以降の崇高の美学の伝統に繋がるものとして理解できるだろう[43]。崇高を美的範疇の内に組み込む理解は、ボワロー（Nicolas Boileau-Despréaux 一六三六―一七一一年）による伝ロンギノスの修辞学的崇高論の翻訳に端を発し、バーク（Edmund Burke 一七二九―九七年）の『美と崇高の観念の起源』（A Philosophical Enquiry into the Origin of Our Ideas of the Sublime and Beautiful 一七五七年）による経験論的分析によって主題として定着したのち、メンデルスゾーン（Moses

Mendelssohn 一七二九―八六年）やレッシング（Gotthold Ephraim Lessing 一七二九―八一年）を介して、カント、およびドイツ観念論美学の内に導入されたものである(44)。美的範疇としての「崇高」は、十八世紀美学において「美」との対比で語られながらも、例えばカントの崇高論が、構想力の限界領域における表象不可能な次元の「表出」を主題として、そこに実践的・道徳的領域との連繋を見ていたように、崇高性の理解は、その内に美との均衡を破る超越の契機を胚胎していた(45)。そして『悲劇の誕生』におけるニーチェは、根源的次元の形象化の問題を媒介とすることによって、感性論および審美論（趣味論）として成立した近代美学の枠組みを大きく踏み越えるとともに、崇高の範疇を狭義の美的判断の領域から解放し、学問への統合に逆らう芸術の否定的契機を顕在化させているのである。語りえない次元の表出としての崇高を美的経験の亜種とみなすことなく、むしろ哲学自体の臨界を際立たせる場として捉えるところに、近年盛んに論じられる崇高論復権の意義があると要約できるとすれば、「崇高」を語り、「学問の限界」を論じたときにニーチェが接していたのは、まさしく現代の崇高論に見られるこのような論点であったと言えるだろう(46)。

伝統的な美の概念を拒絶し、「真理と美の中間世界(47)」としての崇高を芸術の本質として理解する以上、『悲劇の誕生』における中心命題、すなわち「美的現象としてのみ、生と世界は永遠に是認される[48]」というテーゼも、唯美主義的世界理解や審美的態度の宣言としてではなく、仮象の反省論的機能に立脚する世界経験の表明として受け取られなければならない。美的現象の機能は、造型的形象として呈示される像を根源の仮象として受容することであるため、その機能の内には本質的に像化を凌駕する表象不可能な根源との関係が含まれている。「悲劇においては、見ようと欲すると同時に、見ることを超えて憧憬する[49]」と語られるのは、まさしく表象化の欲求と、脱表象化への突破を併せて示唆するためである。美的仮象は「見ること」を肯定しつつも、同時にその表象化の能力の中心を根源自身の自己救済の活動に委ね、可視性の領域の背後を示しながら、その不可視の領域そのものを飽くまでも「憧憬」として、つまり到達不可能なものとして非形象的に像化する。美的主観性は根源への「憧憬」によって鼓舞されながら、像の臨界において、根源的運動と自らとの関係を美的仮象として形成し、その過程を通じて生と世界を永遠に是認する。その一方で美的仮象は、理解内容の客体的自立性を衝き崩す差異の意識において、自身の内に形態化された崇高を美的主観に対して経験させることになる。そのため美的仮象の性格として語られる「不協和音[50]」(Dissonanz)とは、理解の境界領域で造型された仮象と、「意志の根源的受苦[51]」、および「救済の渇望[52]」という根源自身の運動との相克を表現しながら、同時にそうした表現内容と表現形態との乖離が芸術現象にとっては本質的であることを告げているのである。

三　根源の叙述

(i) 仮象の二義性

現象発生の始源論の解明、および美的仮象における根源的次元の認識を根幹とする『悲劇の誕生』は、具体的形象相互の様相に応じて記述を構成するものであるため、その論述全体を支えている神話的象徴は、それ自体の役割と位置づけに関して正当な根拠が問われなければならない。ショーペンハウアーとともに、根源の次元は経験的分節を原理的に排除し、概念規定を含めてあらゆる言表可能性を拒むという洞察を共有する限り、根源的次元を具体的形象によって叙述することは、それ自身正当化を必要とする試みだからである。しかもイデアの直観的映現という芸術観を拒絶するニーチェにとっては、神話的形象による記述をショーペンハウアー的な意味での芸術作品とみなすことによって、叙述形態と根源的次元との通底を主張することは不可能だろう。芸術論において獲得された仮象の論理は自らの内に形象使用そのものに関する自己反省の契機を含みもつため、神話的な形象の身分に関する問いも基本的には仮象の論理に属している。しかしその一方で原理的二形象のもつ神話的象徴喚起力は、始源論をめぐる『悲劇の誕生』全体の論述に由来していることを顧みるなら、ここで問わなければならないのは、論述全体に用いられている神話的形象自体の仮象としての性格である。そのためこの問題は、形而上学的始源論における仮象理解と芸術論における美的仮象の理論との相克を争点とするものとして理解できるだろう。

形而上学的観点における仮象理解は、物自体と現象の図式に従って、真実在に対比される限りでの現象を仮象として把握する。この仮象理解は、根源的一者・仮象・仮象の仮象という段階的系列を記述する時点でニーチェが依拠したものにほかならないが、芸術論において獲得された仮象理解から見れば、これはより低次の反省段階に属するものである。芸術論における仮象概念は、物自体との相関ではなく、むしろ仮象自身の虚構性によって喚起される差異の意識を表しているからである。現象内部にとどまりながらそこにおいて開かれる像の相対性を洞察していく過程は、根源との関係を否定的なかたちで保持しながらも、物自体と現象という二元論的構造をより高度の反省の内に位置づけ、現象に対して自立する物自体の直接的把握を斥けることになる。[53]『悲劇の誕生』の草稿および同時代の遺稿において、例えば「ショーペンハウアーの〈意志〉ですら、われわれにとっておよそまったく語りえない次元の最も普遍的な現象形態にすぎない[54]」と記したときにニーチェが触れていたのが、そのような高次の反省段階であった。「根源的一者は人間において、現象を通して自己自身を返照する。現象が本質を開示する。つまり、根源的一者は人間を観照するが、そこでの人間とは、現象を観照する人間であり、現象を貫通して観照している人間にほかならない[55]」。ここにおいて物自体と現象との関係は、根源の自己分化というかたちで物自体を起点とする一義的関係としてではなく、現象の有する自己関係性を基軸として、現象内部の視点から語られざるをえない。現象がそこにおいて現象として成立するところ、つまり「現象を観照する人間」において、事象は自らを像として表出すると同時に、その像化そのものが像の像として、現出の内部で自らを像化する。「存在する一切のものは、二重の意味において表象である。まず像として、次いで像の像として。生とはこの二重の表象を絶えず産出することである[56]」。この場合、像と像化されるものの関係は、自立した二項を結び付けるものではなく、むしろ結合と飛躍という二重の遂行において、二項関係が成立するための間隙それ自体を産み出すような事態である。そのため、この観点から両者の関係を記述するなら、「単に一貫しているというだけの存在の反映[57]」、または「せいぜいのところ美的関係[58]」という仕方で、「単に」あるいは「せいぜい」という消極的形容を介して間接的ないしは実験的に表現される以外にはない。そして直接的連繋を許さない切断面をあえて越境するこの企てにおいては、根源を語る言語はいつでも、「まったく異質な言語への暗示的転移、ぎこちない翻訳[59]」にとどまるのである。

このような徹底した現象論は、『悲劇の誕生』の細部にまで浸透している形而上学的図式を脅かすものであるため、その本文テクストでは十分に展開されていないように見える[60]。しかしアポロン・ディオニュソスのもつ形象としての機能を積極的に捉えようとするならば、芸術論における仮象の論理を堅持し、遺稿・草稿類に窺える現象論を徹底化したうえで、両形象を美的仮象、つまり形態化と解体の相補性の内で形成される多義的な仮構として理解しなければならないだろう。根源と表象（＝代理）の二元的論理を特徴とする形而上学的仮象理解においては、原意味に対する代理としての形象的言語は、根源的事態の比喩または寓意としてあくまで二次的位置に限定されるため、形象独自の創造性が承認されるはずもないからである。これに対して美的仮象としての形象理解において焦点となるのは、「美的関係」または像化という遂行それ自体であって、他の既存の像にならってそれを二次的な図式として像化することではない。仮象の仮象という高次の差異の意識の只中で美的仮象の虚構性を自覚させることの内に「仮象の完成[61]」が求められている以上、この「仮象の完成」は、原意味と代理の論理に従って最終的な意味源泉へ向けて形象の多様性を収束させるような像解釈を徹底的に斥けるはずなのである。そのためアポロンとディオニュソスの形象は、それが代理する根源的過程の比喩として再度より高次の抽象概念によって代置されうるような寓意ではなく、これ自体が抽象に逆らう固有の質料性と不透明性を具えた「中間領域」[62]、あるいはのちのニーチェが「解釈」という用語によって記述する「ぎこちない翻訳」として理解されなければならないだろう[63]。

(ii) 解釈の論理

「美的関係」にもとづくこのような像形成は、根源的一者の自己表出ではなく、むしろ解釈と解釈されるもののあいだに間隙を開くような一種の跳躍である。したがってアポロン・ディオニュソスという形象による記述は、それ自体として言語化しえない根拠に対する解釈の企て、または美的仮象による根源の否定的指示の試みと言えるだろう。両形象は、相関関係にある一対の解釈として、その組み合わせのまま、根源に対する一つの解釈関係を表しているのである。そして仮象の仮象性を洞察する差異の意識が美的仮象の本質である以上、根源を叙述するこれらの形象もまた、両者の相互運動の内で自身の虚構性を見抜き、根源に向けて自己を否定するものでなければならない。ここにおいてアポロン・ディオニュソスは、根源的意志の解体原理と個体化の原理としての形而上学的性格を完全に脱却し、仮象自体のもつ自己創造と自己否定の二重の運動についてのひとつの解釈となるだろう。つまり根源に対する自由度を保ちながら根源の次元を自身の形象性へと翻訳する両形姿は、「無限なるものへの努力」[64]を遂行するなかで仮象としての自らの表現形式を自己相対化し、像化とその自己否定の相克をはらむ「崇高な」美的仮象として、根源とのあいだに口を開ける共約不可能な深淵を「跳躍」[65]するのである。

美的仮象が、自らの仮象性への洞察に貫かれた差異性の意識を遂行するものである限り、美的仮象の象徴性と神話的形象のそれとは区別されなければならない。形而上学的図式とともに導入され、その構図を強化する機能を果たす神話的形象は、歴史的起源と形而上学的根源とを強引に一致させる『悲劇の誕生』全体の構想によって正当化されるかに見えるが、このような神話的正当化の論理は、美的仮象のもつ自己相対化の契機とは明らかに対立するのである。神話的に機能する形象は、そこにおいて意味の充実が完遂される場として、形象における根源の象徴的顕現を促し、形而上学的根源を現象の次元にもたらす役割を果たす。この神話的形象は、自らの仮象性への反省を欠き、表現形態に対する距離の意識を喪失しているため、意味源泉としての一者への回帰を端的に主張する熱狂を喚起するだろう。[66]根源への渇望を共有するものとして、「崇高な」美的仮象もこうした神話的融即と無縁でないとはいえ、美的仮象における差異性の意識は、表現形式と表現内容との齟齬に依拠するものであり、それゆえ神話的象徴において具体化される形而上学的論理への統合をあくまでも拒み続ける。根源との翻訳関係の中で根源を象徴的に語り出しながらも、そこで成立する解釈を絶えず相対化するところにこそ、美的仮象本来の機能がある。したがって、まさに神話の途絶するところ、いわば象徴的関係が記号的関係に移行する地点において、「解釈」と呼ばれる跳躍が誕生すると言えるだろう。

解釈するものと解釈されるものとの差異を保持したまま遂行される解釈行為は、根源との直接的関係にもとづく一義的表現を否定するがゆえに、常に多義的で新たな解釈に向けて開かれている。美的仮象を「病理現象」と区別していた「戯れ」とは、ここにおいて、根源に対する自由をもって遂行される解釈と、その多様な遠近法において成立する複数の仮象に対する肯定と言い換えられるだろう。現象の生成において形象化とともに生じる規範が美的仮象と呼ばれていたことを思い起こすなら、解釈遂行とはすなわち、遂行の只中でのみ確立される規範の生成に立ち会うと同時に、その規範自身を新たな解釈遂行に晒して行く連続的過程でもある。このような解釈の自己更新の全面的肯定は、規範の拘束力をすら多様な理解遂行の内に解消する可能性をもつという意味で、あらゆる無制約的次元を恣意的な解釈の連鎖に委ねる相対主義と境を接している。しかし『悲劇の誕生』直後の遺稿において、「芸術は仮象を仮象として扱い、それゆえにけっして欺こうとはしない。それは真理である」[67]と語られているのは重要である。ここで理解されるべきなのは、仮象の虚構性のみをその主張の源泉とする懐疑主義ではなく、自らの根源に対する自己相対化を介して美的仮象が告げてくる新たな真理理解なのである。ここで語られる真理とは、世界内の事象に関する理論的陳述の正しさでもなければ、プラトン的イデアへの適合としての真理でもなく、およそ真理という事態を有意味に語りうるための条件の探究として捉えられるだろう[68]。

美的仮象とともに成立する真理理解は、仮象の自己相対化の運動をその内部から導き、「自らを無化する現象」としての主観性を「媒体」として自らを実現していく。のちのニーチェ自身がいかに「真理」という概念に対して極端に反応し、「背後世界」を語ることを過敏なまでに牽制しているにせよ、解釈が「無限なるものへの努力」の不可欠の契機であるとするなら、解釈の論理の正当性は、常に真理規範ないしは根源との相関において判断されるべきだろう。根源は幾重もの仕方で語られ、さまざまな仕方で形象化されなければならない。そうした多様な解釈遂行それ自体を始動させる内発的な真理理解を通して、たとえ「不協和音」という否定的なかたちであるにしても、根源はそれ自身の無限性を語り出すのである。

結語　神話の死と解釈の誕生

ニーチェの著作のなかでも例外的に一貫した論述構造をもつ『悲劇の誕生』は、形而上学的二原理の相互関係を歴史記述とともに分析し、芸術論を中心とした現象論を展開するものであった。しかし仮象理解の二義性を通じて明らかになったように、形而上学と芸術論は、『悲劇の誕生』において不可分のかたちで展開されながらも、その内容においてはかならずしも一致するものではない。なぜなら芸術論は、その美的仮象の議論において、形而上学的な仮象理解と相容れない理論を展開し、現象のあらゆる客体的定立を拒絶する批判の場となるからである。そこにおいて形而上学はより徹底した現象論の内へと解消され、神話的象徴性は美的現象の差異の意識によって相対化される。

『悲劇の誕生』の統一を危うくするこれらの省察は、芸術論というかたちで潜在的に行われるばかりか、本文中には採用されなかった草稿・遺稿類において顕在的に展開されている。ところが『悲劇の誕生』は、現象論における発生論的理解および芸術論における仮象の理論という積極的な洞察を含みもつにもかかわらず、そのテクスト構成の一貫性を優先するがゆえに、それらの洞察を本文テクストから慎重に排除してしまったかのように見える。そのため、歴史性そのものに対する根源的な反省を欠いたまま、歴史的起源と形而上学的根源とを強引に結び付けるその神話物語は、元来は時間的意味をもたないはずの形而上学的図式に歴史哲学的な性格を付与し、現代における根源への回帰としての「神話の再生」を唱導することになった。

『悲劇の誕生』内部の美的仮象論、および草稿・遺稿類における多様な考察は、『悲劇の誕生』のこうした自己完結的な構造を脅かし、形而上学的図式を徹底的に批判する解釈の論理への道を開く。美的仮象における美とは、根源との緊張の内で遂行される翻訳関係の確立であり、いかなるかたちでの絶対化をも拒む自己批判の契機を内在させている。この契機は、形而上学的図式と対となってそれを強化する神話的象徴性に対立し、起源と根源とを無批判に一致させる物語法を否定する。仮象を介しての根源の翻訳とその自己相対化に見られる解釈の運動は、のちのニーチェのイロニー理解に連続し[69]、記述および歴史の連続性への疑念はアフォリズムおよび系譜学の試みとして結実することになるだろう。さらに形而上学的原理の廃棄と仮象の虚構性の肯定は、ニヒリズム論を背景とした世界肯定の萌芽として、また差異の意識としての「戯れ」と神話的世界理解との葛藤は、神(話)なき時代の宇宙論・時間論である「等しいものの永劫回帰」の思想を遠く予告するものとしても理解できる。その意味で、『悲劇の誕生』

における美的仮象論および同時代の草稿・遺稿類は、のちに「語られるべきではなく歌われるべきであった」[70]と自己批判される『悲劇の誕生』の本文テクストを修正し、それを異なった文脈へと変換するメタ・テクストを形成しているとも考えられる。このように理解するならば、ニーチェの以降の思想展開は、この書かれなかったもう一冊の『悲劇の誕生』を書き続ける試みだったとさえ言えるかもしれない[71]。

（1）Fr. Nietzsche, *Die Geburt der Tragödie*, Versuch einer Selbstkritik, Kritische Studienausgabe (=KSA), Bd. 1, S. 18.
（2）Ph. Lacoue-Labarthe, Der Umweg, in: W. Hamacher (Hg.), *Nietzsche aus Frankreich*, Frankfurt a. M. 1986, S. 75-110.
（3）Fr. Nietzsche, *Die Geburt der Tragödie*, Versuch einer Selbstkritik, KSA 1, S. 14.
（4）*Ibid.*, KSA 1, S. 13.
（5）Id., *Nachgelassene Fragmente 1869-1874*, Ende 1870, 6 [7], KSA 7, S. 131.
（6）Id., *Nachgelassene Fragmente 1875-1879*, Frühling-Sommer 1875, 5 [20], KSA 8, S. 45.
（7）*Ibid.*
（8）R. Wiehl, Die Komplementarität von Selbstsein und Bewußtsein, in: K. Cramer et al. (Hgg.), *Theorie der Subjekivität*, Frankfurt a. M. 1987, S. 44-75.
（9）Cf. id., *Menschliches, Allzumenschliches* I, 1, KSA 2, S. 23f. Cf. M. Foucault, Nietzsche, la généalogie, l'histoire, in: id., *Dits et écrits 1954-1988*, t. 1 (1954-1975), Paris 2001, p. 1005.（フーコー「ニーチェ、系譜学、

歴史」伊藤晃訳、『ミシェル・フーコー思考集成Ⅳ』筑摩書房、一九九九年、一二頁以下）

（10） Fr. Nietzsche, *Die Geburt der Tragödie aus dem Geiste der Musik* (1872, ^{2}1874 [1878]).「自己批判の試み」の付された第三版（1886）では *Die Geburt der Tragödie, Oder: Griechenthum und Pessimismus* と改題。

（11）「ソクラテスとギリシア悲劇」、「悲劇と自由精神」などと並ぶ、『悲劇の誕生』の最初の標題のひとつ。Cf. Fr. Nietzsche, *Nachgelassene Fragmente 1869-1874*, Winter 1869/70-Frühjahr 1870, 3 [39], KSA 7, S. 71; September 1870-Januar 1871, 5 [42], KSA 7, S. 103, Ende 1870-April 1871, 7 [119], KSA 7, S. 167.

（12） この二柱の神、特にディオニュソスの理解はかならずしもニーチェの独創ではない。クロイツァー（Friedrich Creuzer 一七七八―一八五八年）以来のロマン主義的ディオニュソス理解は、ミュラー（Karl Otfried Müller 一八七九―一八四〇年）やプレラー（Ludwig Preller 一八〇九―六一年）などを通してニーチェの師リッチュル（Friedrich Wilhelm Ritschl 一八〇六―七六年）にまで及んでいる。ニーチェの周辺では、バーゼル大学での同僚であるバハオーフェン（Johann Jakob Bachofen 一八一五―八七年）がその『母権論』(Das Mutterrecht, 1861）において、ディオニュソス的社会が女性支配の類型として定式化されている。これらの流れを概括した代表的なものとして以下を挙げる。M. L. Baeumer, Das moderne Phänomen des Dionysischen und seine Entdeckung durch Nietzsche, in: *Nietzsche-Studien* 6, Berlin/New York 1977, S. 123-153, bes. S. 143-153; K. Gründer, Apollinisch/ dionysisch, in: J. Ritter (Hg.), *Historisches Wörterbuch der Philosophie*, Bd. 1, Basel/Stuttgart 1971, Sp. 442-446; M. Frank, *Der kommende Gott*, Frankfurt a M. 1982, S. 87-104.

（13） W. Lange, Tod ist bei Göttern immer nur ein Vorurteil. Zur Komplex des Mythos bei Nietzsche, in: R. Bohrer (Hg.), *Mythos und Moderne*, Frankfurt a. M. 1983, S. 111-137. Cf. H, White, *Metahistory: The Historical Imagination in Nineteenth-Century Europe*, Baltimore/London ^{6}1987, p. 333-346.

（14） Fr. Nietzsche, *Die Geburt der Tragödie*, KSA 1, S. 30.

（15） *Ibid.*, KSA 1, S. 31.

（16）*Ibid.*, KSA 1, S. 26.

（17）A. Schopenhauer, *Die Welt als Wille und Vorstellung*, Erster Band, Sämtliche Werke, Bd. 2, hg. von J. Frauensädt, Leipzig ^{2}1888, S. 118-126 (§18-19).

（18）イデアと個別的現象の関係については、*ibid.*, S. 151-154 (§25)、概念とイデアの相違については *ibid.*, S. 275-279 (§49) を参照。

（19）Cf. *ibid.*, S. 125: Wir werden demzufolge die ... auf zwei völlig heterogene Weisen gegebene Erkenntniß, welche wir von Wesen und Wirken unseres eigenen Leibes haben, weiterhin als einen Schlüssel zum Wesen jeder Erscheinung in der Natur gebrauchen und alle Objekte, die nicht unser eigener Leibe, daher nicht auf doppelte Weise, sondern allein als Vorstellungen unserm Bewußtsein gegeben sind, eben nach Analogie jenes Leibes beurtheilen...

（20）Fr. Nietzsche, *Die Geburt der Tragödie*, KSA 1, S. 25.

（21）ギリシア悲劇の概略的な覚書として以下を参照。Id., *Nachgelassene Fragmente 1869-1874*, Winter 1870/71-Herbst 1872, 8 [46], KSA 7, S. 240: Dionysus als Weltverwandlung./Apollo der ewige Gott des Weltbestandes.

（22）Id., *Die Geburt der Tragödie*, KSA 1, S. 25.『悲劇の誕生』冒頭部分を方法論との関係で論じた分析として以下を参照。三島憲一『ニーチェ』岩波新書、一九八七年、六四―六八頁。

（23）Fr. Nietzsche, *Die Geburt der Tragödie*, KSA 1, S. 40.

（24）ディオニュソスの優位ばかりが注目されがちな『悲劇の誕生』においてアポロンの位置づけは特に正確に理解されなければならない。スローターダイクはニーチェを啓蒙の継承として捉える視点から、「十九世紀には『悲劇の誕生』ほどアポロン的な書物は少ない」というやや挑発的なテーゼを掲げている。P. Sloterdijk, *Der Denker auf der Bühne. Nietzsches Materialismus*, Frankfurt a. M. 1986, S. 58.（スローターダイク『方法としての演技――ニーチェの唯物論』森田数実・中島裕昭・若森恵・藤井佳世訳、論創社、

二〇一一年）

（25） Fr. Nietzsche, *Nachgelassene Fragmente 1869-1874*, Winter 1869/70-Frühjahr 1870, 3 [32], KSA 7, S. 69.

（26） Id., *Die Geburt der Tragödie*, KSA 1, S. 44.

（27） *Ibid.*, KSA 1, S. 33.

（28） アポロン・ディオニュソス両原理とショーペンハウアー理論との比較対照は以下を参照。Th. S. Taylor, Nietzsche's Schopenhauerianism, in: *Nietzsche-Studien* 17, Berlin/New York 1988, S. 45-73. より全般的なショーペンハウアーとの対比には以下を参照。F. Decher, Nietzsches Metaphysik in der "Geburt der Tragödie" im Verhältnis zur Philosophie Schopenhauers, *Nietzsche-Studien* 14, Berlin/New York 1985, S. 110-125.

（29） Fr. Nietzsche, *Die Geburt der Tragödie*, KSA 1, S. 72.

（30） Id., *Nachgelassene Fragmente 1869-1874*, Ende 1870-April 1871, 7 [27], KSA 7, S. 143f.

（31） Id., Die dionysische Weltanschauung, KSA 1, S. 553.

（32） *Ibid.*, KSA 1, S. 554.

（33） *Ibid.*, KSA 1, S. 564. Cf. id., *Die Geburt der Tragödie*, KSA 1, S. 40. アポロン・ディオニュソス両原理の相補性と規範性について以下を参照。Th. Bonig, *Metaphysik, Kunst und Sprache beim frühen Nietzsche*, Berlin/New York 1988, S. 218-223.

（34） Fr. Nietzsche, *Nachgelassene Fragmente 1869-1874*, Ende 1870-April 1871, 7 [156], KSA 7, S. 199.

（35） R. Bubner, Über einige Bedingungen gegenwärtiger Ästhetik, *Neue Hefte für Philosophie* 5 (1973).（ブプナー「現代美学の成立条件」、『現代哲学の戦略』加藤尚武・竹田純郎訳、勁草書房、一九八六年、二五八頁）

（36） Fr. Nietzsche, *Die Geburt der Tragödie*, KSA 1, S. 128.

（37） *Ibid.*, KSA 1, S. 99.

（38） *Ibid.*, KSA 1, S. 101. 実証主義的学問理解を普遍化するかたちで展開されたこの学問批判に対しては、ニーチェ自身の科学理解をも含めて、学的理性をより根本的に捉える視点からの再吟味が必要だろう。Cf. J. Habermas, *Erkenntnis und Interesse*, Frankfurt a. M. 1968, S. 353ff.（ハーバーマス『認識と関心』奥山次良・渡辺祐邦・八木橋貢訳、未來社、一九八一年）

（39）　Fr. Nietzsche, *Nachgelassene Fragmente 1869-1874*, Ende 1870-April 1871, 7 [160], KSA 7, S. 201.

（40）　Id., *Die Geburt der Tragödie*, KSA 1, S. 47.

（41）　Id., *Nachgelassene Fragmente 1869-1874*, Ende 1870-April 1871, 7 [175], KSA 7, S. 208: Und so ist unser Denken nur ein *Bild* des Urintellekts, ein Denken durch die Anschauung des *einen* Willens entstanden, der sich seine Visionsgestalt denkend denkt.

（42）　Id., *Die Geburt der Tragödie*, KSA 1, S. 28, 37, 39, 568ff. 595ff., usf.; cf. id., *Nachgelassene Fragmente 1869-1874*, Ende 1870-April 1871, 3 [25], KSA 7, S. 67. ともすると崇高性はディオニュソス的なものに固有の属性と捉えられがちだが、ニーチェはそのような見解をほとんど採らずに、もっぱらアポロンによるディオニュソスの克服の内に崇高性を認めている。崇高をディオニュソス的なるものである陶酔の性格として捉える断章はむしろ数少ない例外である。Cf. id., *Nachgelassene Fragmente 1869-1874*, Ende 1870-April 1871, 7 [49], KSA 7, S. 149.

（43）　崇高の美学の継承としてのニーチェ美学に関しては以下のものを参照。K. H. Bohrer, Ästhetik und Historismus: Nietzsches Begriff des “Scheins”, in: id., *Plötzlichkeit: Zum Augenblick des ästhetischen Scheins*, Frankfurt a. M. 1981, S. 111-138, S. 126-131.

（44）　Cf. S. H. Monk, *The Sublime. A Study of Critical Theories in XVIII-Century England*, Toronto 1960.

（45）　J.-L. Nancy, L’Offrande sublime, in: J.-Fr. Courtine et al., *Du Sublime*, Paris 1988（ナンシー「崇高な捧げもの」、ドゥギー他編『崇高とは何か』梅木達郎訳、法政大学出版局、一九九九年、四七―一〇五頁）

（46）　現代における崇高論の概観として例えば以下を参照。Ch. Pries (Hg.), *Das Erhabene: Zwischen Grenzerfahrung und Größenwahn*, Weinheim 1989. 宮崎裕助『判断と崇高――カント美学のポリティクス』

知泉書館、二〇〇九年。

（47） Fr. Nietzsche, Die dionysische Weltanschauung, KSA 1, S. 567.

（48） Id., *Die Geburt der Tragödie*, KSA 1, S. 47.

（49） *Ibid.*, KSA 1, S. 153.

（50） *Ibid.*, KSA 1, S. 152; cf. id., *Nachgelassene Fragmente 1869-1874*, 7 [165], KSA 7, S. 202.

（51） Id., *Die Geburt der Tragödie*, KSA 1, S. 153.

（52） *Ibid.*, KSA 1, S. 38.

（53） 『悲劇の誕生』本文冒頭と、「ディオニュソス的世界観」（Die Dionysische Weltanschauung）、および「悲劇的思考の誕生」（Die Geburt des tragischen Gedankens）冒頭のアプローチの相違は重要である。後者の二論考が「仮象」と「病理現象」の区別から論を起こし、仮象内部で開ける差異性の意識から出発しているのに対して、『悲劇の誕生』の冒頭は形而上学的構造をすでに前提としたものだからである。

（54） Fr. Nietzsche, *Nachgelassene Fragmente 1869-1874*, Frühjahr 1871, 12 [1], KSA 7, S. 361.

（55） Cf. *ibid.*, Ende 1870-April 1871, 7 [170], KSA 7, S. 205: In Menschen schaut das Ureine durch die Erscheinung auf sich selbst zurück: die Erscheinung offenbart das Wesen. D.h. das Ureine schaut den Menschen und zwar den die Erscheinung schauenden Menschen, den durch die Erscheinung hindurch schauenden Menschen. ショーペンハウアー自身も『意志と表象としての世界』第二巻では、根源的意志の認識可能性についての方法論的問いを主題化している。A. Schopenhauer, *Die Welt als Wille und Vorstellung*, Zweiter Band, Sämtliche Werke Bd. 3, S. 18.

（56） Fr. Nietzsche, *Nachgelassene Fragmente 1869-1874*, Ende 1870-April 1871, 7 [175], KSA 7, S. 208: D. h. alles Vorhandene ist in *doppelter* Weise *Vorstellung*: einmal als *Bild*, dann als *Bild* des *Bildes*.

（57） *Ibid.*, KSA 7, S. 199: Die *Visionen des Ureinen* können ja nur *adäquate* Spiegelungen des *Seins* sein.

（58） Id., Ueber Wahrheit und Lüge im aussermoralische Sinne, KSA 1, S. 884: denn zwischen zwei absolut verschiedenen Sphären ... giebt es ... höchstens ein *ästhetisches* Verhalten, ich meine eine andeutende Uebertragung, eine nachstammelnde Uebersetzung in eine ganz fremde Sprache. Wozu es aber jedenfalls einer frei dichtenden und frei erfindenden Mittel-Sphäre und Miltelkraft bedarf.

（59）*Ibid.*

（60）『悲劇の誕生』本文との緊張において読まれるべき未公刊のテクストとして以下を参照。Die Dionysische Weltanschauung (1870), Die Geburt des tragischen Gedankens (1870)、特にUeber Wahrheit und Lüge im aussermoralischen Sinne (1873). 遺稿類では、*Nachgelassene Fragmente 1869-1874*, Ende 1870-April 1871, 7 [157], KSA 7, S. 199f.; 7[167]-[170], S. 203-205; 7 [175], S. 208f.; 7 [204]), S. 216f. 特に Frühjahr 1871, 12 [1], S. 359-369. ここでは、「〈意志〉は音楽の対象ではあるが、その根源ではない」と語られるように、音楽の位置づけにおいてすら少なからぬ違いが見られる。この観点を含めて犀利な分析を展開した以下の論考を参照。P. de Man, Genesis and Geneology, in: id., *Allegory of Reading; Figural language in Rousseau, Nietzsche, Rilke and Proust*, New Haven 1979, pp. 79-118.

（61）Fr. Nietzsche, *Nachgelassene Fragmente 1869-1874*, Ende 1870-April 1871, 7 [157], KSA 7, S. 200.

（62）Id., Ueber Wahrheit und Lüge im aussermoralischen Sinne, KSA 1, S. 884

（63）鷲田清一『分散する理性』Ⅱ－２「原文のない翻訳」勁草書房、一九八九年、七〇―八二頁参照。

（64）Fr. Nietzsche, *Die Geburt der Tragödie*, KSA 1, S. 153.

（65）Id., Ueber Wahrheit und Lüge im aussermoralischen Sinne, KSA 1, S. 879: jedesmal vollständiges Ueberspringen der Sphäre, mitten hinein in eine ganz andere und neue.

（66）崇高は無際限な理性の暴走として政治的にも機能する。このような問題はすでにカントの崇高論において、道徳的理念の間接的な表出に関する熱情（Enthusiasmus）と客観化された理念を盲信する熱狂（Schwärmerei）との区別というかたちで論じられている。I. Kant, *Kritik der Urteilskraft*, 121-128, bes. 125f. (Akademie-Ausgabe, Bd. 5, Berlin 1913, S. 271-277, bes. S. 274f.). また崇高論をめぐるある論集（註43）の副題が「限界の意識と誇大妄想」となっている点にもそうした論点が顕著に現れている。

（67） Fr. Nietzsche, *Nachgelassene Fragmente 1869-1874*, Sommer-Herbst 1873, 29 [16], KSA 7, S. 632. Cf. id., *Die fröhliche Wissenschaft*, 54: Das Bewußtsein vom Scheine, KSA 3, S. 416f.

（68） Cf. G. Picht, *Nietzsche*, Stuttgart 1988（ピヒト『ニーチェ』青木隆嘉訳、法政大学出版局、一九九一年、二九四―三〇〇頁）

（69） 初期ロマン主義（特にFr・シュレーゲル）と類縁性をもつこのイロニー論に関して以下を参照。E. Behler, Irony and Discourse of Modernity, Washington 1990, pp. 92-100. Cf. K. Vieweg (Hg.), *Friedrich Schlegel und Friedrich Nietzsche. Transzendentalpoesie oder Dichtkunst mit Begriffen*, Paderborn/München/Wien/Zürich 2009.

（70） Fr. Nietzsche, *Die Geburt der Tragödie*, KSA 1, S. 15.

（71） R. Schmidt, “*Ein Text ohne Ende für den Denkenden*”: *Studien zu Nietzsche*, Frankfurt a. M. ^{2}1989, S. 191.

Ⅲ　「喜ばしき知恵」と肯定の思想

――ニーチェの美学＝感性論と哲学のドラマ――

序　「実存の美学」に寄せて

(i) 生・芸術・哲学

生ないし「実存」を「美」の理念との関係において捉え返す「実存の美学」という問題提起は、生の内に美的形態を見出すと同時に、美や芸術の内に生の躍動性や流動性を認めることでもある。生の運動を美的形態化の過程と捉え、さらに美の理念によって生の解放的な活動を喚起する一連の遂行を「実存の美学」あるいは「生の美学」と呼ぶなら、その先駆的存在は、ドイツ人文主義における「美的教育」の理念、およびそれと連動した初期ロマン主義の綱領《プログラム》の内に見ることができるだろう。初期ロマン主義の理論化を図ったFr・シュレーゲルは、生と芸術の融合を目指し、その創造的生成である「発展的普遍芸術《ポエジー》」(eine progressive Universalpoesie)

の構想を掲げている。そこでは、美による人間の解放と陶冶を課題としたシラーの『人間の美的教育についての書簡』(Über die ästhetische Erziehung des Menschen 一七九五年)での着想がより強力に推し進められ、「美を真理と道徳から切り離す」ところから出発しながら、それらを高次の視点から捉え直すことによって完全な合致にもたらすこと(1)、さらには「生と社会を芸術化《ポエジー》する」ことが目標とされる。しかもそこでの主張は、後世のいわゆる唯美主義や芸術至上主義の理解をはるかに超えて、単に美や芸術の概念の優位を主張するのでもなければ、その概念的拡張を試みるのでもなく、むしろ哲学的思考の核心部に踏み込み、従来の思考の枠組みに大きな変更を迫るものであった。

『アテーネウム断章』(Athenäums-Fragmente 一七九八年)においてシュレーゲルは「発展的普遍芸術《ポエジー》」の理念を次のように表現している。「ロマン主義的芸術は、描出されたものと描出するものとのあいだで、実在論的、観念論的ないずれの関心にもよらず、詩的反省の翼に乗り、中央に漂い、この反省を常に反復し、累乗化し(potenzieren)、合わせ鏡に映る無限の鏡像のように多様化させることができる(2)」。フィヒテに由来するきわめて大胆な思弁とともに、ここでは生と美、実存と美学という主題に即して、真・善・美の古典的な理念が、美を中心に再編成される一方で、実在論・観念論という古典的な哲学上の区別が無効化される。それに合わせて、美の新たな規定を反省する思考が、無限に反射〔反省〕する鏡像のように多元化され、複数化されていくのである。こうした像と像化されるものの相互反照を通して、哲学的思考を無限性の理念へと導くロマン主義芸術は、「超越論哲学」（Transzendentalphilosophie）になぞらえて、「超越論芸術《ポエジー》」（Transzendentalpoesie）とも呼ばれており、「観念的なものと実在的なものの絶対的相違」から出発し、反省による浮遊を経て、絶対的な同一性へ向かう反省の無限系列を辿っていく(3)。

「実存の美学」の主題、およびその先蹤と言える初期ロマン主義の問題群は、このようにすぐれて哲学的であり、高度の反省とともに、思考の範疇の徹底した変更を要求するものである。そうした思考の根底的な転換は、二十世紀において、文字通り「実存の美学」を主題としたフーコー（Michel Foucault 一九二六―八四年）をはじめ、そのフーコーを論じるに当たって「芸術作品としての生」を語ったドゥルーズ（Gilles Deleuze 一九二五―九五年）の内にも明確に見て取ることができる。フーコー晩年の問題設定においても、「自己への配慮」としてのギリシア的倫理と、反省的・自己統制的なキリスト教道徳との対比を通じて、真理や道徳の規範性があらためて問われるとともに、美や快楽の追求の内に「自由の様式《スタイル》」の探求の場が求められている(4)。つまりここには、美の開放的・脱自的契機によって、伝統的に定着した規範意識を変革し、それとともに自己自身の生の新たな「様式」や「形〔像・形象〕」を構築しようとする挑戦を見ることができるのである。

(ii) ニーチェにおける「実存の美学」

ニーチェの思考は、「一切の価値の価値転換」を意図し、規範の系譜学的解体を試みながら、同時に未来の生の形を模索した限りで、まさに「実存の美学」の問題圏に属していると言える。「学問を芸術家の光学によって、芸術を生の光学によって見る」[5]という課題に端的に示されるように、ニーチェにおいては、学問的に構成される「真理」を「芸術」へと解体し、さらにはその「芸術」の内になおも残る「美」の形而上学的規範性を「生」の動態へと還元する明確な方向が窺える。「われわれが絶対的真理を否定するなら、同時にあらゆる絶対的要請を棄て去り、美学的判断へと立ち返らなければならない。……道徳を美学に還元すること[6]」。「絶対的真理」、および道徳的「善」の規定を解体すること、つまり実体的存在や自立的規範といった思考を拒絶し、真理や善の規範性を「美」による媒介によって生の生成の次元へと差し戻すことが、最初期から一貫したニーチェの関心であった。その構想は、真・善・美の超越範疇の一体性によって構築されてきた形而上学的思考の最深部に降り立ち、「美」の理解の徹底した組み替えによって形而上学の制約を突破することを目指している。「美」を形而上学の手から奪還し、生との不可分の関係において捉え直すことがニーチェの狙いであり、そのために「美学」あるいは「芸術」の場こそが、ニーチェにとって形而上学との闘争の第一の主戦場となるのである。

形而上学から奪還されるべき「美」は、それ自体けっして「超越範疇」や「普遍的理念」として語られるようなものではない。ニーチェにおける「美学」の主題は、何らかの美的規範をめぐる趣味判断の議論などではなく、生の力動性のなかで、その力の位相と配置の問題として扱われる。この意味での「美学」は、理性と身体の区別を無効化しながら、生の領域すべてに関わり、生の活動とその変容を観察することを主眼とする。そのためここでの「美学」（aesthetica）とは、その語の原義に示されている「感性」（αἴσθησις）の学であり、身体や感覚に具体化される経験全体の遂行と変容、つまりは生命と実存のドラマを指している。(7) ニーチェにおいては、感覚や身体と呼ばれるものも、単なる生理学的な事実や、現実への直接的接触などではなく、生の力の頂点と底辺とのあいだに開かれた広大な実験の空間を指している。ニーチェ自身、しばしば「病」や「健康」の問題を哲学的主題として取り上げているように、(8) そこでの身体は、不安定で振幅の激しい運動であり、固定した恒常性が許されない動揺する生の変成体であった。そのためニーチェにとっての「実存の美学」の成否は、こうした不安定な生の変動を踏まえながら、新たで創造的な生の様式《スタイル》を形成し演じる技法の確立にかかっている。ニーチェが「自分自身に〈様式を与える〉こと、――それこそが稀有で偉大な芸術〔技法〕である」[9]と主張し、あるいはまた「大いなる様式」なるものを主張するとき、そこで問われていたのは、ドイツ人文主義が達しえたよりもはるかに複雑な「形成＝教養〔像化〕」(Bildung)一般の問題であった[10]。

このように見るとき、ニーチェの思想の内には、伝統的な規範の同一性を解体し、多様な力動の差異へと還元する解体的な方向と、そこから自己の「様式」ないし「像〔形象〕」(Bild)という新たな同一性を創造する構築的な方向の二つのベクトルが潜んでいることが分かる。その意味では、ニーチェの哲学は、差異と解体の哲学である以上に、はるかに強い意味で「同一性」ないし「自同性」の再創造の哲学であり、その自同性の肯定の思想でもある。しかもここでの自同性の創出とは、初期ロマン主義においてもそうであったように、像化の無限系列においてはじめて可能になる累進的過程であり、創造であると同時に受容でもあるという点で、その両者の意味を籠めて「肯定」と呼ばれるべきものである。そして、そこで肯定される自同性もまた、それ自体が生成する「仮構〔虚構〕」であると同時に、実在する「事象」でもあるという点で、その両者の意味を籠めて「仮象」ないし「像」と呼ばれることになるだろう。本論ではそうした肯定性の思想である「喜ばしき知恵」を、美の現象から析出される生の力動性の契機と、生の自己造形の側面とを中心に論じることにしたい。

一　美の現象論

(i)　美的現象のドラマ

ニーチェの思考の内には「生」と「美」の主題が常に通奏低音のように鳴り響いてはいるが、それは単に「自然と美との融合」(11)（シラー）を目指すものでもなければ、美の内に「理念の感性的顕現」（ヘーゲル）を見るものでもない。美的現象に関するニーチェの議論は、すでに初期の『悲劇の誕生』においても、現実性の新たな理解を目指す生の力学と、「仮象〈像〉」をめぐって展開される生の現出論を含むものであった。しかもそこでの考察は、哲学的美学に求められる概念的分析とは著しく異なり、アポロン・ディオニュソスという神話素やソクラテスといった「概念的人物」（ドゥルーズ）を用いるきわめて特異な「形象的」（bildlich）様式《スタイル》を採っている。非概念的で形象的な思考の可能性を探るその試みは、生の原事実や美の経験を基盤とした直接性に依拠するものではなく、ギリシア悲劇という一個の文化的・美的現象を探究することで、そこに働く多様な契機を形象によって析出してみせるものであった。そこでの分析手法は、既存の現象をその成立過程と構成要素に即して解析していくという意味では、ニーチェが自らの学問的出発点とした「文献学」に由来する方法論と言えるだろう。

ニーチェにとっての「文献学」とは、既成の文化的統一体を構成要素へ還元し、ひとつの文化的現象の内に働く複数の契機を浮彫りにするものであった。バーゼル大学での文献学者としてのニーチェは、ヴォルフに始まる近代文献学に従い、例えばホメロスや、その作品とされる『イーリアス』、『オデュッセイア』を多様な伝承史の内に解体し、その統一性を揺さぶる方法を実践していた。それと同様に『悲劇の誕生』では、同じ文献学的手法によって、ギリシア悲劇やギリシア文化を、アポロン・ディオニュソスという複数の契機がせめぎ合う「競技《アゴーン》」の場と読み替えていく。こうして、美的現象の同一性の内に働く力動の複数性や「自然の芸術衝動」に注目することによって、ニーチェは伝統的な美的規範から大きく逸脱し、「自然美」と「芸術美」、「美」と「崇高」といった十八世紀的な表象論的美学の概念図式には収まり切らない思考を展開し始める。アポロン・ディオニュソスは、ギリシアの神格であるにとどまらず、自然と芸術、人間の生理学的領域と形而上学的次元のすべてを貫く共通の「主題系」

（Thematik; philosophème 哲学素）として取り出されるのである。ニーチェにとっての最大の関心は、まさしくこれら複数の領域に共通して働く相反する二つの契機の「抗争」を、アポロンとディオニュソスという形象の力を借りて、思考の舞台のうえで具象化し、上演することであった。その意味で『悲劇の誕生』は、のちに『ツァラトゥストラはこう語った』がそうであるように、形象によって演じられる哲学のドラマであり、その周囲には、ディオニュソスの別名である「ザグレウス」の神話、さらには「ソクラテス」という「形象」を呼び寄せ、ギリシア文化全体を思考の演じられる舞台と化す。現出を具象化するアポロンと、力動と過剰を具象化するディオニュソスは、相互に独立した存在として抗争と和解を繰り返し、それがギリシア文化の各局面の活動（Akt 幕）として上演される。したがって、ギリシア悲劇という演劇の誕生と衰退を叙述する『悲劇の誕生』では、その議論の展開そのものに、きわめて演劇的な思考が浸透していると言えるだろう。初期のニーチェの思考を起動させた形象的・演劇的思考という要素は、『ツァラトゥストラはこう語った』を代表とするその後の思想展開にも深く刻み込まれていく。

アポロンとディオニュソスには、現象性と力動性、造形性と混沌、あるいは可視性と不可視性、個別性と一性といった、次元を異にする契機が幾層にも重ね書きされている。その点でこの両契機は、例えばシラーが提起した「形成衝動」と「素材衝動」とも類似し、ニーチェが依拠したショーペンハウアー的形而上学の図式、あるいはギリシアにおける「ビオス」と「ゾーエー」の生命論(12)にも対応する。そのため、この二つの形象は、多様な領域を横断するきわめて複雑な内容を混在させていることになる。それにもかかわらず、ニーチェが自らの思考を展開するに際してそうした概念による整理を回避し、どこまでもアポロンとディオニュソスの形象を手放さず、その両者による演劇的手法を採った背景には、生の力動性そのものを「ドラマ」とみなす根本的な洞察が働いているものと考えられる。そのためニーチェの思考の基底層を把握するには、生を「悲劇」と「喜劇」のどちらの形態で捉えるかといったジャンル論に先立って、そもそも生がなぜ「ドラマ」であるのかを正確に理解すべきである。(13)アポロンとディオニュソスが「男女両性の二極性」になぞらえられているように、生を「ドラマ」たらしめているのは、登場人物同士の愛や嫉妬、駆け引きや交渉、あるいは諍いや和解といった相互関係の力動性そのものである。しかもドラマにおいては、登場人物はある特定の役割を担う可変的な形象にすぎず、その人物そのものの「本質」や「人格」が重要なのではない。それと同様に、演劇的に展開されるニーチェの思考もまた、「本質」や「概念的定義」といった伝統的思考、および「実体」や「原理」を主題とする形而上学的構想からは距離を置くものであった。

たしかにアポロンとディオニュソスには、形相と質料、形態化された現実態と未規定の可能態、個別者と一者といった伝統的な哲学的理解に重なる発想が下敷きとされている。しかし、アポロンとディオニュソスをそれら一定の哲学的概念の固定した「象徴」や「寓意」と捉えてはならない。アポロンとディオニュソスに付されるさまざまな哲学上の概念は、ドラマの登場人物がその時々で演じる「性格」がそうであるように、場面に応じた暫定的な役割にすぎない。ニーチェはまさにアポロンとディオニュソスを演劇上の要素として配置し、それらの性格を考慮したうえで各々の「哲学的」役割を演じさせながら、両者の葛藤や和解のドラマを描いていくのである。アポロンとディオニュソスは個々独立した形象である以上、概念的な階層秩序に組み込まれることを拒否するばかりか、「概念的総合」や「弁証法的統一」を最後まで拒み続ける。その点でそれらの形象は、伝統的な概念装置の介入を目前まで許しながら、最後の地点でそれを食い止める橋頭堡の役割をも果たしているのである。

(ii) 仮象の演劇技法《ドラマトゥルギー》

すでに『悲劇の誕生』においては、形相の優位のもとに質料を規定する古代的形相論とも、あるいは個別性としての現象を根源的一者にもとづいて理解する根拠づけの構想とも異なった思考が働き始めている。何よりも、ドラマとしての力動性の理解は、可能態《デュナミス》・現実態《エネルゲイア》といったアリストテレス的図式を超えた仕方で生命の「生成」を捉える様態論の新たな思考を示唆している。ここでニーチェは可能態・現実態論の構図に制約されず、ある一定の目的に収斂することのない「運動」や「生成」の理解を提示しようとしている。そこでは、アリストテレスにおけるように、運動や生成を可能的な存在者に固有の欠如的様態と捉えるのではなく、むしろ運動や生成こそを唯一の現実とみなす独自の力動論《デュナミス》が形を取るのである。

こうした生の力動論ゆえに、ニーチェが提起する「美」の理解は、（新）プラトン主義的なイデアの顕現でもなければ、シラーにおけるように、感性と形式のあいだに働く「遊戯衝動」というかたちで人間の能力や機能と理解されるものでもない。アポロンとディオニュソスの競合において現出する「美」は、まさしく両者の相互関係とその運動に付されるべき名称なのであり、何らかの規範というよりは、運動そのものの「生成」を意味している。その点では、ここで提示される「美」は、形象性と形象不可能性の境界、あるいは可視性と不可視性の臨界線上で生起する事態だとも言える。ニーチェにおいて「美」がまさしく「中間領域」（Mittelwelt）と語られるように、形象化された「美的仮象」としてのギリシア悲劇は、アポロンとディオニュソスという相反する契機の「弁証法的総合」でもなければ、両者の一方を勝利者とするような勝負でもない。ここには、勝利や融合といった何らかの解決において決着するのではない相互関係――それにもかかわらずある種の創造と産出に関わる媒介的な事態――が示される。アポロンとディオニュソスの競合において争われる形象の問題系と力動の問題系の複雑な相互干渉において、はじめて「美」の語られる場面が切り開かれるのであり、そこにおいて現れるのが、「美」の「仮象〔輝き〕」(Schein)の主題である。

形而上学的な図式や主観の能力論が沈黙する地点においてこそ、「美的仮象」が語り始める。ここで語られる「仮象」とは、世界という一個の表象であり、それ自体としては顕現しない不可視のものの可視化ではある。しかしそれはもはや、単純に物自体としての意志やディオニュソスそのものの顕現として語ることはできない。ニーチェにおいて「美」ないし「仮象」の問題設定は、現象と物自体といった形而上学的構図に寄り添いながら、それを内側から解体する意味をもつ以上、美的仮象を、仮象に先立つ何ものかの現出とみなす二元論的図式をここに引き入れることは許されないのである。美的仮象とは、何らかの原理の現象というよりは、アポロンとディオニュソスの関係や闘争そのものの表現とでも言うほかはない。『悲劇の誕生』の演劇的思考に即して言うなら、美的仮象とはそれ自体が、ディオニュソスとアポロンのドラマの「表出」(Darstellung 上演)であり、その「再現前化」(représentation 上演)なのである。それに応じて、「仮象」の思考とは、そのドラマの進行を導く独自の論理であり、その意味では、生の演劇技法《ドラマトゥルギー》とでも呼ぶべきものなのである。世界というドラマは、仮象の演劇技法《ドラマトゥルギー》によって上演される。

二　仮象と真理

(i) 仮象の反省

アポロンとディオニュソス、およびその中間領域で生起する相互干渉のドラマという着想は、意味や規範、全体性や統一性といった形而上学的構図を無効化し、「美」という理解そのものをも、伝統的美学の思考の軛から解放していく。つまりニーチェにおいて仮象の議論は、それまで哲学が概念的に取り押さえることが困難であった中間的現象そのものの力動性、つまり「媒介」の運動をその動態に即して叙述しようという試みなのである。この意味で理解された「仮象」の主題は、ニーチェの初期の思想のみならず、その活動の全体を貫く強力な動機となり、特に一八八二年前後から、その周囲に「解釈」や「遠近法主義」といった問題を引き寄せていく。ニーチェの思想を「解釈学」と呼ぶことができるとするなら、それはまさに二十世紀以降の哲学的解釈学が――その解決の方向は異なるとはいえ――了解や解釈、あるいは「地平」といった主題のもとで、この「媒介」ないし「媒体」の問題に踏み込んでいったという共通点をもつからにほかならない(14)。

アポロン・ディオニュソス相互の境界上に位置し、その力動性そのものを表出する「美的仮象」は、境界的・中間的現象である「媒体《メディウム》」の性格をもち、それ自体が一個の形象でありながら、形象化不可能な不可視の事態を具現化する。そしてギリシア悲劇を代表とする芸術が、「美的仮象」そのものの表現と理解されるとき、そこには生の力動性の媒介である「仮象」をさらに媒介する「仮象の仮象」(Schein des Scheins)という主題が現れる。しかしここで考えられる媒介の二重化は、芸術がイデアの模倣の模倣と考えられたプラトンにおけるミメーシスの二重性とは明確に区別されなければならない。ニーチェにおける「仮象の仮象」は、すでに初期ロマン主義においても見られるように、反省の累乗化、あるいは高次化を意味するのであり(15)、根源と現象の形而上学的な段階の延長線上に、もう一つの次元を加えることではない。「仮象の仮象」とは、仮象からさらに離れた仮象ではなく、自らに反転する仮象であり、仮象の仮象性の自覚なのである。

「仮象」は自らの内に反転することによって、自らが仮象であるという反省的洞察を獲得する。仮象がそうした反省的性格をもつことは、すでにヘーゲルにおいても明確に示されている。ヘーゲルの『論理学』において、「仮象」は「存在」とは異なるという意味で非本質的なものであるが、本質にとって外的なものではなく、本質自身の「現れ」(Scheinen 映現)であるという点から、仮象には「反省」の性格が帰せられるのである。(16)とはいうものの、ヘーゲルにおける「仮象」は、あくまでも「本質」が有する反省的契機であり、それに加えて、「本質論」そのものが、「存在論」と「概念論」の中間に位置する以上、その反省は概念へと上昇する一契機として捉えられ、最終的には概念における絶対知に止揚される。これに対して、ニーチェにとっての仮象は、生の力動論をその核心としているため、存在や本質との概念的対比によって整理されるものではない。ニーチェにおける仮象は、本質自身の映現ではなく、仮象自身の力動性の発現であり、そこに示される反省的性格は、いわば力動に引き裂かれる仮象自身の自己分裂の表現なのである。

仮象のもつ反省は、単に意識のもつ自己言及性や概念の自己関係に解消されることはなく、生の力動性そのものによって動機づけられた遂行として捉えられる。つまり、生はそれ自身から世界という仮象を産出することで自己自身とのあいだの距離を生み出すが、自己内部を差異化するこの分裂によって、自らを主題化する反省が引き起こされ、その反省的自己理解を通じて仮象は仮象として自らを把握するのである。この場合、仮象の仮象性は、何らかの実体や事実との比較によって理解されるのではなく、むしろそれ自身の内部に生じる力の遂行同士の落差として経験される。こうした仮象の思考が徹底されることによって、アポロン・ディオニュソスの装置につきまとう二元論の残滓が拭い去られ、[17] 自己内部の差異と緊張を核心とする「力への意志」という一元的現象が浮上する。それに応じて、「仮象と実在」という二元的区別そのものが最終的に宙吊りにされ、仮象それ自身の反省的理解である「仮象性」(Scheinbarkeit)そのものが、「実在性の一存在形式」[18] とみなされるようになる。

(ii)「力への意志」と同等性の創造

ニーチェにおいて、一八八〇年代半ばから明確な形を取り始める「力への意志」の思想は、生の力動論と仮象の現出論という基本的な動機の収斂点とみなすことができる。そこでは、生の力動性がもつ内的差異という事態と、仮象の仮象性によって表される反省的契機とが、「力への意志」という統一的現象のもとに語り直される。つまり、かつては「美的仮象」という美学的・現象論的観点から叙述されていた事態が、遂行論的・力動論的側面から、より徹底して考察されるのである。言うなればそれは、「美的仮象」を中心とした「実存の美学」から、「力への意志」の遂行性を核心に据えた「実存の美学」へ、つまり根源的存在の現象論へと、問題の枠組みが転換する地点でもある。(19)

「力への意志」は、自己内の分裂から仮象を産出し、同時にその仮象性を反省する遂行性を指す。ここで注目すべきなのは、「力への意志」の思想とともに、生の多様な局面を統一するある種の「自同性」ないし「同等性」の理解が現れている点である。もとよりここで言う「自同性」はけっして何らかの基体や主体を前提とした伝統的意味での同一性ではなく、むしろ可塑的で生成する運動そのものの同等性とでも言うべきものである。「闘争こそが自己を維持し、増大させ、自己についての意識を保ち続けようとしている。……自己保存を目指しているのは主体ではなく、闘争それ自体である」(20)。つまりニーチェは、実体論的には把握不可能な生の動態《デュナミス》や流動性を主張する一方で、同時にその運動の過程そのものに対して、自己を保持する持続性と、創造的に自らを展開する独自性とを認めようとするのである。「闘争それ自体」の自己保持、あるいはニーチェのテクストにおいてはしばしば見られる「種の保存」、あるいは「生命の自己保存」といった表現は、個体の「自己保存衝動」(21)という生物学的・生理学的理解とは区別され、生命活動そのものの遂行的な自同性を表現するものと考えられる。生そのものの力動性は、個体の自己保存とのあいだに緊張を生み、ときにそれを破壊してまでも、生自身の持続と拡張を目指すものとされる。「力への意志」に具体化される生の闘争は「連続性（Dauer）を必要とする」(22)のであり、機械論的因果性の図式によって「原因」と「結果」へと分断することの不可能な充足した「連続体」(23)（continuum）であり、「流れ」なのである。「力への意志」とは、まさにそのような流動的でかつ創造的な自同性に与えられた形象的表現とみなすことができる。

「力への意志」は、自己との差異を生み出し、自己自身を変形させながらも、その活動性自身は不断に新たな連続性と自同性を創造していく。「力への意志」は、「占有と同化」であり、「形態化・形成・変形」(24)（Formen, An- und Umbilden）を繰り返しながら、自らの一貫性を創造的に維持するのである。「力への意志」は、そうした自己形成的な活動を通じて、それ自身における内的差異を差異として規定していくのであり、その活動が「解釈」と呼ばれるものにほかならない。「力への意志は解釈する。……すなわちこの意志は、強度を、力動の諸差異（Machtverschiedenheiten）を限定し規定する。力動の差異性だけでは、それはいまだ自らを差異性として感じ取ることはできないだろう(25)」。つまり「力への意志」は、実体的同一性を解体する差異の遂行であると同時に、それ自身の遂行のなかで、自らのあり方を規定し、その規定を「解釈」という「像」（Bild）を介して再構成していく。その点で「力への意志」は、生の遂行そのものに関する反省の契機を組み込み、さらにそれを世界に対する創造へと転じていく自発的な活動として理解されるのである。ここでは、「中間領域」ないし「美的仮象」のもとで主題化された問題群が、「創造」や「能動性」という生の自発性の観点から、より積極的に捉え返されているものと考えられる。

「力への意志」は生の活動性に向けて、不要な細部を忘却し、自らに固有の視点から世界を解釈によって構成する。「力への意志」は、自身の遠近法にもとづいて意味づけを行い、それによって取捨選択をなし、均質なひとつの地平としての世界を作り上げるのである。その解釈の遂行は、それ自体としては何ら本質をもたない「混沌《カオス》」としての世界を、「類似のもの、等しいものへと調整し、創作する」ことによって、「論理学」や「理性」、さらにはイデア的な「本質」や「真理」を発明し、捏造する。(26)「力への意志」による同等性・類似性の構成という着想によって、生の力動論は、地平論を介して、同一性の創造としての真理論と接合されることになる。類比化の操作による真理の創作という考えは、すでに「道徳外の意味における真理と虚偽」(一八七三年)の時期から見られるものだが、(27)ニーチェは「隠喩《メタファー》としての真理」という思考を「力への意志」と結び付けることで、「知性と事物の合致」(adaequatio intellectus et rei)という形而上学な真理論とも、あるいは生に対する実効性を真理とみなす実用主義的《プラグマティズム》な真理観とも一線を画し、真理の遂行論的理解を提起し、伝統的な真理観の解体を大きく進めることになる。

ニーチェにとって真理とは、生の円滑な活動のために微細な差異を摩耗させた隠喩であり、「力への意志」の増大の足がかりとして、類似性をもとに創作された一個の「発明」(Erfindung)である。とはいうものの、この真理を発明する何らかの「主体」があらかじめ存在しているわけではない。「同等性(Gleichheit)への意志は力への意志である(28)」と言われるように、生が遂行する選別と総合による世界の解釈、つまり真理の「発明」そのものが、「力への意志」という力動の差異の遂行なのである。力動の差異性そのものは、それ自体いまだ「差異」でもなければ「同一性」でもない。生の力動は自らとの差異を開きながら、世界の同一性を構成し、その世界理解を介して、自らを反省的に把握することを通じて、「力への意志」としての創造的な自同性を産出する。その意味で「力への意志」とは、世界の解釈であると同時に、それと不可分の仕方での自己解釈でもあり、いわば「解釈の解釈」である。それ自身は規定不可能な生の力動性は、解釈によって仮象である世界を産出し、その世界という「像」を介して、自己自身を「力への意志」として理解する。その意味では、「力への意志」とは、世界が抱く像《イメージ》であり、世界とは「力への意志」が見る夢なのである。

三　仮象と系譜学

(i)「力への意志」のドラマ

「力への意志」は、実体的に把握不可能な差異の作動であり、同時にそれ自身の内に自己把握の反省的契機を有する。その点で「力への意志」の思考は、『悲劇の誕生』での仮象理解をさらに推し進めたものと見ることができる。そしてその筋道は、生の遂行論を徹底させ、世界理解と自己理解の相互関係を、同等性の構成、ないし真理の発明という観点から捉え返すという意味では、思考自身の条件を自らの内に内在的に取り込む超越論的な思考の展開と考えることもできるだろう。「力への意志」は世界の同等性を創造するとともに、自己自身の同等性を反照的に捉える以上、何らかの「事実」や「主体」の対象的把握というよりは、超越論的な意味での「同一性」そのものの「構成」なのである。そのために、ニーチェにおいて「力への意志」は、理論的認識や生命現象、あるいは社会的権力関係など、あらゆる領域で働くものとみなされるにしても、それは何らかの実在的「原理」による根拠づけと理解されてはならない。「力への意志」は、さまざまな差異の遂行とその反転、世界の仮象の構成とその反省といったさまざまな方向をもつ契機が複雑に絡み合う事態に付された一種の仮説的な名称と理解すべきだろう。まさに『悲劇の誕生』において、アポロン・ディオニュソスがそうであったように、「力への意志」もまた、定義可能な概念などではなく、むしろそれ自体が変転し流動する「形象」であり、多様な展開を見せるドラマなのである。その意味では、晩年に向かうニーチェの思考は、『悲劇の誕生』以来のドラマの継続であり、同じ仮象の演劇技法《ドラマトゥルギー》を踏襲していると言えるだろう。

「力への意志」は、地平を創出しながら自らを拡大し、その地平創出の遂行において、地平の内部に「力への意志」そのものが反照的に映り込む。そのために「力への意志」は、現象面で見るなら形成と破壊を繰り返す無限の自己拡張の運動であるが、その内部から見るなら、世界解釈の創造を通して「自らを像化（sich bilden 自己形成）する」自己理解の遂行であり、自己の「様式」（Stil）の創出である。このような生の遂行とその自己造形化は、生の充実の表現という意味でも、また仮象の形成という意味でも、ニーチェ的な「美」の理解に対応する。「世界がより充実し、より円熟し、より完全な姿で見られる〈美的〉状態から出発すれば、……そこには、最高の様式が、すなわち〈力への意志〉そのものの表現である大いなる様式が存在する[29]」。

「力への意志」は、何らかの主体や実体の運動ではないし、その活動にはあらかじめ定まった領域が与えられているわけでもない。ニーチェが言うように、世界は「己れ自身を自ら生み出す芸術作品」[30]なのであり、芸術家なしに自己生成するドラマ、つまり自己創造する同等性である。ドラマの同一性は、劇それ自身の内的な運動にもとづくのであって、それが演じられる劇場の同一性によって保証されるわけでもなければ、ましてやそこで登場する俳優の同一性に依拠するものでもない。それと同様に世界もまた、自らで自らを作り出す仮象であり、いわば「劇場のないドラマ」[31]であり、さらに言うなら、自己自身が自らの舞台であるようなドラマなのである。そこでニーチェにとって最大の問題となるのは、何が、そして誰がこのような創造的な遂行を疎外するのか、つまりドラマを停滞させ、一つの劇場に押し込めるのは何なのかという問いである。そしてドラマの遂行的な同一性という意味での同等性を囲い込み、萎縮させ、窒息させるもの――それがニーチェにとっての「道徳」にほかならない。

(ii) 真理と道徳の系譜学

「美しいとか、穢らわしいなどの判断のほうがより古いのである。ところが、そうした美学的判断は、それが絶対的真理として主張され始めると、たちまちにして道徳的要請に成り代わってしまう」[32]。つまりニーチェが何よりも警戒したのは、真理が絶対性という形而上学的理念と手を結び、それが道徳的善と結託することによって、生の創造的活動としての「美」を抑圧するという事態であった。そのために、生の力動性の遂行論的な理解によって伝統的な真理概念を解体すると同時に、ニーチェは道徳という規範性の主題に取り組まなければならなかった。ここで問われるべき規範とは、生の外部にあって生を拘束する異質な障碍ではなく、生自身が変質し、自らの姿を歪曲していく生そのものの病理のことである。つまりニーチェにとって「道徳の系譜学」とは、生が陥る「絶対性」という病を診断し、その病因を探る生の病理学なのである。

真理が絶対的真理となり、善が道徳的規範となるその発生史を考察することで浮彫りにされるのが、生の自己完結的な循環であり、それと連動して示される真理と善の絶対化の機構《メカニズム》である。ニーチェにおける「発明としての真理」の理解は、対象性の超越論的構成という問題設定を含んでいる限りでは、カントの超越論哲学との接点をもつが、ニーチェは最終的にカント的な理解と袂を分かち、その思考の内に真理の絶対化の機構を読み取ろうとする。ニーチェが、「アプリオリ性への信念」を「カントの無意識の独断論」として語っているのは、認識の超越論的構成が、「必当然性」――つまり主観にとっての必然性――として、認識を自己完結的に構成してしまう点を指している。「しかし、認識などが存在するのか、存在しうるのか、その点をあらかじめ〈認識〉していなければ、〈認識とは何であるか〉という問いも、理性的に発することができないはずである[33]」。つまりニーチェによれば、カントにとっての認識ないし経験とは、超越論的な機構の内部で単に循環的に自己を構成するのみであり、そこでは「認識に対する信念の正当性」があらかじめ前提となっているとみなされるのである。この批判はまさに、「経験一般の可能の制約は、同時に経験の対象の可能の制約である[34]」という仕方で、経験の遂行性と対象の対象性を相互規定的に捉えた超越論的な「最高原則」の特徴を言い当てている。ニーチェにとっては、カントにおける「真理」もまた、生にとっての遠近法的仮象にすぎないが、それにもかかわらずカントは、経験の領域を自己完結的に捉えることによって、経験にとっての「必当然性」にすぎないものを、真理という「規範」として絶対化しているというのである。こうしてニーチェは、カントの自己循環的な論法と、認識をその内部で完結させていく思考の内に、規範の絶対化の機構《からくり》を探り当てる。なぜならカントにおいては、認識の自己完結性とその必当然性によって、認識そのものを可能にするはずの生ないし「力への意志」への洞察が閉ざされ、その遂行にともなう仮象性の意識が消去されるからである。このような自己完結的な認識論では、生の遂行がもっていた仮象の相対性の意識が失われ、超越論的真理と経験的認識のあいだに、規範と現象、絶対性と相対性、原像と模像といった形而上学的構図が再び呼び込まれてしまう。ニーチェがカントに関して、「道徳的存在論がその支配的先入見となっている」[35]と語っているように、この自己完結的で形而上学的な図式、およびそこにおける絶対的な規範性の成立が、ニーチェにとっては「道徳」の核心をなすものである。

真理が「力への意志」による「発明」や生成の「隠喩」ではなく、絶対的な規範とみなされたとき、その「真理」は生が従うべき基準となり、生の自発的な運動を疎外し始める。生の遂行の「像」であるはずの「真理」が規範化することで、生は自己自身が生み出した「発明」によって拘束され、自らの運動を硬直させていくのである。こうした自縄自縛の論理が最も強力に作用する源泉として、ニーチェは「道徳」、とりわけ「キリスト教道徳」に、その攻撃の標的を絞り込んでいく。なぜなら、「力への意志」の遂行的な同一性は、道徳において「当為」ないし「法」といった規範性へと外在化され、それが「真理」の規範性を巻き込みながら、生を拘束する大規模な体制を作り上げるからである。「優等・劣等」(gut-schlecht) という生の力動の相対的な差異の表現が、「善・悪」(gut-böse) という規範的で絶対的な二極性へと変形されるときに、「道徳」が誕生する。

能動的な生の遂行は、自らの内に「距離のパトス」と呼ばれる差異性の経験を含み、その差異性を力動性そのものの発露として感受する。このような能動的な力の作動においては、「優等・劣等」の相違は力の内的な感覚とその表現である以上、それ自体は何ら絶対的な評価基準とはならない。これに対して、内的な力の差異性の経験から自身の「力」を実感することのできない「反動的」な力は、自らを正当化するための規範を生の内部に作り出し、その規範への服従を「善」として、不服従を「悪」として評価するようになる。この過程は、「善・悪」の用語法の誕生であると同時に、規範の絶対化、およびそれへの服従を要とする「当為」(Sollen)の成立の経緯でもある(36)。こうして、元来は生の力動の強弱の表現であったはずの「優等・劣等」という対概念は、自らが自発的に服従すべき絶対的基準としての道徳の指標と化すのである。

このような「道徳の系譜学」においては、まさに認識における真理の絶対化と同様に、自己完結的な循環の論理が暴露されていることになる。道徳的な「善」は、力動の遂行から生じた生の「像」や「様式」が絶対化され、力動の差異性が形而上学的な二元性である「善・悪」へと分極化することによって成立する。「真理」という理論的局面においては、認識の自己完結的な領域が形成され、そこでの必当然的な循環関係が生を拘束することになったが、それと同様に、「善」という実践的場面では、道徳的善・悪という自己完結的な関係が、自ら生み出した規範に自ら服従するという自己規律的な構造を生むのである。ここで注意しなければならないのは、真理と道徳の規範は、あくまでも生の遂行そのものが生み出した自己規律なのであり、何ら外部からもち込まれた強制などではないという点である。ここで問題となっているのは、あくまでも生が自らと関わるその様式の二つの異なったタイプなのであって、生とその外部、あるいは生の流動性と固定化との対比ではない。自己が創造的に自己と関わり、自己と自己との差異を生きながら、遂行的で創造的な同等性を貫き続けるか、あるいは自己との閉鎖的な関係を作り上げ、そこに自己規律的な拘束の構造を構築するのか[37]といった二つの生のモデルが、ここで問われているのである。

結語 「喜ばしき知恵」に向けて

自らを形成し続ける「力への意志」のドラマは、「真理」と「道徳的理想」によって阻害され、そこに生の病理を生んでいく。それは、自己自身を創造するドラマではなく、自己を規範として模倣し始めた自家中毒的なドラマであり、機械的に反復される退廃し爛熟したドラマである。あるいはそれは、自らの同一性を自身の同等性の遂行によって能動的に維持するのではなく、いわばその「劇場」の同一性によって守られているような反動的な自己保存であるとも言える。このような比喩を念頭に置くなら、『悲劇の誕生』において演劇的な思考を展開し、ヴァーグナーの「楽劇」（Musikdrama）に熱狂したニーチェが、「バイロイト祝祭劇場」落成後はなぜヴァーグナーから離れ、最終的には激しい憎悪を抱くにいたったのか、そしてそのヴァーグナー論において、なぜ声高に「劇場は芸術を支配してはならない」[38]と宣言したのか、その理由の一端を想像することができるだろう。ニーチェはまさしくヴァーグナーの「劇場」の内に、ドラマの生命を枯渇させてしまう閉鎖的な空間を見て取り、神聖劇『パルジファル』の内に、真・善・美の形而上学的な一体性への後退を聴き取ったのである。そして、真理と道徳の結託から「美」を切り離そうとするニーチェ自身の挑戦とは逆に、ドラマの「美」そのものが「聖性」というかたちで絶対化される『パルジファル』[39]は、ニーチェの目には、美が「道徳的要請」に転じる「デカダンス」そのものと映ったのである。

ニーチェがこうした後年のヴァーグナーにおいて決定的に失われたとみなしたもの、それが「軽やかな足取り、……星の舞踏、気力あふれる精神性」としての「喜ばしき知恵」であった。[40]「喜ばしき知恵」（die fröhliche Wissenschaft）、ないし「華やぐ知恵」（la gaya scienza）とは、十二世紀南仏プロヴァンスを中心に、カタリ派やイスラーム文化の影響のもと、宮廷詩人《トゥルバドゥール》や吟遊詩人《ジョングルール》によって展開された芸術運動を暗示し、騎士道にもとづく非キリスト教的な自由精神の文化を示唆するものである。この芸術運動は、近代的な「愛」(romantic love)の観念の発生とも言われる「宮廷風恋愛」を背景として、[41]宗教的・道徳的規範からの自由を謳歌するものであった。既婚の女主人と騎士とのあいだに演じられる「宮廷風恋愛」は、それ自体は社会的に認知されるものではなく、現実的・法的な関係としては容認されるものではない。貴婦人崇拝と騎士道の遵守という想定の内で演じられる宮廷風恋愛、そしてそこで実現される「喜ばしき知恵」は、すぐれて演劇的な恋愛作法であり、それ自身がドラマとしての仮象の感覚に貫かれている。ニーチェがこの「喜ばしき知恵」に託して語ろうとしたのは、自己規律や自己監視の裏をかく解放的な自由の感性であり、真理と道徳の絶対化に陥ることなく、「美」という理念の規範化をも回避し、仮象としての生が遂行する能動的な力動性を生きることであった。生の活動の只中で、自らの力動の差異の表現として解釈の世界を生みだし、それを通じて果てしない創造性を発揮し続けることが、まさにニーチェにとっての「喜ばしき知恵」の核心なのである。

こうしてニーチェにとっての生は、力動の差異の活動によって自らを不断に超克するために、そこには絶えず仮象の相対性の感覚が随伴する。しかしその生が遂行する自発性は、ときにそれ自身を規範と化し、廃棄されたはずの形而上学的な二極性を再び呼び寄せる可能性をも秘めている。ニーチェがあくまでも牽制し、「道徳の系譜学」の名のもとで、全力を挙げて阻止しようとしたのが、そのような規範の絶対化であり、それにともなう閉鎖的な自己関係であった。道徳という自己完結的な領域で働く規範は、生が生自身を監視する回路を作り出し、それに服従させることで、生を「主体＝服属するもの」(sujet) と化すのである。それはのちにフーコーが分析してみせたように、生の内に超越者の視点を擬似的に作り出し、その視点を内在化することで自己が自己を統制する自己監視のシステムなのである。ここでの規範と主体との関係は、規律から逸脱する可能性をもった主体をあらかじめ否定するばかりか、過誤を犯しうる主体自身をその行く先で待ち構えている自己懲罰的な体系である。(42) このような自己否定を介した媒介である道徳に対して、ニーチェが強調するのは、自己否定を含まない差異の肯定であり、創造の継続としての自己造形であり、様式の創造である。ニーチェがヴァーグナー論において示しているように、そこでの「様式」とは、何らかの規範ではなく、「思想以前の状態、いまだ生まれていない思想の来襲、未来の思想の約束、神の創造以前の世界、混沌の再発」(43) を意味している。それは生自身の自己形成そのものの肯定であり、まさしく生というドラマの創造なのである。

ドラマを作り上げるのは、個々の登場人物や規範的な著者ではなく、ドラマそれ自身であるように、生においても、肯定されるべきは個々の行為ではなく、世界や生という出来事そのものである。その点で、「ドラマ」の語は「行為」を意味するギリシア語に由来するという通説に対して、ヴァーグナー論の中に挿入された語源的註釈は示唆的である。「ドラマとは……行為（Tun）ではなく、出来事（Geschehen）である。〈ドラーン〉（δρᾶν）はドーリス語においては、〈行為〉という意味をまったくもっていない」(44)。世界とはまさしく一個の出来事として、「己れ自身を自ら生み出す芸術作品」なのであり、そこで貫徹されるべきなのは、「世界における肯定」（Ja-sagen in der Welt）ではなく、「世界への肯定」（Ja-sagen zur Welt）である(45)。「喜ばしき知恵」とは、仮象の意識に貫かれた差異性の遂行であり、自己規律的・自己監視的な閉鎖的関係に対する拒絶である。それは「笑いの未来」(46)であり、「自らを笑う笑い」という晴れやかな仮象の肯定であり、自己自身の生の美的形成（Bildung）なのである。「美」と芸術の理解を出発点としながら、それを真理と道徳から切り離し、あくまでも生の遂行のモデルへと展開させていくことで、ニーチェは新たな遂行的な同一性の理解を提示しようとする。ニーチェがしばしば用いたピンダロスの銘句「自らあるところのものになれ」(47)は、「自らあるべき人となれ」という義務を要請するものでもなければ、「汝の欲するところのものをなせ」（ラブレー

「テレームの僧院」の銘）という無制限の欲望の是認でもない。ニーチェが理解するピンダロスの銘句では、「ある」（sein 存在）と「なる」（werden 生成）という存在の様態と、現在（sein）と未来（werden）の時制との捩れた関係が語られ、その逆説を通じて創造される同等性が示唆される。ニーチェをめぐって「実存の美学」が語られるとき、そこにおいては、このような差異と同一性の間隙、生成と存在、時間と存在との逆説を思考する場が開かれ、それはやがて「等しいもの（同等的なもの）の永劫回帰」の境位へと接続していくことだろう。

（1） Fr. Schlegel, *Athenäums-Fragmente*, Nr. 252, Kritische Friedrich-Schlegel-Ausgabe, hg. E. Behler, Bd. 2: Charakteristiken und Kritiken I (1796-1801), München/Paderborn/Wien 1967, S 207f.
（2） *Ibid.*, Nr. 116, S. 182f.
（3） *Ibid.*, Nr. 238, S. 182f.
（4） Cf. M. Foucault, Une estétique de l'existence (1984), in: id., *Dits et écrits 1954-1988*, t. 2 (1976-1988), Paris 2001, pp. 1549-1554.（フーコー「実存の美学」増田一夫訳、『ミシェル・フーコー思考集成 X』筑摩書房、二〇〇二年、二四七―二五四頁）
（5） Fr. Nietzsche, *Die Geburt der Tragödie*, Versuch einer Selbstkritik, Kritische Studienausgabe (= KSA), Bd. 1, S. 14.
（6） Id., *Nachgelassene Fragmente 1880-1882*, Frühjahr-Herbst 1881, 11 [79], KSA 9, S. 471.
（7） 特にニーチェの創作活動の最後の時期、一八八七―一八八八年の最後の断章群において、「美学」

（aesthetica）の語が多用されていくのは示唆的である。

（8）Cf. Fr. Nietzsche, *Die fröhliche Wissenschaft*, Vorrede zur zweiten Ausgabe 3, KSA 3, S. 349.

（9）*Ibid.*, 290, KSA 3, S. 530.

（10）Cf. id., *Morgenröte* 190, KSA 3, S. 162-164.

（11）Cf. Fr. Schiller, *Über naive und sentimentalische Dichtung*, Werke in drei Bänden, hg. H. G. Göpfert, 5. Aufl., Darmstadt 1984 (München 1966). Bd. 2, S. 540-606.

（12）K. Kerényi, *Dionysos: Urbild des unzerstörbaren Lebens*, München 1976.（ケレーニィ『ディオニューソス――破壊されざる生の根源像』岡田素之訳、白水社、一九九九年、一六―二〇頁）

（13）Cf. Fr. Nietzsche, *Jenseits von Gut und Böse* 150, KSA 5, S. 99.「英雄をめぐっては一切が悲劇となり、半神をめぐっては一切がサテュロス劇となる。そして神をめぐっては一切が――いかにして、おそらくは〈世界〉となるのか」。

（14）Cf. J. Figl, *Interpretation als philosophisches Prinzip: Friedrich Nietzsches universale Theorie der Auslegung im späten Nachlaß*, Berlin/New York 1982; J. N. Hoffmann, *Wahrheit, Perspektive, Interpretation: Nietzsche und die philosophische Hermeneutik*, Berlin/New York 1994. より広い文脈では、以下の透徹した議論を参照。新田義弘『思惟の道としての現象学――超越論的媒体性と哲学の新たな方向』以文社、二〇〇九年、特に第三章、第四章。

（15）Cf. W. Menninghaus, *Unendliche Verdopplung: die frühromantische Grundlegung der Kunsttheorie im Begriff absoluter Selbstreflexion*, Frankfurt a. M. 1987.（メニングハウス『無限の二重化――ロマン主義・ベンヤミン・デリダにおける絶対的自己反省理論』伊藤秀一訳、法政大学出版局、一九九二年）

（16）G. W. Fr. Hegel, *Wissenschaft der Logik*, 1. Teil, 2. Buch: Die Lehre vom Wesen, Werke Bd. 6, Frankfurt a. M. 1986, S. 17.「本質は存在から生じたものとして、存在に対立するように見える。そしてこの直接的存在はまず差し当たって非本質的存在である。しかし第二に、この存在は単に非本質的存在以上のものであって、それはむしろ本質を欠く存在、すなわち仮象である。第三に、この仮象は外面的なもの、本質に対する他者ではなく、むしろ本質自身の仮象である。そしてこの本質のそれ自身における映現（Scheinen）が反省である」。

（17） K. H. Bohrer, Die Stile des Dionysos, in:id., *Großer Stil. Form und Formlosigkeit in der Moderne*, München 2007, S. 216-235.

（18） Cf. Fr. Nietzsche, *Nachgelassene Fragmente 1885-1887*, Frühjahr 1888, 14 [93], KSA 13, S. 270f.「仮象性は実在そのものに属している。それは一存在形式である」。

（19） それはまた同時に、初期の美的救済のモチーフの内に、ニーチェ自身が形而上学の名残りを見て取り、自らそれを克服しようとする「自己批判」の経緯とも正確に呼応している。Fr. Nietzsche, *Die Geburt der Tragödie*, Versuch einer Selbstkritik, KSA 1, S. 11-24.

（20） Id., *Nachgelassene Fragmente 1885-1887*, Herbst 1885-Frühjahr 1886, 1 [124], KSA 12, S. 40.

（21） *Ibid.*, Herbst 1885-Herbst 1886, 2 [63](*Wille zur Macht* [= *WM*] 650), KSA 12, S. 89.

（22） *Ibid.*, Herbst 1885-Frühjahr 1886, 1 [92], KSA 12, S. 33.

（23） Id., *Die fröhliche Wissenschaft* 112, KSA 3, S. 473.

（24） Id., *Nachgelassene Fragmente 1885-1887*, Herbst 1887-März 1888, 9 [151](*WM* 656), KSA 12, S. 424.

（25） *Ibid.*, Herbst 1885-Herbst 1887, 2 [148] (*WM* 643), KSA 12, S. 139.

（26） *Ibid.*, Ende 1886-Frühjahr 1887, 12 [294] (*WM* 512), KSA 12, S. 294.

（27）「真理とは使い古されて感覚的に魅力のなくなった隠喩である」（*Ueber Wahrheit und Lüge im aussermoralischen Sinne*, KSA 1, S. 880f.）、「真理とはある生命が生きていくために必要なたぐいの誤謬である」（id., *Nachgelassene Fragmente 1884-1885*, April-Juni 1885, 34 [253], KSA 11, S. 506）。

（28） Id., *Nachgelassene Fragmente 1885-1887*, Herbst 1885-Herbst 1886, 2 [90] (*WM* 511), KSA 12 , S. 106.

（29） Id., *Nachgelassene Fragmente 1887-1889*, November 1887-März 1888, 11 [138] (*WM* 341), KSA 13, S.

63). Cf. *ibid.*, KSA 13, S. 246f.

(30) Id., *Nachgelassene Fragmente 1885-1887*, Herbst 1885-Herbst 1886, 2 [114] (*WM* 796), KSA 12, S. 118. Cf. E. Mazzarella, Der Wille zur Macht als Wille zur Form: Nietzsche, in: H. Seubert (Hg.), *Natur und Kunst in Nietzsches Denken*, Köln/Weimar/Wien 2002, S. 153-166; I. F. Fehér, Kunst und Wille zur Macht - Niezsches Kunstdenken zwischen Ästhetik und Ontologie, in: *ibid.*, S. 167-186.

(31) Cf. G. Deleuze, *Empirisme et subjectivité. Essai sur la lature humaine selon Hume*, Paris 2003, p. 3.（ドゥルーズ『ヒュームあるいは人間的自然――経験論と主体性』木田元・財津理訳、朝日出版社、一九八〇年、一三頁）

(32) Fr. Nietzsche, *Nachgelassene Fragmente 1887-1889*, Frühjahr-Herbst 1881, 11 [79], KSA 13, S. 471.

(33) Id., *Nachgelassene Fragmente 1885-1887*, Ende1886-Frühjahr 1887, 7 [4], KSA 12, S. 259-270. この比較的長文の断章は、後期のニーチェによる形而上学史の試みとして貴重である。

(34) I. Kant, *Kritik der reinen Vernunft*, B197, Akademie Ausgabe [= AA] Bd. 3, S. 145 (A158, AA 4, 110f.).

(35) Fr. Nietzsche, *Nachgelassene Fragmente 1885-1887*, Ende1886-Frühjahr 1887, 7 [4], KSA 12, S. 259-270.

(36) 「当為」の成立経緯として、「生存の目的」を論じる以下の断章を参照。Id., *Die fröhliche Wissenschaft* 1, KSA 3, S. 369-372.

(37) ここには、フロイト『モーセと一神教』における義務観念の成立の分析を重ね合わせることができる。優れた解説として、渡辺哲夫「歴史に向かい合うフロイト」（『モーセと一神教』ちくま学芸文庫、二〇〇三年、所収）を参照。

(38) Fr. Nietzsche, *Der Fall Wagner* 12, KSA 6, S. 39.

(39) ヴァーグナー自身の生もまた、ニーチェにとっては、自らを模倣し自らを演じる「俳優」であり、美を規範としてそれに自ら拘束される自己規律であり、その意味で美の道徳化に与するものと受け取られた。『ツァラトゥストラはこう語った』第四部における「高等《まし》な人間」の一人である「魔術師」の形象を参照。

Id., *Also sprach Zarathustra* IV, KSA 4, S. 313-320.

（40） Id., *Der Fall Wagner* 10, KSA 6, S. 37.

（41） Cf. C. S. Lewis, Allegory of love : a study in medieval tradition, Oxford 1936.（ルーイス『愛とアレゴリー――ヨーロッパ中世文学の伝統』玉泉八洲男訳、筑摩書房、一九七二年、第一章）D. de Rougemont, *L'amour et l'occident*, Paris 1939.（ルージュモン『愛について――エロスとアガペ』鈴木健郎・川村克己訳、平凡社、一九九三年）André, le chapelain, J. J. Parry (tr.), *The art of courtly love: De arte honeste amandi*, 1941.（カペラヌス『宮廷風恋愛の技術』野島秀勝訳、法政大学出版局、一九九〇年）

（42） Cf. M. Foucault, A propos de la généalogie de l'éthique: un aperçu du travail en cours, in: id., *Dits et écrits 1954-1988*, t. 2 (1976-1988), Paris 2001, pp. 1428-1450.（フーコー「倫理の系譜学について――進行中の作業の概要」守中高明訳、『ミシェル・フーコー思考集成X』六九一―一〇一頁）。ネグリ／ハートはこの関係を現代の「帝国」の分析に援用し、「反省的回帰と弱い超越性」という仕方で術語化している。Cf. M. Hardt, A. Negri, *Empire*, Cambridge, Mass. 2001.（ネグリ／ハート『帝国――グローバル化の世界秩序とマルチチュードの可能性』水嶋一憲他訳、以文社、二〇〇三年）

（43） Fr. Nietzsche, *Der Fall Wagner* 6, KSA 6, S. 24.（強調はニーチェによる）

（44） *Ibid.*, KSA 6, S. 32, Anm.

（45） W. Müller-Lauter, *Über Werden und Wille zur Macht, Nietzsche-Interpretation* I, Berlin/New York 1999, S. 248-301. もとよりこの主題は、最終的には「永劫回帰」の問題にまでもちこされなければならない。

（46） Fr. Nietzsche, *Die fröhliche Wissenschaft* 1, KSA Bd. 3, S. 371.

（47） Id., *Also sprach Zarathustra* IV, usf. Cf. id., *Die fröhliche Wissenschaft* 270; *Ecce homo. Wie man wird, was man ist.*

コラム

友よ、この響きではなく！

「おお友よ、この響きではなく！　もっと心地よく、喜びに溢れた響きに唱和しようではないか！」――ベートーヴェンは第九交響曲の最終楽章で、当時の交響曲の作法に反して、突如として声楽を乱入させ、バスの独唱に力強くこう歌わせた。これは、それまでの自らの音楽を含め、伝統的音楽のすべてに投げかけた挑戦的な否定の言葉であった。それに続いて、シラーの「歓喜に寄せて」を載せた旋律が現れ、人類の将来の姿を高らかに歌い上げる合唱へと膨れ上がり、大胆に前代未聞の音楽へと踏み込んでいく。『喜ばしき知恵』の最終節（第五書、三八三「エピローグ」）において、ニーチェは第九交響曲のこの一節を引用することで、伝統的なヨーロッパ哲学への決別を宣言し、未来の哲学を望み見ようとしている。ベートーヴェンがヨーロッパ音楽の内に染み込んだ西洋中心主義や階級制の限界を見定め、音楽の未来を遠望したように、ニーチェもまた、ヨーロッパ哲学の内に澱のように蓄積したさまざまな先入見や旧弊な思考の習慣を打ち破り、前人未到の未知の領域へと乗り出していく。こうした未知のものへの予感、新たな冒険の兆しが、本書『喜ばしき知恵』の随所に溢れ、この著作をニーチェのすべての作品のなかでもひときわ輝かしく、熱気に満ちたものとしている。

思考の新たな領野を開拓し、束縛から解き放たれた自由を求める『喜ばしき知恵』は、もはや何ものにも頼ることのできない不安と表裏一体のものでもある。『喜ばしき知恵』では、そのような自由と不安がたびたび「海」の形象《イメージ》を用いて語られている。「われわれは陸地をあとにして、船に乗り込んだのだ！　背後の桟橋を取り壊し、――それどころか、戻るべき陸地そのものを破壊したのだ！」（第三書、一二四）。帰るべき陸地のない漂流、あるいは新世界へ乗り出す船出（第四書、二八九）、さらには古代ギリシアの伝説にもとづいて、金羊毛を探し求めるアルゴ船の冒険（第五書、三八二）といった形象が、思考の新たな挑戦を象徴し、その危険意識がニーチェの思考に異様な昂揚感を与えている。こうした荒れ狂う海の形象は、十九世紀中葉から世紀末にかけて、この時代固有の動揺と希望を表現するものとして、同時代の多くの文学にも頻繁に現れている。ポーの海洋小説『アーサー・ゴードン・ピムの冒険』（一八三七年）、『メールシュトレームに呑まれて』（一八四一年）を始め、メルヴィル『白鯨』（一八五一年）、ロートレアモン『マルドロールの歌』（一八六八年）や、ランボー『酔いどれ船』（一八七一年）、マラルメ『骰子一擲』（一八九七年）などにおいても、大洋は未知性や神秘性、無限性や暴力性を表現する重要な形象として用いられている（哲学における海と船、とりわけ難破船の形象については、H・ブルーメンベルク『難破船』（池田信雄・岡部仁・土合文夫訳、哲学書房、一九八九年）を参照）。これらは、思想や文化が足場を失い、懐疑と動揺が時代全体に浸透し始めた徴候であり、現代にまで繋がる絶望と不安の顕著な表現と考えられる。同時代に生きたニーチェは、彼自身が「ニヒリズム」と呼ぶこの絶望の兆しを敏感に察知し、本書においてまさにその最大の要因を、「神の死」として宣言する。「狂乱の男」の断章（第三書、一二五）において、昼日中に提灯を掲げて、神を探し回る男が登場し、人間自身が神の殺害者であることを告げて回る。これは古代ギリシアのディオゲネスが、日中から提灯をかざして、「真っ当な人間はいないか」と探し回った故事を踏まえているが、ニーチェはこの「狂乱の男」の口を借りて、もはや真の人間どころか、神すらも不在になった虚無の世界の到来を予言している。思想と信仰を支えていた究極の地盤が脆くも崩れ去り、人間のみが無限の空間の中に取り残された寂寥感と絶望感が、こうして鮮烈に語り出される。われわれは、根源的な原理や絶対的な根拠を失い、自身が望んだわけでもない航海に投げ出されているのである。

目的地もなく漂流し続ける難破船（「ノイラートの船」）、あるいは遊歩者《フラヌール》（ベンヤミン）や遊牧民《ノマド》（ドゥルーズ）といった表現は、二十世紀以降の現代思想において身近なものとなったが、その先駆けとなる思想が、こうしてニーチェの著作の内で語り出される。しかもそれは、ニーチェの思想だけではなく、彼の実人生に浸透した生き方そのものでもあった。それというのも、ニーチェ自身、特に『喜ばしき知恵』前後から始まる円熟期のおよそ十年のあいだ、ヨーロッパ各地の保養地を転々としながら著作活動を続けており、生活スタイルの点でも漂泊者の生を生きていたからである（この点に関しては、岡村民夫『旅するニーチェ、リゾートの哲学』〔白水社、二〇〇四年〕が興味深い）。本書の断章「短期の習慣」（第四書、二九五）の中で、「持続する習慣を私は憎む」と語り、趣味と生活の変化の喜びを記しているのは、ほぼ数カ月ごとに滞在場所を変えていったニーチェの遊牧生活《ノマディズム》の反映でもあった。その点で『喜ばしき知恵』には、哲学の未知の海洋に乗り出そうとするニーチェの思想のみならず、漂泊者としてのその生の軌跡までが明確に刻印されているのである。

*

大学教授として研究者の経歴を出発させたニーチェの生涯は、おおむね十年ごとに大きな転換を迎えている。一八六九年、わずか二四歳でバーゼル大学の古典文献学の教授に着任してから十年間の教員生活ののち、一八七九年には健康の悪化のため大学教授の職を辞し、それ以降の十年間は季節ごとに、南スイス、北イタリア、南フランスなどの地に移り住み、一八八九年には、イタリアのトリノに滞在中に精神錯乱の発作を起こし、以降の十年を母と妹の介護のもとで過ごし、一九〇〇年、まさに十九世紀最後の年に世を去った。『喜ばしき知恵』は、ニーチェが教授職を辞して、ヨーロッパ各地での療養生活に入って間もない時期、主にイタリアのジェノヴァで執筆された。当初は、直前に公刊した『曙光』(一八八一年)の続編として構想されたが、一八八二年前半にその計画を変更し、同年八月二六日に、独立した一書として書肆シュマイツナー社から出版された。こうして、巻頭の「前奏曲」から第四書までが世に出たが、その後一八八七年に、他の著作の新版をフリッチュ社から刊行する一環として、この『喜ばしき知恵』も、新たな序文と長大な第五書を増補し、巻末には、すでに発表していた「メッシーナ牧歌」(一八八二年)を改作した「プリンツ・フォーゲルフライの歌」を付して、第二版として公刊される。

このような経緯を経て成立した『喜ばしき知恵』は、ニーチェの著作全体のなかでも特異な位置を占めている。それというのも、その初版が一八八二年、大幅な増補を含む第二版が一八八七年に公刊されているということは、その間に主著『ツァラトゥストラはこう語った』(一八八三—八五年)をまるまる挟み、さらには『善悪の彼岸』(一八八六年)をもまたいで成立していることになるからである。つまり『喜ばしき知恵』は、一冊の書物であるにもかかわらず、『ツァラトゥストラはこう語った』の「以前」と「以降」を橋渡しし、さらに残り数年に限られた最後の旺盛な著述活動の助走としての役割をも担っている。さらに、ニーチェ思想の集大成として計画された断章群(ただし、ニーチェ自身の手では完成せず、妹エリーザベトらが『力への意志』として編集・出版した断章・遺稿群)も、およそこの頃に書き始められ、一八八一年にシルス・マリーアで突然閃いたとされる「永劫回帰」の思想が、断章「最大の重石《おもし》」(第四書、三四一)においてはじめて告知されるなど、ニーチェの中心的な思想がこの『喜ばしき知恵』の圏内で形成されつつあったことが窺える。そしてこの「最大の重石」の断章の直後、つまり初版の最後に置かれた断章「ここに悲劇が始まる」（第四書、三四二）は、わずか一語（「ウルミ湖」という固有名詞の有無）を除いて、『ツァラトゥストラはこう語った』の冒頭部分そのままである。つまり、『喜ばしき知恵』を読み進める読者は、第四書と第五書が切り替わるその一瞬の空白に、『ツァラトゥストラはこう語った』の全体がそそり立つ幻影を見ることになる。

『喜ばしき知恵』が特異な著作であるというのは、このような成立の経緯を知るまでもなく、この著作がもつ形姿からも察知されるところだろう。そもそもこの著作はいったいどのような分野に属する著作として読者の目に映じるものか、まずはそれすら疑問である。現行版である『喜ばしき知恵』第二版では、序文の直後に、ゲーテの作品に倣って「戯《たわむ》れ、企《たくら》み、意趣返し」と題された一種の戯文《ざれぶみ》が置かれ、第一書から第五書までの主要部分は断章を集めたいわゆるアフォリズム集が続き、最後に収められた「プリンツ・フォーゲルフライの歌」はパロディ詩編として構想されている。このような雑多な形態は、一般的に思想書や哲学書と呼び習わされているものの常套からは大きく逸脱しているように見える。本来は、著者自身の思想をなるべく正確に読者に伝えることが思想書や哲学書の役割であるはずであるのに、ニーチェはさまざまな修辞的な装置を用いて、自分自身の姿をくらまし、その真意を故意に見えにくくしているかのようなのである。

のちにニーチェ自身が、自伝的著作『この人を見よ』において、「この書物の一文一文に、深い思索と悪戯心が愛おしげに手を取り合っている」と語っているように、『喜ばしき知恵』は、愚直で素朴な哲学と縁を切り、遊び戯れ、快活に飛び回る思考の舞踏を具現しようとしている。

著者自身が、「誤解」されることを自分の「運命」と語り（第五書、三七一）、「理解されたくないと思う」（第五書、三八一）などと宣言するこの著作を眼にするなら、読者はそれをどのように読めばよいのか、ひたすら途方に暮れるばかりだろう。「一九〇一年まで」、つまり新たな世紀が始まるまでは自分の著作は誤解され続けるだろうと予言する『喜ばしき知恵』の振舞いは、「本書が語っていることを信じてはいけない」と言わんばかりの風情であり、そこから想起されるのは、思想書というよりも、パラドクス文学、あるいは綺想文学という、古代から連綿と続くある文学的形態の姿である（この文学的伝統については、R・コーリー『パラドクシア・エピデミカ――ルネサンスにおけるパラドクッスの伝統』（高山宏訳、白水社、二〇一一年）を参照）。その原型となる論理は、いわゆる「クレタ人のパラドクス」――「すべてのクレタ人は嘘吐きであると、あるクレタ人が語った」という自己矛盾的な言説――に求めることができるが、『喜ばしき知恵』にもまた、この「クレタ人のパラドクス」に優るとも劣らない、挑戦的で悪意ある策略《トリック》がいたるところに仕掛けられている。ひとつの文章が肯定とも否定とも取れる多義性や、礼讃の裏に非難を潜ませる二枚舌、あるいは多くの地口・言葉遊び・語呂合わせが、本書に多様な色調を与え、その表現を彩り豊かなものとしている。何よりも第二版に追加された「プリンツ・フォーゲルフライの歌」は、「パロディ詩」と呼ばれているように、冒頭の「ゲーテに寄せて」は、ゲーテ『ファウスト』第二部最終段の「神秘の合唱」のパロディであり、「詩人の使命」では、エドガー・アラン・ポーの「大鴉」がその下敷きとなるなど、ニーチェが言うところによれば、「一介の詩人たる私が、いかにも不作法にすべての詩人を茶化した」ものとなっている（この点については、S・L・ギルマン『ニーチェとパロディ』〔富山太佳夫・永富久美訳、青土社、一九九七年〕を参照）。「プリンツ・フォーゲルフライ」とは、文字通りには「鳥《フォーゲル》のように自由な《フライ》」を意味し、一般的には「法的な保護から外れた者」という治外法権の領域を表すところから、ニーチェにとって「自由精神」の象徴となり、境界を自在に越境する遊戯的撹乱者《トリックスター》を体現するものとなっている。そして第二版の「序文」では、『ツァラトゥストラはこう語った』の冒頭に相当する「ここに悲劇が始まる」の一節に言及しながら、それが「ここにパロディが始まる」と言い換えられているように、本書にはパロディや謎掛けなど、遊戯の精神が横溢しているのである。

たしかに『喜ばしき知恵』の本文は、ニーチェの他の著作と同様、いわゆるアフォリズム集の形態によって、ある種の「名言集」やモラリスト風の「箴言集」を思わせはするものの、その過激で逆説的な感性はいわゆる人生訓などの対極に位置している。むしろニーチェの読者は、錯綜した論理の迷路に迷い込み、その韜晦的な語り口に振り回され、随所で思想の壁に激突することを余儀なくされるばかりか、その倒錯した現実を、頭脳だけでなく、身体感覚ともども実感することを求められるのである。そうした目眩《めくるめ》く感覚の果てに、方向感覚を失った錯乱のなかでこそ、ニーチェにとって最大の問題であった「永劫回帰」がはじめて幻視されると言ってよいだろう。

論理や思想を身体感覚とともに実感すること、思考そのものに生々しい現実感を与えることは、『喜ばしき知恵』の大きな課題ともなっている。教授職を離れる主な原因となった一八七九年の極度の体調不良は、頭痛・嘔吐などの症状を急速に悪化させ、「三歩先を見ることさえできない」ほどの衰弱を引き起こした。その年、ちょうど父が世を去ったのと同じ三六歳であったニーチェは、実際に生の底辺にある苦しみを舐め、「死に囲まれた」（一八七九年九月一一日、ペーター・ガスト宛書簡）危機感を感じることになった。その後の転地療養によって、健康は徐々に回復の道を辿ったが、その起伏の激しい健康状態と並行して書き進められた『喜ばしき知恵』には、その健康上の推移が、思想と密接に関わるものとしてたびたび言及されている。第二版の序文、および第五書末尾の「大いなる健康」（第五書、三八二）には、快癒への希望が溢れており、また第四書が「聖なる一月《ヤヌアリウス》」と題されることで、健康の回復した一八八二年初頭の喜びが語られている。第四書の「聖なる一月」、およびそこに添えられた詩句では、ラテン語の「一月」とナポリの聖人「ヤヌアリウス」（聖ジェナーロ）の二重の意味が掛けられているが、このヤヌアリウスが両性具有《アンドロギュヌス》の妖艶な聖人であったところから、そこには性的で身体的な要素も仄めかされているように思われる（身体的・性的・心理的側面からニーチェの生涯を叙述したJ・ケーラー『ニーチェ伝――ツァラトゥストラの秘密』（五郎丸仁美訳、青土社、二〇〇九年）は刺戟的である）。この「聖なる一月」から始まった一八八二年、ニーチェは彼にとっての「宿命の女《ファム・ファタル》」とも言えるルー・ザロメと出会い、大きな転機を迎えることになった。十九世紀末には、リヒトホーフェン姉妹やフランツィスカ・ツー・レーヴェントロなど、高度に知的で自由な生活を送った何人かの女性が現れたが、ルー・ザロメもその典型的な一人であった（H・F・ペータース『ルー・サロメ――愛と生涯』（土岐恒二訳、筑摩書房、一九六四年）参照）。この女性との親密な交流は、『ツァラトゥストラはこう語った』の誕生にも大きな意味をもったらしく、「プリンツ・フォーゲルフライの歌」所収の「シルス・マリーア」で、「女友《とも》よ、一が二となり／――ツァラトゥストラが傍らを通り過ぎて行った」の一節においても、そこで呼びかけられる「女友」に、ルー・ザロメの面影が重ねられているようである。この時期に知人のオーファーベックに宛てた書簡では、「あなたが『聖なる一月』を読み終えているなら、私が回帰線を踏み越えたことに気づかれたことでしょう。私の眼前にあるものすべてが面目を一新しました」（一八八二年九月九日）と書き記し、自らの内面の急激な変化を告げている。このような身体的・心情的な変貌が、『喜ばしき知恵』においては、時に躍動し、時に沈潜する思考の運動となって現れ、アフォリズムの連続の中にも、生の脈動が感じ取れるような独特のリズム感を生んでいる。

こうしてパラドクスやパロディ、そして思考の運動感覚と身体感覚、精神と生理といった主題が出会う交叉地に、まさにこの著作の書名「喜ばしき知恵」が浮かび上がる。ドイツ語書名 *Die fröhliche Wissenschaft* と、第二版で副題として添えられた *gaya scienza* という語は、十二世紀に流行した「宮廷風恋愛」を指し示す用語であり、ニーチェは、その文化に表れた自由精神と大胆不敵な愛の気風に共感を示したものと思われる。十二世紀ヨーロッパでは、十字軍を背景に騎士階級の擡頭が見られ、とりわけ南フランスのラングドッグを中心に、イスラーム文化やカタリ派などの影響のもとに、騎士道と対になった恋愛道である「宮廷風恋愛」、あるいは「愛の宮廷《クール・ダムール》」が成立している。それはキリスト教的な抑圧から離れ、性的身体を解放し、多くの場合姦通を意味する自由恋愛を様式化するものであった。中世史において、「恋愛とは十二世紀フランスの発明である」（セニョボス、コーアン）などと言われる所以である。そうした習俗を詩作品として流布させたのが、フランスでは宮廷詩人《トルバドゥール》あるいは吟遊詩人《ジョングルール》、ドイツでは恋愛詩人《ミンネジンガー》と呼ばれる人びとであり、その作法が gaya scienza、つまり「喜ばしき知恵」ないし「華やぐ知恵」と呼ばれるものであった。貴婦人崇拝と恋愛といったその主題は、『トリスタンとイゾルデ』に典型的に現れるが、ギヨーム・ド・ロリスとジャン・ド・マンの『薔薇物語』（十三世紀）や、ダンテ『神曲』（一三〇四―〇八年頃）もまた、この宮廷風恋愛の影響下に書かれている（C・S・ルーイス『愛とアレゴリー――ヨーロッパ中世文学の伝統』〔玉泉八州男訳、筑摩書房、一九七二年〕

参照)。そしてその作品群は、高度の言葉遊びやパロディなどを含み、きわめて遊戯性に富むものであったことを思えば、ニーチェがこの著作の標題に「喜ばしき知恵」、つまり宮廷風恋愛の「愛の技芸《アルス・アマトリア》」を指す言葉を用いた、その感覚を想像することができるだろう。「プリンツ・フォーゲルフライの歌」も、各地を放浪する騎士や詩人、そして法の外部にある宮廷風恋愛を暗示するものであり、「フォーゲルフライ」の語の内には、代表的な恋愛詩人《ミンネジンガー》であるヴァルター・フォン・デア・フォーゲルヴァイデの名前の響きを聴き取ることも不可能ではない。そして、その最後に収められた「北風《ミストラル》に寄せて」において、「宮廷詩人《トルバドゥール》よろしく、われらは踊ろう。／聖なる者と遊女のあいだで／神と世界のはざまにあって!」と謳われるのは、思想の遊戯と身体の躍動を高らかに告げるためであったように思われる。それは、旧弊な伝統を拒絶する「友よ、この響きではなく!」の一句と共鳴し、未来の哲学の予感を布告する鬨の声となった。

(新訳『喜ばしき知恵』河出文庫、二〇一二年、解題)

Ⅳ　力への意志・モナド論・解釈学
――遠近法主義と系譜学――

序　生の哲学とニーチェ

一八二七年に『生の哲学』という標題の下、ウィーンで講義を行った晩年のFr・シュレーゲルは、自らの構想する「生の哲学」について次のように述べている。「生の哲学は、単なるそして無制約的な理性の学でも、単なる自然哲学でもありえないし、またそうであってはならない。……生の哲学はどこまでも人間的な学であり、人間の認識なのである(1)」。観念論的な理性主義と実在論的な自然哲学との統一である「実在観念論」(Realidealismus)を目指したシュレーゲルが晩年に行き着いた「生の哲学」とは、有機体的な生命の論理を根底に据えながら、あくまでもその反省的解明を目指す「知」の理論であった。およそ一世紀を隔てて、二十世紀における「生の哲学」を概観したシェーラー(Max Scheler 一八七四―一九二八年)も、「生の哲学」とは、生の創造性や内発性を哲学の対象とする「生についての哲学」であると同時に、「生の体験の充実から生じた」生による哲学であるとして、生自身の両義性と自己解明の構造を強調している。(2) つまり「生の哲学」とは、科学的な客観化によっては汲み尽くせない生の混沌とした活動性を主張する一方で、そうした生の躍動性を知の運動の遂行性格と重ね合わせ、生と知の複合的なあり方を解明する理論でもある。

高度の反省的思考と独自の生命理解の展開を含むロマン主義の時代を承けて、十九世紀半ば以降に展開されたニーチェの多面的思考も、生の活動性と知の遂行性の総合的な理論を目指す「生の哲学」の祖型として、世界の潜在的力動性の普遍的規定である「力への意志」の思想、およびそこに含まれる地平性や解釈の理論を通して、力と知、遂行性と理解可能性の相即の解明に取り組んでいた。ニーチェにとって「力への意志」の思想は、生の有機的成長を範型とする根源的活動性の表現であるとともに、その反省的自己解明の構造を、世界の遠近法的「解釈」というかたちで自らの内に含みもつものである。「力への意志」がもつこのような「知の理論」としての性格を際立たせるために、本論ではライプニッツ(Gottfried Wilhelm Leibniz 一六四六―一七一六年)のモナド論ないし「力」(vis)の理解を補助線として用いることにしたい。不断の自己拡張を意志するニーチェにおける「力」の理解は、機械論に抗して呈示された有機的統一体としてのモナドと、単にその発想のうえで共通点をもつばかりではない。力への意志の遠近法主義とモナドの「視点」（point de vue）の理論、また世界の無限の多様性や多元的宇宙といった論点を考慮するなら、両者のあいだにはその具体的な理論的構築――とりわけ力と知との相互関係を元にしたその理論――の点でも多くの類縁性を認めることができる。その意味では、ニーチェの思想を「力への意志のモナド論」(3)として語ることもあながち不可能ではない。

そこで本論では、まずライプニッツのモナド論を参照枠としてニーチェの思想を整理することによって、力への意志にもとづく解釈の理論の特質を叙述していく。ニーチェの「解釈学」(4)の性格を明らかにしていくこの作業は、同時に知の特質としての「遠近法主義」の意味合いを追跡し、そこにおいて「遠近法」の理解が徐々に変貌していくありさまを見届けることにも通じるだろう。そして最終的には、最も反省の高まった次元での遠近法理解とニーチェ自身の系譜学の構想の関係について、ある程度の見通しを得ることをここでの目標としたい。そうした考察は最終的に、生の哲学を知の理論として洗練させた現代の哲学的解釈学とニーチェの思想との接点、および両者のあいだの微妙な緊張関係を浮彫りにすることだろう。

一　力への意志と解釈

(i) 機械論的因果性への批判

デカルト(René Descartes 一五九六―一六五〇年)に見られる機械論的着想に対抗して「原初的力」(vis primitiva)の概念を強調したライプニッツと同様に、ニーチェもまた、機械論ないし物理学に対する批判を通じて、自らの力への意志の思想を提示している。(5) ライプニッツはデカルトの「物体的実体」(substance corporelle)の理解に異議を唱え、物体を実体として認めることを拒み、さらに内発的な「原初的力」を、機械論的因果性によって記述可能な「派生的力」(vis derivativa)から区別している。(6) そのためライプニッツにおける実体は、可分的である延長とは区別され、それ自体能動的で不可分な統一的「過程」ないし根源的な「力」として理解されているのである。(7) このような「活動をなしうる存在者」(un être capable d'action)であるモナドないし「力」が機械論の枠組みを超えているのと同じく、ニーチェにおける「力」の理解もまた、機械論的因果性との鋭い緊張の内で展開されている。(8) しかしながらニーチェは、伝統的な生気論と機械論といった対立図式に立脚したうえで、機械論を力への意志の力動性に反するものとして否定しているわけではない。むしろニーチェの場合に特徴的なのは、この機械論的因果性の批判に当たって、因果性の理解の内に含まれる先入見を暴露し、その起源に遡ることによって、因果性概念そのものを系譜学的に解析しているという点である。

ニーチェによれば「原因」とは、未知の出来事を既知の事柄に解消する働きである「認識」の一環として、主観が出来事を自身にとって理解可能にするために、自らの主観的な意志経験を事象の内に投影することを通じて仮構されたものである。そのために因果性の理解の根底には、主観の自己経験が、ひいては主観性そのものへの信憑が含まれているとされる。「われわれは、われわれの意志の感情、われわれの〈自由の感情〉、われわれの責任の感情、働きのために立てたわれわれの意図を、〈原因〉という概念の内で総括してきた」(9)。つまり〈原因〉とは、「われわれ自身がわれわれの意志の〈原因〉である」(10)という主観の「内的事実」にもとづいて、「事象の背後へと」投影されたものと理解される。こうして因果性の批判は、科学主義的思考に対する批判を大きく踏み越え、その根底に潜む主観性の自己理解そのものに対する批判と結び付くことになるのである。

因果性の心理学的・系譜学的解体を通して示されるのは、主観性そのものへの疑念である。「原因」の投影の基盤となっている自己経験の直接性、つまり近代哲学の出発点となった意識の直接的な自己所与性ないし「意識の事実」がここで批判の俎上に載せられる。「近代哲学の批判。あたかも〈意識の事実〉なるものがあって――自己観察においてはいかなる現象論もないかのごとく思い込むような、誤謬に満ちた出発点」[11]。そして注目すべきことは、「意識は表象の一つの偶有性にすぎないのであり、その必然的・本質的属性ではない」という、意識の自立性を相対化する見解が、ライプニッツの「比類なき洞察」として引き合いに出されているということである[12]。ここで示唆されているのは、モナドの表象活動には段階性があり、明晰・判明な自己意識がすべての活動に具わっているわけではないとするライプニッツの理解である。「眠れるモナド」をもモナドのあり方として承認することで主観性概念を拡張したライプニッツと並行して、ニーチェの分析は、自覚的な自己意識の場面から、狭義の意識に先行する次元に遡行し、それによって「意識」概念を拡張しながら解体しようとしている。

「意識（より正しくは自己意識）の問題は、われわれがどこまでそうした意識なしに済ませることができるかということを理解し始めることによって、ようやく把捉できる。われわれはいま生理学と動物誌によってこうした把握の出発点に立っているのである（したがってこれらの学問は、ライプニッツの先駆的な疑問に追い付くのに二世紀を要したというわけだ）[13]」。ここで、「そうした意識なしに済ませる」という仕方で自己意識の無効性を主張しながら、それに先立った領域として重視されているのが、「生理学と動物誌」の対象としての身体的次元である。つまりここにおいて自己意識の問題は、意識概念の内に潜む先入見をすべて洗い出し、身体的次元に根差した意識の発生を問う「意識の現象論」へと転換する。こうして意識の問題の本来の所在は、「魂への信憑よりも根源的」と言われる「身体への信憑」(14)の内に求められることになる。しかしながらもちろん、ここでも身体はそれ自体として自立した直接的確実性をもつ実体などではない。身体が意識に取って代わるのは、その直接性ゆえにではなく、むしろ身体が意識に優るより包括的な開示性をもつという理由による。「身体とはある種の大いなる理性である」(15)と言われるように、身体は世界に対する第一次的な関係性であり、その関わりは、狭義の理性の及ばない世界の深部にまで到達する。「この大いなる理性は、自我を〈自我として〉語らないで、自我を遂行する」(16)のであり、そこにおいては、自我の客観的措定や判別的な自我意識とは区別された、遂行を通じての開示性が認められている。そしてこのような世界への脱自的関係性こそがまさに「力への意志」と呼ばれるものにほかならない。そこでニーチェの狙いは、「力への意志の因果性」によって、あらゆる作用と機能を力への意志へと還元し、「内側から見られた」世界を再構成するところに置かれることとなる(17)。それは同時に、主観ないし自我という「すべてのものをその内へ一括して閉じ込めてしまう見せかけの統一」を拒絶し、まさに「膨大な多様性[18]」である身体を通じて、錯綜体としての力への意志をその遂行において捉えることにほかならない。

(ii) 力の量の読解としての解釈

力への意志は、自らの内に差異を産み出し、同一の状態にとどまることをすら力の憔悴とみなすような、徹底した自己遂行である。しかしながら、力への意志が絶えざる自己拡張を本質とするとはいっても、その拡張とは連続的過程における量的変化のみを意味しているわけではない。たしかに「現実の生において問題なのは、強い意志と弱い意志ということだけである[19]」と言われ、力への意志は正確には「力の量[20]」(Machtquanta) として規定されるが、この場合の強弱の差異あるいは「量」は、何らかの同一の算定基準によって規定可能な加算的系列ではない。「端的な量の差異性を、量とは根本的に異なった何ものかとして、つまり相互に還元し合うことのできない質として感受することを妨げるものは何もない[21]」。つまり力における「量の差異性」は、数的査定の対象ではなく、それ自体が非均質的な「質」であり、「価値」として評価されるべき対象と理解されているのである。力は力である以上、その昂揚は強弱という量的な事態ではあるが、そうした量の差異によって生じた力の変化は、けっして相互に共約可能なものでもないし、数量的に算定可能なものでもない。力への意志における差異性は、何らかの基本単位によって構成されたり、外的な基準によって測られたりするものではなく、他の何ものかに解消することのできない根源的な事実性なのである。

そのためここでニーチェが重点を置いているのは、例えば外延量と内包量といった対象規定的な量概念の内部での区別[22]にとどまらず、むしろ「量的差異性の量的相等性への還元不可能性[23]」であるとも言えるだろう。力への意志におけるこのような量の差異性についての議論は、同時に力への意志による世界解釈の理論と密接に関わっている。「より大きな力には、より小さな力とは異なった意識・欲望が、異なった遠近法的見地が対応している[24]」。力への意志は、自らの「力の中心」からその力の量の遂行に応じて自らの世界を開示する。「人間だけでなく、どのような力の中心も、自分自身から残りの全世界を構成する[25]」。その際、力の量が異なれば、力の立脚する遠近法そのものが変化し、そこからおのずと、それによって構成される世界そのものが別様のものとなる。つまり「あらゆる量は質の表示[26]」なのであり、力への意志における量の差異は、ある特定の遠近法にもとづく世界解釈の質の差異の内に反映するのである。「力への意志は解釈する。……すなわちこの意志は、強度を、力動の諸差異を限定し規定する。単なる力動の差異性だけでは、それはいまだ自らを差異性として感じ取ることはできないだろう」[27]。事実としての力の差異性はそれ自体としては理解内容として把握されることはないのであり、世界解釈という仕方で自らの遂行を具体化することによってはじめてそれとして把握可能となる。

つまり世界解釈においてこそ、事実的な「量」が理解内容である「質」として表示され、事実性と意味とが相互関係の内に置かれるのである。力はただ遂行の内でのみ実現されている未規定の事実としての量を、解釈行為を通してそれとして規定し、「質」ないし意味内容として把握したうえで、そのような自己把握にもとづいて再び世界解釈を構築するのである。そのため力の不断の昂揚ないし自己拡張という主張は、事実的な力の増大のみを言うものではなく、世界開示の遂行の只中での解釈の循環的進展を表しているのである。このようにニーチェにおける「力の量」の議論、およびそれにもとづいた解釈の理論は、「事実性と解釈性との相関性」[28]を示すとともに、遂行的な自己了解と世界解釈との解釈学的循環の原型を呈示しているものと言えるだろう。

二　多元的世界と地平性の洞察

(i) 世界解釈と遠近法《パースペクティヴ》

力への意志とは、自ら世界解釈を遂行することによって、自身の内に働く力の差異性を表現しながら自己を拡張する多様な過程である。力への意志はそのつどの遠近法にもとづいて世界地平を開示し、そこで獲得される意味によって自らの力としてのあり方を確認する。こうして、元来が「光学」(ὀπτική τέχνη)の訳語として用いられた「遠近法」(perspectiva)の語は(29)、ニーチェにおいては、ライプニッツが依拠していた視覚の隠喩系から逸脱し、意味としての世界経験の位相全体に関わるものとなる。その際、「意味は必然的に関係的意味であり、遠近法的である」(30)と言われるように、この遠近法は、世界解釈における力への意志の事実性と不可分の関係を表現している。そのため各々の世界解釈は、力への意志の事実性の表現であると同時に、その増大ないし衰退の徴候でもある。したがって、いかなる世界解釈がなされているかということを手掛かりとして、そこから逆に力への意志のあり方そのものを遡及的に読み解くこともできる。言い換えるなら、世界理解の「質」から遡って、その質の内に反映している力への意志の事実的な「量」を査定することができるのである。そしてそのような解釈学的手続きが、力の徴候学ないし病跡学としての「系譜学」と呼ばれるものである。

このような系譜学的な理解にもとづいて考えるなら、機械論的因果性に対する批判においても、問題となるのは、それが理論として誤っている点を証明することではなく、そこにいかなる力への意志が働いているかを見届けるということになるだろう。つまり、すでに見た機械論的因果性と「力への意志の因果性」との対立は、同一の事柄についての二つの見解の齟齬と言うより、根本的に異なる二つの世界解釈の相違として理解されなければならないのである。原因の概念は主観性の自己理解にもとづいて「投影」ないし「挿入」されたと言われていたように、客観性を装っている機械論的世界理解の背後にも、それを投企する力への意志が働いている。そのため因果連関による説明は、機械論的因果性に依拠して事象を説明するものでありながら、当の機械論的因果性そのものは、それ自身とは別種の因果性（力への意志の因果性）によって構成されたものだということになる。つまり機械論的因果性は、ひとつの世界解釈でありながら、その遂行の中で当の遂行を支えている原理とは異なった主張を行う「遂行論的矛盾」を犯しているのである。「彼らは、遠近法を定立するこの力を〈真の存在〉の内に加算することを忘れてきた[31]」。そのためにこそ、「因果性による解釈はある種の欺瞞である[32]」とも言われるのである。

ニーチェはこのような因果性の理解の内に、何らかの確実な原因を求める欲求を見て取り、それをある種の力への意志、つまり「真理への意志」の現れとして解釈する。「真理への意志とは、固定化すること……、存在するものへと解釈し換えることである。……真理を置き入れることとは、……〈力への意志〉の代名詞である」[33]。そしてニーチェはこのような真理への意志を、現実の流動性を反映し切れない力への意志の衰弱の徴候とみなす。「〈固定した事実への願望〉――認識論。そこにはいかに多くのペシミズムがあることか」[34]。つまり機械論的世界解釈の内には、「原因」を仮構する力への意志が現れており、さらに「真理」を求めるその意志からは、既存のものに固執するそのあり方ゆえに、力の衰退を読み取ることができるのである。こうして世界解釈の「質」から翻って、衰弱という力の「量」が査定されることになる。

(ii) 解釈の論理と多元性

このような系譜学的解体を通じて、そこにさまざまな力関係が発見されることになるとはいっても、そこで見出される諸々の力は何らかの一貫した原理の下に整序されるわけではない。それぞれの力への意志は、それ固有の世界解釈をともなうのであり、ある力が別の力の下に整合的に包括されるということはない。機械論的因果性といえども、かならずしも全面的に力への意志の因果性の内に解消されるわけではないのである。各々の力への意志が行う解釈は相互に還元不可能であり、それが開くそれぞれの世界は徹底して共約不能である。そのため、力への意志は基本的に複数として理解され、世界は多元的な力の働く場として捉えられなければならない(35)。このような多元性の思想の内には、ライプニッツのモナド的世界——それぞれが完結した全体として相互の交流をもたないモナド——の思想と共通する理解が見られる。しかしながらニーチェにおける力への意志は、ライプニッツにおける諸々のモナドとは異なり、それが表出する世界の明晰性の度に従って階層化されることがなく、一切の位階秩序《ヒエラルキー》を受け容れることがない(36)。それぞれの世界解釈は、各々が全体としての世界を構成するのであり、それら複数の世界開示は、それぞれが全体であることを主張する。「世界を解釈するものは、われわれの欲求であり、われわれの衝動とそれへの肯定と否定である。いずれの衝動も一種の支配力であり、いずれもがその遠近法をもっており、その他すべての衝動に対して、自らの遠近法を規範として強制しようとする(37)」。したがってニーチェにとって世界とは、「生成するもの相互の闘争(38)」なのであり、一なる原理によって説明されるような予定調和的な関係を許さないものなのである。「宇宙の全体的性格は、永遠にわたって混沌《カオス》である(39)」。

こうして力への意志の量の差異は、解釈による世界開示という解釈学的な洞察を経ることによって、多元的な世界相互の質的差異として読み替えられることになる。しかしニーチェ的な遠近法的地平の思想に忠実である限り、こうした多元性の理解そのものも、けっして客観的な第三者の視点から語られるものではないことは銘記しておかなくてはならない。世界解釈の複数性の主張は、すべての解釈を見渡し数え上げることのできる中立的視点からなされることはできないのであり、遠近法的性格の洞察そのものもまた、ある特定の地平内部からなされるほかはない。もとより、自らの地平性そのもののあり方に関わるこうした洞察は、特定の地平内部の事象についての認識とは性格を異にする。特定の地平の内部で行われる認識は、当の地平を前提することによって、あくまでもその視点に拘束されたものであり（「われわれ蜘蛛は、われわれの網の中に存在する」[40]）、その地平性そのものの成り立ちを見定めうるものではないからである。地平の遠近法的性格そのものに対する洞察である「遠近法的真理」が「絶対に認識されえない」[41]ものと言われているのはそのためである。つまりここでは、当の地平を確証し強化するような地平内部的な認識と、地平の遠近法的性格そのものを見抜く洞察との徹底的な異質性、つまり世界内的認識と地平性そのものについての洞察との非連続性が語られている。しかも、地平の地平性を把握する高次の反省的認識もまた、認識としての制約に従う限り、世界解釈の活動の只中において、その遂行を通して開かれるものと考えなければならない。

「〔力の〕諸々の度合いや力の関係の確定としての、すなわち闘争としてのすべての生起、すべての運動、すべての生成……」[42]。世界解釈の複数性を語る観点を正確に捉えるためには、この「闘争としての」というわずかな一節に現れる視線の転回を見落としてはならないだろう。ここで暗示されているのは、ある特定の遠近法によって開かれた地平の内部にとどまりながら、同時に自らの世界解釈を他の解釈との緊張へと開いていくための態度変更であり、内部と外部との反転的光景である。諸々の地平の「闘争」を語るには、自らの地平的性格を放棄することなく、しかもそれと同時に自らの地平の外部に立って複数の地平を想定しなければならない。その意味でここにおいては、内部からの視線と外部からの視線が交錯することになるが、「闘争として」捉えるという試みは、その二つの視線の動揺そのものを遠近法的地平内部の遂行として経験しようとするものだと言えるだろう。つまりこの「闘争として」というのは、遠近法的地平に固有の性格を保持しながら、それと同時に特定の遠近法による世界解釈をそれ自身の視点の内で中立化し、それによって自らの遠近法をありうる遠近法のひとつとして捉え直す「実験」なのである。そのため、遠近法的地平の論理を貫きながら同時に地平の複数性やその相互の闘争を語るということは、それを記述している視点に対する自己言及的な関係を含みながら、同時にその視点の動揺をもたらし、最終的には地平ないし遠近法そのものの相対化にまで至り着く可能性をはらんでいるのである。それは同時に、ライプニッツが認識の比喩として用いた意味での遠近法からニーチェが離れる決定的な地点でもある。

三　遠近法と歪曲遠近法《アナモルフォーズ》

(i) 遠近法の多重性

ニーチェの遠近法的地平の論理は、遠近法がそれ自身の相対性を洞察し、自分自身をいわば宙吊りにする事態をそれ自身の内に生起させる。このような議論は、遠近法を空間の幾何学的合理化とみなす限り奇異なものと映るかもしれない。しかし近世初頭における「遠近法」の用例を思い返すなら、この議論の流れはむしろ当然の成り行きであるとも言える。それというのも、「遠近法《パースペクティヴ》」の語が使われた初期の用例では、それはいわゆる幾何学的な線形遠近法とともに、「騙し画《トロンプ・ルイユ》」(trompe-l'œil) ないしは「歪曲遠近法《アナモルフォーズ》」(anamorphose) をも意味していたからである (図4)。例えば、シェイクスピア (William Shakespeare 一五六四―一六一六年) の『リチャード二世』(Richard II 一五六三年) の一句、「悲しみの眼には……一つのものが多くに分か

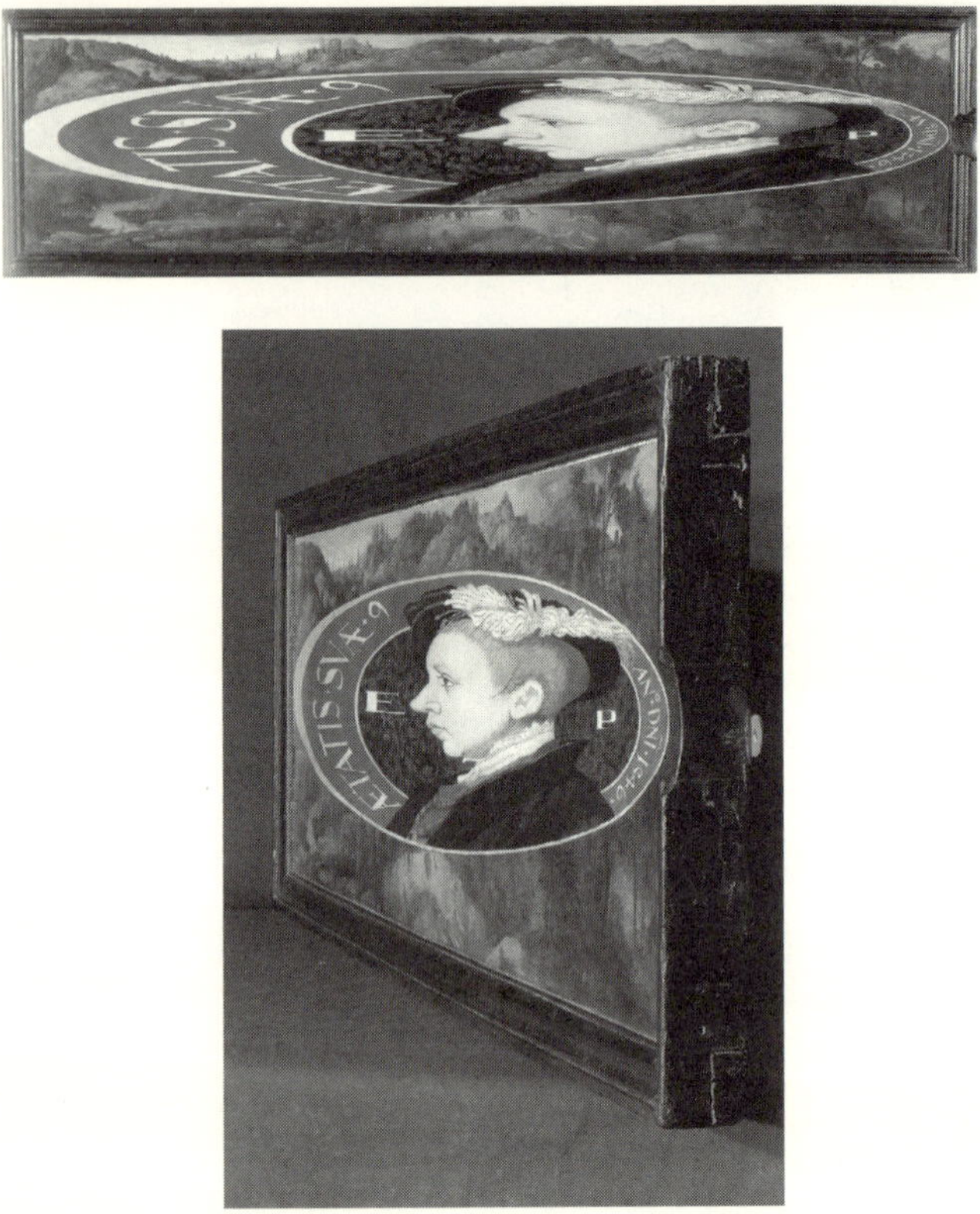

図 4　歪曲遠近法によるエドワード 6 世の肖像画（1546 年）
（上）正面から　　（下）斜めから

図5　ホルバイン「大使たち」(1533年)

れて見えるものですが、それはさながら、正面からは混乱ばかりしか見えないのに、斜かいに見ると物の形が現れる〈パースペクティヴ〉のよう」といった表現はその典型である(43)。

　このような用法を踏まえたうえで、ニーチェの遠近法を具象化するための寓意を導入するとするならば、遠近法空間の中に視点そのものを閉

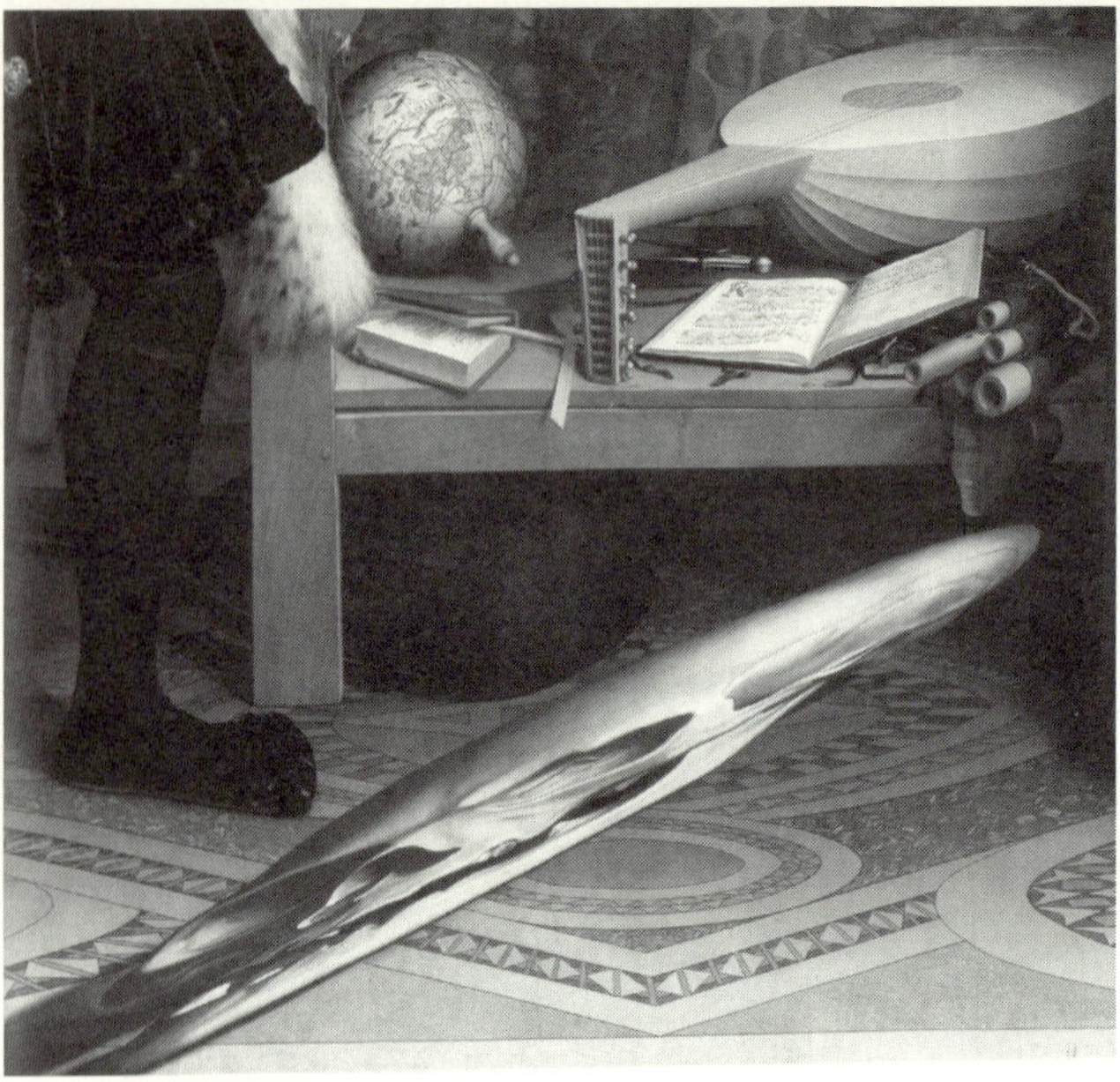

図6　ホルバイン「大使たち」（部分）

鎖的に描き込んでしまうベラスケスの「侍女たち」（Las Meninas 一六五六年）――フーコーの『言葉と物』の寓意画《エンブレム》となった表象空間――ではなく、堂々たる肖像画の足元に正体不明の奇怪な図柄を滲ませたホルバイン（子）（Hans Holbein der Jüngere 一四九七／九八―一五四三年）の騙し画《アナモルフォーズ》「大使たち」（Die Gesandten 一五三三年）（図5）を引き合いに出すほうがよいだろう。(44) この「大使たち」を正面から見る限り、鑑賞者はその足元の絨緞に伸び広がる不気味な形象に悩まされる（図6）。そして、大使たちに正対する視点を離れ、画の前を立ち去る間際に斜《はす》かいにこれを振り返ったとき、鑑賞者ははじめてその足元の謎の図像が「髑髏」であったことに気づき（図7）、そこに隠された「死を忘る勿れ《メメント・モリ》」、あるいは「世界の虚妄《ヴァニタス・ムンディ》」の警句に思いいたるのである。

しかもその隠れた図像を見出した視点からするなら、威風あたりを払っていた大使たちのほ

図7　補正をかけた髑髏像

うが、いまや「見る影もないもの」へと転じている。つまりこの「大使たち」という一枚の画像《タブロー》においては、「歪曲遠近法《アナモルフォーズ》」の意味での遠近法《パースペクティヴ》は、視点の移動という身体運動を画像の内で予想しながら、秩序だった幾何学的空間の意味での遠近法を相対化し、相互に和解不可能な異空間を暴力的に乱入させているのである。それと同時にこの画像は、遠近法による表象空間そのものの危うさを図像化し、二つの遠近法のはざまから遠近法的空間の「死」が立ち現れるさまを示している。「画像全体の遠近法と異なり、死そのものは独自の遠近法をもっている。……髑髏を見るには、画像を〈永遠の視点から〉、つまり死すべき者の遠近法ではないところから眺めなければならない[45]」。そのためこの二義的な遠近法においては、どれが正常な視点で、どれが本来の現実であるのかという根本的な疑念が視覚空間を混乱させる。視線が浮遊すると同時に、現実と仮象の敷居が揺らぎ始め、安定した一義的な現実の内に虚構へと繋がる転位相が瞬時にして開けるのである。それと同様に、ニーチェにおいても、複数の解釈に向けて自らを相対化する世界の遠近法的解釈は、それ自身が展開する解釈そのものを宙吊りにして、遠近法を遠近法として際立たせる反省の動きを含み込んでいると言えるだろう。

(ii) 世界を異貌の相の下に

力への意志にもとづく解釈の理論は、解釈における事実性と意味の相互性を示し、地平開示を媒介にして世界理解と自己理解の循環を見届けるなど、そこには現代の哲学的解釈学と共通するさまざまな知見を見て取ることができる。しかしながら、ガダマー（Hans-Georg Gadamer 一九〇〇―二〇〇二年）に代表される現代の解釈学が地平の理論の精緻化に向かい、それ自体としては生産的ではあっても、地平の論理そのものに対する厳密な反省を徹底化しえていない部分を残している点を考えるなら、ニーチェの思想は――完成された「理論」としてではないにしても――そうした次元を踏み越える可能性を秘めているようにも思える。何よりもニーチェの場合、闘争という異他性の経験を通じて、いわば地平そのものがその成立に向けて自らを発生論的に洞察する場面が目撃されていることが重要であろう。しかもそこでは、自己了解が他者了解を媒介として自らの地平を拡大していくというガダマー的な解釈学とは異なった事態が示唆されているようにも思われる。地平の複数性ないし闘争の経験は、特定の遠近法がそれとは異他的な世界解釈に対して開かれる可能性を示すものであるとはいえ、それはやはり、個々の具体的な世界解釈同士の対話的関係や融和的な「地平融合」に尽きるものではない。遠近法的地平が解釈としての自らのあり方を洞察する経験は、個々の解釈が相互を鏡像的に映し出す対話の場面をすでに超え出ているように思われる。ニーチェの言う闘争とは、解釈同士が互いに関係し合うための条件を目指して、より包括的な対話の地平を形成するといった方向で収束するものではない。それどころかニーチェの呈示する系譜学とは、統一的で連続的な理解が成り立っていると思い込まれているところに、別種の力への意志の働きを読み取り、それを積極的に異他的なものとして経験しようとする試みなのである。(46)

すでに機械論的因果性の分析に即して見てきたように、ニーチェの系譜学は、ある領域をその起源にまで遡ることによって、その領域自身の自己理解からは予想もしえない力への意志を読み取る作業であった。「われわれに対しては、われわれはけっして〈認識者〉ではない」(47)のであり、力への意志を遂行する当の者が、その力そのものを査定するには、それ独自の反省の手続きを必要とする。破綻のない外見をもったものの内に亀裂を発見し、理解可能であったところを理解不可能性の限界にまで追い詰め、自らを異他的なさまざまな力が相克する闘争の場へと転じることこそが、そこで実践される技法である。このような系譜学の技法は、起源を探求する歴史的遡行の方法には違いないが、系譜学は歴史を自己理解の補強と拡大の場として捉えるようなことはなく、むしろ歴史という名の連続性を自ら放棄し、それを寸断と断絶の場として捉え直そうとするものである。(48)その限り、ニーチェがディオニュソスを自らの思想の体現者として晩年にいたるまで保持していたことはきわめて示唆的である。なぜなら生の原初的混沌を具現するディオニュソスは、八つ裂きにされ生贄にされたザグレウスとして、異他的なさまざまな力に貫かれ、それらのせめぎ合い抗争し合う多数の力によって引き裂かれる宿命をもった神だからである。「寸断されたディオニュソスは生の約束である。それは永遠に再生し、破壊から立ち還ってくるのである」(49)。千々に引き裂かれながらも再生するディオニュソスと同じく、ニーチェの系譜学もまた、理解の徹底的な不可能性とそこからの回復というきわめて振幅の大きな運動に貫かれたものである。このような性格をもつ系譜学を実践するに当たって、ニーチェは「読解の技術」を要求する文献学者として語っている。しかしここで言われる「読解」とは、唯一の正しい読みを探求するものではなく、「ますます多くの眼によって、さまざまな眼で一つの事象を見ること」(50)、つまりあるテクストを多様な解釈がひしめき入り組む迷宮として捉えることにほかならない。そしてニーチェにとっては、こうした解釈の迷宮を経験させるものがまさに「文献学」という名のアリアドネであった。「迷宮を経巡る者が捜し求めるのは、真理ではなく、アリアドネなのである」(51)。そうだとするならニーチェの系譜学の目指すところは、力の闘争の場としてのディオニュソスと、解釈の迷宮の導き手であるアリアドネとの婚姻にあったと言えるかもしれない(52)。

こうして古典文献学者として出発したニーチェは、解釈の現象を徹底して追求することによって、およそ古典的でないバロック的な読解技法を、つまり「ますます多くの眼によって」、いわば歪曲遠近法《アナモルフォーズ》によって見ることで、世界を——ホルバインの髑髏のように——異貌の相の下に浮かび上がらせる解釈術を自ら体現するにいたったのである。

（1） Fr. Schlegel, *Philosophie des Lebens*, hg. E. Behler, Kritische Friedrich-Schlegel-Ausgabe, Bd. X, München/Paderborn/Wien 1969, S. 167.

（2） M. Scheler, Versuche einer Philosophie des Lebens. Nietzsche-Dilthey-Bergson, in: id., *Vom Umsturz der Werte*, 4. Aufl., Bern 1955 (1. Aufl. 1915), S. 313.（シェーラー「ニーチェ、ディルタイ、ベルクソン」『価値の転換（上）』林田新二・新畑耕作訳、『シェーラー著作集』第四巻、白水社、一九七七年）

（3） E. Heintel, Philosophie und organischer Prozeß. Zum Begriff menschlicher Existenz bei Nietzsche, in: id., *Gesammelte Abhandlungen*, Bd. 2: *Zur Fundamentalphilosophie* II, S. 299, 326f. (*Nietzsche-Studien* 3 [1974], S.61-104). ニーチェとライプニッツとの思想の共通性を積極的に強調した早い時期の論考はヒルデブラントの以下のものである。K. Hildebrandt, Über Deutung und Einordnung von Nietzsches 'System' in: *Kant-Studien* 41 (1936). S. 221-293, bes. S. 291. こうした論点を強調する論者としては、カウルバッハを挙げることができる。Fr. Kaulbach, Nietzsche und der monadologische Gedanke, *Nietzsche-Studien* 8 (1979), S. 127-156; id., *Nietzsches Idee einer Experimentalphilosophie*, Köln/Wien 1980, S. 50-52. さらに広い意味では、ドゥルーズのニーチェ論（G. Deleuze, *Nietzsche et la philosophie*, Paris 1962〔ドゥルーズ『ニーチェと哲学』江川隆男訳、河出文庫、二〇〇八年〕）およびライプニッツ論（id., *Le pli: Leibniz et le baroque*, Paris1983

〔ドゥルーズ『襞――ライプニッツとバロック』宇野邦一訳、河出書房新社、一九九八年〕も、この文脈で考えることができるだろう。以下の論考も参照。本郷朝香「ニーチェから見たライプニッツ――弁神論を欠いたモナドロジーの行く末」、酒井潔・佐々木能章・長綱啓典編『ライプニッツ読本』法政大学出版局、二〇一二年、二七三―二八三頁。

（4）ニーチェと哲学的解釈学との積極的な関係については以下のものを参照。J. Figl, Nietzsche und die philosophische Hermeneutik des 20. Jahrhunderts. Mit besonderer Berücksichtigung Diltheys, Heideggers und Gadamers, *Nietzsche-Studien* 10/11 (1981/1982), S. 408-441; id., *Interpretation als philosophisches Prinzip*, Berlin/New York 1982.

（5）ライプニッツとニーチェの「力」の理解の共通点については以下のものを参照。G.. Abel, *Nietzsche. Die Dynamik der Willen zur Macht und die ewige Wiederkehr,* Berlin/New York 1984; 2. Aufl. 1998, S. 15-28.

（6）il n'y auroit point de substance corporelle: G. W. Leibniz, Systeme nouveau pour expliquer la nature des substances et leur communication entre elles, aussi bien que l'union de l'ame avec le corps, in: *Die philosophischen Schriften von Gottfried Wilhelm Leibniz*, ed. C. I. Gerhardt, Berlin 1875-1880, IV, p.474. この論点については、酒井潔『世界と自我』創文社、一九八七年、一一四頁以下参照。

（7）G. W. Leibniz, *Monadologie*, 1, ed. C. I. Gerhardt, VI, p. 598.

（8）Fr. Nietzsche, *Jenseits von Gut und Böse* 21, Kritische Studienausgabe (=KSA), Bd. 5, S. 35f.; *ibid*., 36, S. 54f.

（9）Id., *Nachgelassene Fragmente 1887-1889*, Frühjahr 1888, 14 [98], KSA 13, S. 275.

（10）Id., *Götzen-Dämmerung*, Die vier grossen Irrthümer 3, KSA 6, S. 90.

（11）Id., *Nachgelassene Fragmente 1885-1887*, Herbst 1885-Herbst 1886, 2 [204], KSA 12, S. 167.

（12）Id., *Die fröhliche Wissenschaft* 357, KSA 3, S. 598.

（13）*Ibid*., 354, KSA 3, S. 590.

(14) Id., *Nachgelassene Fragmente 1885-1887*, Herbst 1885-Herbst 1886, 2 [102], KSA 12, S. 112.
(15) Id., *Also sprach Zarathustra*, Von den Verächtern des Leibes, KSA 4, S. 39.
(16) *Ibid.*
(17) Id., *Jenseits von Gut und Böse* 36, KSA 5, S. 55.
(18) Id., *Nachgelassene Fragmente 1885-1887*, Herbst 1885-Herbst 1886, 2 [91], KSA 12, S. 106.
(19) Id., *Jenseits von Gut und Böse* 21, KSA 5, S. 36.
(20) Id., *Nachgelassene Fragmente 1887-1889*, Frühjahr 1888,14 [79], KSA 13, S. 257.
(21) Id., *Nachgelassene Fragmente 1885-1887*, Sommer1886-Frühjahr 1887, 6 [14], KSA 12, S. 238.
(22) Cf. I. Kant, *Kritik der reinen Vernunft*, B207-218.
(23) G. Deleuze, *Nietzsche et la philosophie*, p.49.
(24) Fr. Nietzsche, *Nachgelassene Fragmente 1885-1887*, Herbst 1885-Herbst 1886, 2 [157], KSA 12, S. 142.
(25) Id., *Nachgelassene Fragmente 1887-1889*, Frühjahr 1888, 14 [186], KSA 13, S. 373.
(26) Id., *Nachgelassene Fragmente 1885-1887*, Herbst 1885-Herbst 1886, 2 [157], KSA 12, S. 142.
(27) *Ibid.*, 2 [148], KSA 12, S. 139.
(28) G. Abel, Interpretationsgedanke und Wiederkunftlehre, in: M. Djurić, J. Simon (Hgg.), *Zur Aktualität Nietzsches*, Bd. 2, Wüzburg 1984, S.96; id., *Nietzsche. Die Dynamik der Willen zur Macht und die ewige Wiederkehr*, S.173.
(29) 語源上の概観として以下を参照。H・ゴチェフスキー「ペルスペクティーヴァの誕生」、同編『知の遠近法』講談社、二〇〇七年、一三一三二頁。
(30) Id., *Nachgelassene Fragmente 1885-1887*, Herbst 1885-Herbst 1886, 2 [77], KSA 12, S. 97.
(31) Id., *Nachgelassene Fragmente 1887-1889*, Frühjahr 1888, 14 [186], KSA 13, S. 373.
(32) *Ibid.*, Frühjahr 1888, 14 [98], KSA 13, S. 275.

（33） Id., *Nachgelassene Fragmente 1885-1887*, Herbst 1887, 9 [91], KSA 12, S. 384f.

（34） *Ibid.*, Anfang 1886-Frühjahr 1886, 3 [5], KSA 12, S. 172.

（35） W. Müller-Lauter, Nietzsches Lehre vom Willen zur Macht, in: J. Salaquarda (Hg.), *Nietzsche*, Darmstadt 1980, 2. Aufl. 1996, S. 248.

（36） S. Müller, Perspektivität der Erkenntnis und Perspektiviät des Willens. Zur Pluralität des Wirklichen bei Leibniz und Nietzsche, in: W. Gebhard (Hg.), *Friedrich Nietzsche. Perspektivität und Tiefe*, Frankfurt a. M./Bern 1980, S. 13-68.

（37） Fr. Nietzsche, *Nachgelassene Fragmente 1885-1887*, Ende 1886-Frühjahh 1887, 7 [59], KSA 12, S. 315.

（38） *Ibid.*

（39） Id., *Die fröhliche Wissenschaft* 109, KSA 3, S. 468.

（40） Id., *Morgenröte* 117, KSA 3, S. 110.

（41） Id., *Nachgelassene Fragmente 1885-1887*, Herbst 1885-Herbst 1886, 6 [14], KSA 12, S. 238.

（42） *Ibid.*, Ende 1886-Ende 1887, 7 [7], KSA 12, S. 285.

（43） For sorrowes eye…Diuides one thins intire, to many obiects. Like perspectiues, which rightly gaz'd vpon Shew nothing but confusion, ey'd awry, Distinguish forme (II, ii, 18). さらにスティリングフリート（Edward Stillingfleet 1635-99）の『聖なる起源』（Origines sacrae, 1662）における、To direct them in those excellent pieces of Perspective, wherein by the help of a Prophetick glass they might see the Son of God fully represented（II, v, 8）（「預言者の鏡の援けを借りることで、神の御子のまったき姿が現れるようなかの巧みな〈パースペクティヴ〉に照らして彼らを匡す」）という表現はさらに印象的である。Cf. *The Oxford English Dictionary*, Oxford 1933, vol. 8, pp.729s. シェイクスピアの歪曲遠近法に関する優れた論考として以下を参照。蒲池美鶴『シェイクスピアのアナモルフォーズ』研究社出版、一九九九年。

（44） これは、ベラスケスの「侍女たち」を引きながら、「ニーチェ自身、こうして二重三重にわれわれを閉じこめようとする〈遠近法〉……から自由になることに全く眼を閉ざしていた」とする、神崎繁『プラトンと反遠近法』（新書館、一九九九年、三三―三四頁）に対してニーチェの側から応答するための提案である。

（45） J. Elkins, *The Poetics of Perspective*, Ithaca/London, 1994, p. 167. この「大使たち」を効果的に用いて、歪曲遠近法がもたらす異化作用を示しているものとして、J. Baitrušaitis, *Anamorphoses, ou thaumaturgus opticus*, Paris 1955（バルトルシャイティス『アナモルフォーズ』高山宏訳、国文社、一九九二年）、およびそれを下敷きにした S. Greenblatt, *Renaissance Self-Fashoning. From More to Shakespeare*, Chicago 1980（グリーンブラット『ルネサンスの自己成型』高田茂樹訳、みすず書房、一九九二年）第一章「要人たちの宴席」を参照。バルトルシャイティスの論点を踏まえ、さらに展開を試みた以下の論考をも参照。池上英洋「アナモルフォーズ・ヴァニタス“cogito”」『美学』一九八号（一九九九年）、二五―三六頁。歪曲遠近法一般については、F. Leeman, *Hidden Images. Games of Perception. Anamorphic Art, Illusion*, New York 1976 において豊富な図版を見ることができる。Cf. Ph. Comar, *La perspective en jeu. Le dessous de l'mage*, Paris 1992.

（46） ニーチェの遠近法主義の内に、異他性の承認にもとづく実践的契機を見て取るものとして以下を参照。V. Gerhardt, Die Perspcktive des Perspektivismus, *Nietzsche-Studien* 18 (1989), S. 260-280.

（47） Fr. Nietzsche, *Zur Genealogie der Moral*, Vorrede, KSA 5, S. 248.

（48） 「系譜学は、あらゆる単一的な目的論の外部にある出来事の特異性を記録しなければならないのだし、通常は歴史が存在しないと思い込まれがちな最も意外な場所――感情、愛、意識、本能――の内にそれらの出来事を捜し求めなければならない」。M. Foucault, Nietzsche, la généalogie, l'histoire, in: id., *Dit et écrits 1954-1988*, t. 1 (1954-1975), Paris 2001, p. 1004.（フーコー「ニーチェ、系譜学、歴史」伊藤晃訳『ミシェル・フーコー思考集成 Ⅳ』筑摩書房、一九九九年、一一頁）

（49） Id., *Nachgelassene Fragmente 1887-1889*, Frühjahr 188, 14 [89], KSA 13, S. 267.

（50）　Id., *Zur Genealogie der Moral* III, 12, KSA 5, S. 365.

（51）　Id., *Nachgelassene Fragmente 1882-1884*, November 1882-Februar 1883, 4 [55], KSA 10, S. 125.

（52）　ここでは文献学と遠近法主義を相互補元的なものとして理解する。したがって、この両者のあいだに対立を想定するグラニエの解釈は採らない（Cf. J. Granier, *Le problème de la vérildans la philosophie de Nietzsche*, Paris 1966）。なおアリアドネについては以下を参照。A. D. Schrift, *Nietzsche and the Question of Interpretation. Between Hermeneutics and Deconstruction*, New York/London 1990, pp.197s. 須藤訓任『ニーチェ――〈永劫回帰〉という迷宮』講談社、一九九九年、第二章。

Ⅴ　仮象としての世界
——ニーチェにおける現象と表現——

序　表現と像の論理

ニーチェ歿後五〇年を記念したラジオ講演[1]の中で、G・ベン（Gottfried Benn 一八八六—一九五六年）がニーチェの思想の内に「表出＝表現の世界」（Expressions-und Ausdruckswelt）の誕生を言祝《ことほ》ぎ、「内容から表現への道」を主張してから、すでに半世紀以上が経過している。現象学の展開や哲学的解釈学の確立、さらにはポスト・モダンの議論を経験したこの半世紀ののちの現代にあって、この講演の中で強調された「表現」の思想家ニーチェという姿は——ベン自身のニーチェ理解の問題や彼の掲げる「表現主義」の芸術綱領には立ち入らないとしても——純粋に哲学上の問題としてあらためて取り上げるだけの内実をもっているように思える。ベンが語る「表現のために内容を抹殺すること」とは、今日の言葉遣いを用いるなら、形而上学的な実体や超越的シニフィエの理解を打破し、投錨点を持たない力の波濤に身を投じていく生の強度を表しているものであるし、またニーチェ的な「表出＝表現の世界」をヴィラモーヴィッツ＝メレンドルフに代表される「歴史＝学問の世界」と対立させたベンの論述は、生の表出と実証的学問性の緊張を軸に展開された二十世紀以降の哲学的解釈学の議論を髣髴させる。そして何よりも、「ニーチェを夢を通して捉える」ことを目論み、「その夢を追慕する」ことで幕を閉じるベンのこの一種奇妙な講演が、夢と呼ばれる「仮象」の問題圏の内部を巡っていたことを思うなら、ここにわれわれは、表出＝表現という主題と仮象としての夢とを結ぶ、ごくおおまかな見取り図を手に入れたことになる。

「内容から表現への道」という言い回しをより慎重に理解し、そこに内容と表現遂行との緊張や両者の相互関係までをも読み込むならば、この言い回しは、力の流動性と形態化の運動をその最大限の可能性において捉えようとしたニーチェの思想の営みを端的に要約しているものとなるだろう。それというのもニーチェにおいては、合理的把握を逃れる生の内発的な力動性と、芸術・学問をも含めて、その力が具現した個々の文化現象とを、不可分でありながら互いに拮抗するものとして捉えようというモチーフが一貫しているからである。初期のディオニュソスとアポロンという神話的形象も、迸る生の活動とその造形化のあいだの葛藤をギリシア悲劇の内に見て取るための装置であったし、のちの「力への意志」の思想はそうした遂行と意味のあいだの力動性をさらに徹底していったものと考えられる。しかも「力への意志」は最終的に、一切の事象の基底に働く生の自己形成の運動とみなされるため、あらゆる文化的事象は力への意志の発現形態として理解され、そこから逆に、そうした文化的事象の側から遡って、その遂行主体である力のあり方を読み解く「系譜学」という構想が成立することになる。つまりここには、具体的な文化現象という「表現されたもの」に定位しながら、それ自体は顕現しない表現の遂行そのもののあり方を解明する、ある種の「解釈」の問題が関わってくるのである。しかもニーチェにおいては、力の根源的遂行とその形態化は、相互依存的でありつつも相互否定的なものであり、両者の関係そのものが否定を媒介としたものとして捉えられているために、具体的形象の成立次元に遡るそのような解釈は、同時にその形象を力の遂行に向けて解体する批判的解釈とならざるをえない。

「表現」における遂行と形象、表現と解釈、解体としての批判的解釈といったこれら一連の主題群は、ニーチェにおける「仮象」の問題系として総括し、その仮象理解の展開を手がかりに整理することが可能だろう。すでに『悲劇の誕生』では、「根源的一者」が自らを表現するあり方としての「美的仮象」が主題とされ、生の根源的力とその像化の関係が論じられる一方で、ソクラテス的主知主義を標的としながら、力の発現を抑圧する学的知性のあり方に対する批判が展開されていた。さらに『善悪の彼岸』においては、「真理」と対比された「仮象」の概念を基軸として、「真理への意志」の両義的なあり方を腑分けすることで、伝統的な知の理解を支えていた「真理」概念の起源が暴かれる。こうした系譜学的分析を通じて、伝統的な真理理解は、力への意志による遠近法的解釈の限定された現れとして相対化されるばかりか、力への意志の衰退であるニヒリズムの徴候として、その虚偽性を暴露されることになる。このように、ニーチェにおける「仮象」(Schein) は、美的現象において示される「輝き」(scheinen 現れる・輝く) という側面と、系譜学的批判における「虚偽」(scheinen …のように見える) という側面とを併せもっており、ニーチェはまさにその語のもつ多義性を活用しながら、新たな現象理解としての「仮象」概念を獲得しようとしているのである。(2) そこで本論では、現象と知、真理論の変貌、解釈と系譜学といったさまざまな主題が交錯するニーチェの「仮象」理解を手引きとして、「力への意志」から「等しいものの永劫回帰」にいたるまでのニーチェの思考を再構成してみたい。

ニーチェ思想のこのような再構成を試みるに際して、「ドイツ人文主義の伝統のいささか古風で教養ある折り目正しさと律義さから、次第に、気味の悪いほど当世風の、病的に陽気な、最後には道化者の道化帽を被った極端な文芸欄調に堕していく」[3]（Th・マン）とも評されるニーチェの起伏に富んだ語り口にはやはり用心が必要である。そこで本論では、ニーチェの思想を近代から現代にまで繋がる哲学の大きな文脈の内に置き入れ、可能な限りその語彙と枠組みを活用することによって、ニーチェをあえて近代哲学の言葉で語ってみたい。このような試みは、ヨーロッパ的伝統の徹底的破壊を敢然と試みたニーチェの言葉遣いとその意図には抵触することでもあろうが、ニーチェが離叛しようとした哲学的伝統をその潜在的な可能性において解釈し、ニーチェとの連続性をあらためて取り出すという手続きを踏むならば、そのような解釈によってもなお伝統の内に解消しえないニーチェの独自性というものも——ニーチェの自己理解とは違った仕方で——より顕著になってくることだろう。何よりも当のニーチェ自身が、「解釈とは自分自身を持ち込むことであるから、私は私自身の解釈者にはなれない」[4]と語り、「意図の誤謬《インテンショナル・ファラシー》」を斥ける「新批評」をあたかも先取りするかのような趣があることを思えば、そもそもニーチェの「意図」や「自己理解」を忖度することなどは解釈者の仕事の本質的部分には属さないはずなのである。解釈者と解釈されるテクストの双方が形作る流動的な意味産出の逆説を「文献学の二律背反《アンティノミー》」と名指し[5]、その逆説を積極的に実現してみせた「文献学者」ニーチェの顰《ひそ》みに倣い、ここでのニーチェ解釈においても、解釈者自身の理解の枠組みとニーチェの思想とが相互浸透的に絡み合い、そこに何らかの新たな解釈の磁場が生まれることを期待したい。

一 「力への意志」における力と知

(i) 原理としての力

すでに『悲劇の誕生』において、生の混沌たる力をギリシア文化の根底として提示しようとしたときから、ニーチェにとっての関心は、合理的範疇によっては捉え切れない流動的で内発的な活動性をいかに記述するかというところにあった。『悲劇の誕生』においては、ディオニュソスとアポロンという神話的形象を借りながら、その二柱の神の相互抗争というかたちで、現実の活動性とその現れが叙述されている。一切の形象を解体するディオニュソスは、それ自体として根源的でありながら、その顕現に際しては、常に個体化の原理としてのアポロンを必要とするという意味で、その両者は不可分の関係にある。ここにはすでに、根源的な生のダイナミズムが自らを像として現象させると同時に、その像そのものが自らの根源との緊張に晒されるという表現の論理の端緒を見て取ることができる。しかし『悲劇の誕生』において、その論理を叙述するために用いられた概念装置はまだかならずしも十分に整合性のあるものではなかった。そこでの叙述は、根源的一者から「仮象」を経て「仮象の仮象」にいたるという過程を、「像化」(bilden)の論理によって記述しながら、同時にそうした像化のプロセス全体を、「物自体」としての意志と「現象」(表象)としての世界というショーペンハウアーの形而上学的二元論によって根拠づけるかたちを採っていたからである。そのためここでは、表現という事態を「像化」の遂行を通じて内側から記述する視点と、形而上学的枠組みによってそれを外部から根拠づける視点とが混在しており、両者はかならずしも統一されていなかったと言えるだろう。

「人間的諸事象内部の非理性を明るみにもたらす(6)」ことを課題としたニーチェにとっては、理性の遂行によって構成されるのではない根源的事態を記述するために、「現象」に尽きない「物自体」を導入するのは、一定の必然性があったのは確かである。しかし、「物自体」としての意志を根底に据えるその記述は、いかなる把握からも逃れる生の流動性と根源性を端的に表現しうる利点がある一方で、そうした記述を実際に行っている解明そのものが、当の根源的事態のひとつの現れでもあることを見えにくくする難点をもはらんでいる。つまりここでは、あらゆる現象の根源である物自体としての意志と、そのような原理的次元に対する洞察を保証する場とが統一されていないため、原理を記述している当の「知」そのものがどこで成立するのかという問題が解決されないままになっているのである。形而上学的思考が足枷になることで生じるそのような難点を克服し、事象にとってより的確な記述を模索する過程で提示されるのが「力への意志」という概念である。そのために、「力への意志」の概念を練り上げる過程においては、力の力動性を理解にもたらす洞察自体の根拠づけと、原理としての力をその遂行性のままに捉える記述という二方向のアプローチが並行して取られている。そのような二方向的な議論は、ニーチェのテクストにおいて、一方はある種の内観を通して「力」を洞察する内在的アプローチとして、もう一方は物理学・生物学の知見を用いた自然哲学的叙述として展開されることになる。

『人間的、あまりに人間的』および『曙光』の時期にあっては、人間論的・生理学的傾向に対応して、「力」の概念はまずは「力の感情」(Machtgefühl) というかたちで、主観的な内面的原理として提示される。「力の感情は……人間の最も強い傾向となった。この感情を獲得するために発見された手段が文化の歴史であると言ってもよい」(7)。ここでは、人間の活動すべてを統轄する「力」が「感情」として、それを遂行する当の人間の体験に即して語られている。さらに『喜ばしき知恵』においては、行為そのものの原因として「何らかの仕方で消費されるようにと押し寄せる膨大な力の量」[8]が示される。同じ断章の中で、「行為そのもの（Handeln）の原因を、あれこれの行為（So-und So-Handeln）の原因と区別すること」がニーチェ自身にとって「最も本質的な歩み」であるとも言われているとおり、[9]ニーチェは、特定の行為を導く個別の目的や原因とは異なって、行為自体を発動させる行為主体の内発性、ないし行為の行為性そのものへ注意を向けようとしている。こうして個別的な行為における力は、行為の自発性それ自体へと還元され、具体的な状況に左右されない純粋な「力」として取り出されることになる。しかもこの場合の「力」は、行為主体の中で「押し寄せる」ものとして、あくまでも行為の遂行の内部から記述されている。遂行そのものを通して獲得されたこのような「力」の理解は、行為主体にとっては反省による対象化を介さない直接的な洞察ではある。しかしそのような洞察の直接性はいまだ主観的なものであり、「力」の客観的な原理としての身分を保証するものではない。そのような原理としての力の根源性は、別の視点から、つまりある種の自然科学的方法に依拠しながら示されることになる。『曙光』の時期と並行してニーチェは自然科学への関心を強めているが、まさにそのような実証学への傾倒は、「力」を客観的に、いわば存在論的原理として理解するという動機に支えられていたものと考えることができるだろう。

(ii) 力と自己保持

存在者全体を貫く普遍的原理としての「力」の理解を獲得するに際して、ニーチェが範を仰いだものとして、初期の熱力学を代表するマイアー（Julius Robert von Mayer 一八一四―七八年）の理論、とりわけ「発動」（Auslösung）の概念を挙げることができる。一八四〇年から四八年頃にかけては、カルノー（Nicolas Léonard Sadi Carnot 一七九六―一八三二年）から始まる熱力学の草創期に相当し、ジュール（James Prescott Joule 一八一八―八九年）、マイアー、ヘルムホルツ（Hermann Ludwig Ferdinand von Helmholtz 一八二一―九四年）らの手によって、熱力学の第一法則、つまり「エネルギー保存の法則」が確立され、さらにその流れは、トムソン（ケルヴィン卿）（William Thomson, 1st Baron Kelvin 一八二四―一九〇七年）やクラウジウス（Rudolf Julius Emmanuel Clausius 一八二二―八八年）を経て、現代的意味での熱力学に結実する。[10] このような時代背景のなか、ジュールと並んで、伝統的な「活力」（vis viva）の概念を計量可能なものとして精緻化し、その理論を有機体にまで応用しようとしたマイアーの試みは、ニーチェにとって、力の力動性と根源性を捉えようとする自らの試みと並行するものと映ったようである。運動・電気・磁気のみならず、生物をも熱機関とみなして、新陳代謝をも同一の「エネルギー」の転化形態として捉えようとするマイアーの理論は、力の遍在を示そうとするニーチェの試みにとって恰好の確証材料であった。しかもマイアーは、燃焼に見られるエネルギー形態の爆発的な変化を「発動」と呼び、エネルギーの創造的な展開過程を理論化しようとしており、その理論を公表した『発動について』(Über die Auslösung 一八七六年)は、ニーチェによって「私にとって最も本質的で有益なもの」[11]とみなされている。「いかに微小な有機体であっても、力は前進的なものとして形成され、ついで発動する」[12]。ここではマイアーの用語法を用いながら、力の恒常性ばかりか、自ら形を変えながら発展していく力の自発的展開が指摘されている。一つの系の中でエネルギーが総量としては恒常性を保ちながら、変換を通じてその形態を変えていくという熱力学のモデルと同様に、ニーチェにとっての「力」は、互いの抗争のなかで相互に相互を克服しようとする流動的な関係として捉えられることになるのである。このようにしてニーチェは、当時の熱力学の知見を導きとしながら、原理としての力の普遍性を理解すると同時に、自己完結性や恒常性と矛盾しない自己拡張としての「力」の概念を作り上げることになった。哲学的な議論の内に自然科学の知見を導入して展開されるニーチェの「力」の概念の内には、単なる素朴な科学主義に尽きない、より射程の大きな問題が含まれている。なぜならニーチェの理解する熱力学的な「エネルギー」とその「恒常性」は、純粋な科学的概念というよりは、近代的思考に顕著に見られる「力」と「自己保持〔自己保存〕」の相互補完性をめぐる理解を集約したものとみなすことができるからである。

「力」および「自己保持」（conservatio sui）は、近代的思考における「基本的カテゴリー」として、「慣性の法則、生物の欲動構造、さらには国家形成の法則性にいたるまで(13)」貫いているものであり、熱力学の保存則もその一つの現れである。「〈自己の状態を動かす〉（statum suum mutare）というのは、他のものと並ぶ、新たな合理性の原理のひとつであるだけでない。それは新たな合理性そのものの原理なのである(14)」（H・ブルーメンベルク）。自己完結的でありつつ、内発的かつ自律的に活動する体系的システムという近代的思考は、「力」と「自己保持」との相互関係によるこの「新たな合理性」を基盤としており、それによって完結性と活動性を矛盾なく統合する近代的なさまざまなシステムが可能となっている。しかしながら、この「保持」という主題そのものを歴史的に辿り直すなら、世界の存立自体を偶然的なものとみなし、その前提の下で「創造」の問題を論じた中世末期の唯名論にまで遡ることができる。例えばウィリアム・オッカム（William Ockham 一二八〇頃—一三四七年）においては、それ自体の内に存立根拠をもたない偶然的な世界は、神の意志の自由な「絶対的権能」（potentia absoluta）によって「保持」（conservare）されるものである(15)。近代に繋がる唯名論的な存在理解と、中世的な超越理解が逢着した主意主義的な神概念とのあいだの緊張関係を表すこのような解決と同様に、デカルトの「第三省察」での神の存在証明でも、いわゆる「持続的創造」(creatio continua)が語られ、神の永続的介入による世界の「保持」が主張されていた(16)。デカルトにおいても、「自らの内に自身を保持する力をもたない」存在者が、その「外部から」存在を保証されるという外在的な「保持」の理解がいまだ主導的な位置を占めている。これに対してスピノザ(Baruch de Spinoza 一六三二―七七年)にあっては、神こそが唯一の実体と理解されることによって、この外的な力の介入が世界の内に内在化され、自らを生み出す自然という「能産的自然」(natura naturans)の理解が成立することになる。それにともない、スピノザでは「保持」の思想も、存在者自身が有する「自己を保持する力動《コナトゥス》」(conatus se conservandi)として理解し直されるにいたる(17)。このような変遷においては、デカルトまでの外在的な保持の理解が、「自己再帰的な保持」という、近代を特徴づける「自己保持」の思想へと変貌する経緯を目撃することができるだろう(18)。

スピノザの力動《コナトゥス》概念は、可能態から能動態への移行を促す第三の要因としての「力」という伝統的な理解を大きく逸脱するものである。むしろ力動は、それ自体が「現実的本質」(actualis essentia)と呼ばれるように、可能態・能動態というアリストテレス的な枠組みを乗り越え、存在に具わる純粋な活動性を名指す概念となっている。そのため、スピノザにおいて示される近代的な「自己保持」とは、自己存在の保存を第一義的な目的にする消極的な自己防禦などではなく、常に自らの力の拡張を目指すことによって、その自発的活動においてそれ自身が緊張の内に持続していく不断の自己超克の過程を意味しているのである。したがって、ニーチェ自身のスピノザ理解の如何にかかわらず、あるいは「自己保存」の概念が有する反動的・保守的外見に反して、そこでの力動の理解は、「常により多くを意志する」能動的な生起として、ニーチェの「力への意志」の原型ともなる思考を含んでいる(19)。そしてそのような見通しの下で見るならば、自己創造を本質的な契機としたスピノザ的力動、またはニーチェ的な力の概念は、「持続的創造」の問題を引き継ぎながら、「創造」の契機を内在化することによって、それに近代的な意匠を纏《まと》わせたものであるとも言うことができるだろう(20)。

これと同様のことは、スピノザに先立って、やはり力動の概念を積極的に導入したホッブズ(Thomas Hobbes 一五八八—一六七九年)にも指摘することができる。ホッブズは、自発的活動力としての「力動《コナトゥス》〔努力〕(21)」を自然界と人間社会とを共に支配する原理として捉え、社会内部での力動相互の抗争の内に、「万人の万人に対する闘争」という原始的状態を見て取っている(22)。力同士が互いを破壊しつつ成長するという闘争の事態は、最終的には社会契約というかたちで共同体を形成することで緩和されるが、その際の原理として指摘されるのが「自己保持」

である。社会契約の過程の内では、ひとつの共同体を維持するという「自己保持」の原理の下に、個々の力の相互破壊による全面的壊滅が回避され、生の自己活動そのものが保持されるのである。こうしてホッブズにおいては、古典的な「善く生きる」(bene vivere)という格率やアリストテレス＝スコラ的な目的論的原理とは異なった生の自己保持が中心に据えられることで、自律的・自己規律的体系としての近代的「国家」が成立することになる。これはまさに、ひとつの系の恒常性とその内部での力の流動性を共に包括するという点で、「力」と「自己保持」の相互性を要とする近代的思考を典型的な仕方で表していると言えるだろう(23)。

完結的な閉域でありながら、無限の活動を行い、しかもその活動に対する自己統御の構造をもっている「システム」という理解は、近代における自律的な「国家」や「民族」という思考の基盤ともなっている。ニーチェの「力への意志」はこうした思考の頂点とも言えるのであり、その限り、「力への意志」が用語として最初に現れたのが「自己保持」という文脈においてのことであり、しかもその言葉自体、「民族の力への意志(24)」という形を採っていたということは偶然ではないだろう。ここにおいて「力」(Macht)は「権力」という政治的内実とも無縁ではなくなるのである。近代的思考全体を背景とするこのような思想史的文脈から見るなら、ニーチェにおいて熱力学を援用しながら獲得された「力」の概念は、自然界と人間の活動を共に貫く包括的原理であると同時に、内発的活動を遂行する全体としての体系を支える機能をも果たすことになる。このようなシステムとしての「力」の概念は、「持続的創造」の近代的変奏として、世界の「創造」の問題においてかつては「神の介入」が占めていた位置を代替的に補充することになる。こうしてニーチェにおいても、「力の感情」として導入された「力」の概念は、主観的な行為の原理としてだけでなく、世界全体を支配する基本的な原理としての身分を獲得するにいたるのである。

二　遠近法的地平と仮象

(i) 力への意志と解釈

「力の感情」の遂行の内部で洞察された行為の内的原理としての「力」は、形態の変化にもかかわらず恒常性を保つ「エネルギー保存則」という理解を支えとして、単に主観的な行為の原理に尽きず、形を変えながらあらゆる現象の内部で働く活動原理として普遍化されることになった。その際には、自己統御的・自己完結的システムのもつ「自己保持」の契機が活動性と自立性を両立させる「力」の概念の形成に貢献している。「力の感情は、自らの保持のために、克服されたものを統御し、自己保持のため、克服されたものそのものを保持する」[25]。このような原理としての力は、存在者全体を自律的体系として成立させることになるが、この場合、そこで可能になる体系は、当の体系内部の力の作動を離れて客観的に自存するものではない。その意味でこの体系は、当の体系内部の視点に立たない限り、そのものの活動性と自立性とに関して十分な記述を行うことのできないものなのである。そのため、自然科学的なアプローチを取りながら力の普遍性を記述していたニーチェの視点は、力そのもののあり方を的確に提示するために、再び力そのものの遂行の内部に引き戻されることになる。スピノザの力動《コナトゥス》概念や、それに連なるライプニッツの「力」（vis）の理解は、デカルトの機械論を克服する手立てとして用いられたものであったが、そうした動向をなぞるかのように、ニーチェは力の概念を積極的に展開する一方で、機械論的ないし因果論的な力の理解に対する批判を執拗に行うことになる。

「物理学者が神と世界を創造する手段となった誇らしげな〈力〉の概念は、さらに補足を必要としている。つまりその概念には、私が〈力への意志〉と呼ぶ内的な世界が帰せられなければならない[26]」。ここで言われるように、物理学的な力の概念には、その力に対する洞察を保証する「内的な」視点が欠落している。したがって、客観的・自然科学的に示された普遍的原理としての力は、その活動性それ自体の内から再び捉え返され、あらためて一種の超越論的な概念として練り直される必要がある[27]。そのような超越論的概念が、原理としての「力」と遂行としての「意志」とを共に含む「力への意志」にほかならない。存在者すべての原理として見出された自然科学的な「力」は、「力の発露、使用の行使、創造的な欲動[28]」など、その内的な遂行において「力への意志」というそれ本来のあり方を現す。「存在する唯一の力は意志の力である[29]」。この「力への意志」は、「存在の最も内なる本質[30]」として、その根源性において理解されると同時に、遂行において直接に把握される「内的な世界」として、その洞察可能性において捉え返されるのである。「内側から見られた世界……、これこそが〈力への意志〉であり、それ以外の何ものでもない[31]」。しかし、ニーチェ自身が「力量の感情」(Kraftgefühl)に立脚する理解の内に「擬人化」の危険を見てそれを警戒している点を考慮するならば[32]、ここで言われる「内側」とは、けっして心理学的意味での感情ないし内官などではないということが予想できるだろう。「現象論を求める場所を誤ってはならない。われわれが有名な〈内官〉によって観察するような内面世界にもまして……大きな誤謬はない[33]」。こうして内官において与えられる内面的・主観的な自己確信は、その基盤となる主観の直接的な自己確実性をも含めて、近代哲学の「誤った出発点[34]」として批判されることになる。さらに、ニーチェにおける主観性の批判において特徴的なのは、機械論的世界観の源泉すらがこの主観の直接性の内に求められ、その両者が均し並みに拒絶されているという点である。つまり機械論的因果性の理解は、「自らが自らの原因である」という主観の「内的事実」を投影した結果捏造された心理学的誤謬とみなされる[35]。このようにしてニーチェは、機械論的因果性によっては捉えられない「力」を「内側から」見ることを要求しながらも、同時にそうした「内側」ということで安易に想定されがちな心理学的な内面世界をも否定し、そればかりか、外的な機械論的因果性を主観の内面世界の投影と理解することで、「外と内」、「外的世界と内面世界」という単純な二分法を流動化してもいるのである。

因果性と主観的内面性との隠れた連関を暴露することで両者を一挙に否定するその批判を通じてニーチェが狙っていたのは、「力への意志」が洞察される本来の場である「内側」からの視点を正確に見極めることであったと考えられる。自然科学的な外部の視点でもなく、心理学的な意味での内面でもない「内側」とは、経験的な現象をモデルに記述することのできない「力への意志」をその遂行に即して把握しうるものでなければならない。より正確に言えば、存在者すべての内的な原理である「力への意志」は、それ自身とは異なる何らかの経験的な現象によって理解可能とされるのではなく、いわばそれ自身の内に知の形成の原初的形態を内在させていることによって、はじめてそれ自体として理解可能となるのである。「力への意志は、存在でも生成でもなく、パトスであり、そこからはじめて生成と作用とが生じる最も基本的な事実である」[36]。ここでの「パトス」は、内面に起こる感情としてではなく、外界と内界といった区別によっては捉え切れない身体的次元の開示性をともなった遂行性として理解されなければならないだろう。[37]「創造する身体が自らのために、自らの意志のひとつの手として精神を創造した」[38]。つまりニーチェは、力という根源的事態の内に、人間の知を形成する「精神」ないし「理性」の発生を見て取ると同時に、それによって伝統的な理性概念のあり方を拡張することをも目指していると言えるだろう。欲動などの力が犇めく場として理解される「身体」が「大いなる理性」[39]と呼ばれ、「力における理性の強度」[40]について語られるのはそのためなのである。

こうして「力への意志」においては、初期のショーペンハウアー的な意志理解においてはいまだ分裂していた意志の根源性と理解可能性とが統合されるだけでなく、力への意志によって形成されるすべての現象が、形成の遂行そのものについての直接的な「知」と不可分のかたちで理解されることになる。そして「力への意志」としての「パトス」が、「そこからはじめて生成と作用とが生じる最も基本的な事実」と言われていたように、「力への意志」は、生成と作用という経験的次元を成り立たせながら、同時にその成立についての発生論的な洞察をも含むものとなる。その限りでまさに「力への意志」とは、経験の可能条件とその洞察可能性を二つながらに含む、言葉の正確な意味で「超越論的」と言うことのできるような事態なのである。それに対応して、「力への意志」によって形成される存在者全体は、それを構成する遂行主体との関わりを含んだ「地平」ないし「世界」という、これもまた超越論的な名称で呼ばれることになる。このような遂行的な自己知との関わりという意味では、力への意志の内に主観との何らかの関係を指摘することができるにしても、もちろんここでは、例えばカント的な「超越論的主観性」が想定されているわけではない。「〈諸事物〉の成立は、表象し、思考し、意志し、感受するものによる産物である。……〈主観〉すらがそのようにして創られた産物である[41]」。

「思考作用」から「思考する実体」を導き出すような論理を、動詞に対応する主語を探す文法上の思考の誤った投影であるとしてこれを排除するニーチェにとって[42]、内発的な運動のなかで自らについての洞察を遂行するのは、あくまでも匿名的な中心としての「力への意志」なのであり、実体として前提される「自我」や「意識」ではない。「力の中心は、それ自身から残りの全世界を構成する。自らの力で測定し、感触し、形態化するのである[43]」。こうして、世界を構成する原理であると同時に、自らの内にその洞察の場を有する「力への意志」の概念を獲得したニーチェは、その「力への意志」の側から、世界における知の形成の論理を見極めようとする。そして力への意志が自己の内部から形成する「知」が、まさに「解釈」(Interpretation)と呼ばれる事態にほかならない。「力への意志は解釈する。ある器官の形成に際して問題になるのが解釈である。すなわちこの意志は、強度を、力動の諸差異を限定し規定する。力動の差異性だけでは、それはいまだ自らを差異性として感じ取ることはできないだろう」(44)。ここには、力への意志によって直接的に遂行する自己洞察が、具体的に規定された知として形成されるありさまが記述されている。力への意志そのものの自己遂行は、対象化を介することのない直接的な自己把握であり、知の原初的形態を含むものであるとはいえ、それはいまだ分節性と規定性を具えた具体的な「知」であるとは言えない。このような自己との近接的な洞察の中では、力への意志は不断の力の昂進において、絶えざる流動的な「ずれ」というかたちで経験されるにすぎないのである。そのような自己の自己との差異の遂行を「そのものとして」(als solches) 分節化し、「知」へと形成する働きが「解釈」と呼ばれる。そのため、ニーチェの言う「解釈」とは、身体的次元に根差しながら、そこに発現する力の自己把握の再構成として、つまり理性遂行の再編として理解できるのである(45)。

力への意志は、それ自身の遂行の中で開かれる差異性を、対象的な分節の機能である「……

として」（als ...）を介して客観化し、そのような「解釈」を通じて、自らの活動圏を「地平」として形成していく。もちろんここで言われる「解釈」は何らかの所与の事象を前提したうえで、そこに主観的意味を付与するというような二次的な活動ではない。力の発動が同時に知の形成の端緒であるような場面に立とうとするニーチェにとって、もはや事実と解釈、力と意味といったものは二項的に対立したものではありえなくなるからである。「事実のみが存在するという実証主義に抗して、私は、存在するのは解釈のみであると言おう」(46)というニーチェの言明も、独立した領域としての事実を否定するものというよりは、むしろ「事実性」（Faktizität）と「解釈性」（Interpretativität）との相互性を述べているものと理解すべきだろう(47)。力への意志は、それ自身によって形成する「意味」の内に、力としての自らの活動性をいわば「像」として反映させる仕方で世界を開示する。つまりニーチェの語る「解釈」とは、あらかじめ与えられた事実から意味を汲み取るということではなく、それ自体が力の活動の現れであり、その意味である種の「表現」の遂行なのである。「あらゆる解釈（Ausdeutung）は、成長の徴候であるか没落の徴候であるか(48)」なのであり、そのような表現の論理にもとづいてこそ、形成された解釈の側から逆に力のあり方を読解する力の観相学、つまり「系譜学」も可能になる。

(ii) 仮象の二義性と二つの遠近法

力の遂行のありさまそれ自体を映し込んでいる解釈としての世界は、ある特定の「力の中心」によって開かれる遠近法的な世界でもある。しかし、この遠近法的な世界にとって本質的な役割を果たすのは、その特定の視点に立つ「誰か」という主体ではない。「〈誰が解釈するのか〉を問うてはならない。解釈遂行（Interpretieren）そのものが、力への意志の一形式として、……現存するのである（しかし〈存在〉としてではなく、〈過程〉ないし〈生成〉として）」(49)。すなわち、解釈という形式のもとで遂行される力への意志は、いかなる実体性をも前提することのない純粋な活動性なのであり、解釈遂行そのものも、もはや「何ものか」についての解釈でもなければ、「何ものか」による解釈でもない。力への意志が体現する解釈は、何らかの自立した解釈項のあいだの関係づけではなく、むしろ逆に解釈項のほうを、それらに先行する解釈行為によって事後的に成立させるものなのである。しかもその解釈遂行は、常に何らかの特定の視点に拘束され、それ自身はありうる解釈のうちの一つにすぎない以上、その解釈の内には原理的にある種の「相対性」が見込まれざるをえない。そのために、そこで生じる事態は、第一に、実体を前提することのない「現れ」という意味で、また第二に、中立的な客観性をもたない相対性という意味で、「仮象」の性格を帯びることになる。「遠近法的観点が〈仮象性〉

という性格を与えるのである。遠近法的観点が除去されてもなおある世界が残存するかのごとくであるとは！　そのようなことをすれば、まさに相対性が除去されてしまうであろう」[50]。

遠近法的な視点拘束性と仮象性との繋がりは、一八八五年頃にニーチェがシュピアの『思考と現実』と並んで熱心に取り組んだ[51]タイヒミュラー（Gustav Teichmüller 一八三二—一八八八年）の『現実世界と仮象世界』（Die wirkliche und die scheinbare Welt 一八八二年）においても強調されている。「われわれが諸感覚をいわゆる直観へとまとめ上げる直観の諸様式や諸形式は、遠近法的図像のもつ遠近法的特徴をなしており、したがってそれは現実とは何の関わりもないものと結論しなければならない。……直観が、単に万人が一致する世界の遠近法的像を与えるにすぎないのなら、直観の形式、すなわち感覚の多様から直観を形成する感覚の関連形態は、単に遠近法的意味をもつにすぎないということになる[52]」。タイヒミュラーのこうした見解においては、直観の形成を物自体から切り離し、主観的な直観形式に帰属させるカント的な理解が徹底され、現実的世界の構成そのものに視点性が想定されるとともに、遠近法的世界観を普遍化する方向が示されている。ニーチェもそれを承けて、遠近法と仮象性との繋がりを基盤としながら、その遠近法的仮象性を、力への意志の視点性と結び付けることによって、仮象の不可避性と力の多様性の連関を明確に提示するにいたる。

「あらゆる力の中心は、残余のものすべてに対して自らの遠近法を、言い換えれば、自らのまったく特定の価値評価、自らの作用の仕方、自らの抵抗の仕方をもっている。それゆえ〈仮象の世界〉とは、ひとつの中心から発して世界へと働きかけるある特殊な作用の仕方ということに尽きる」[53]。それぞれの観点に立って構築される遠近法的解釈は、共約不可能な他のもろもろの解釈と競合するひとつの解釈である限り、それ自身としては相対的なものである。しかしそれらの多様な遠近法的解釈は、その各々が「世界」という全体性の解釈を自称するものである以上、その当の解釈遂行の内部においては、むしろ他の解釈を制圧し自らの視点を絶対化するある種の自己欺瞞がなされるばかりか、その欺瞞の事実すらが糊塗される。そのため、遠近法的地平に帰せられる「仮象性」は、解釈の現象性格を表すと同時に、むしろそうした解釈が自らの相対性を隠蔽する「瞞着」ないし「誤謬」という意味をも併せもつことになる。ニーチェが行う学問批判は、そのように自らの視点拘束性を忘却する「誤謬」という意味での「仮象」に対する批判なのである。「真理とは、それなくしては特定の生物が生きることができないかもしれないような誤謬である」[54]と言われるように、伝統的に「真理」と呼ばれてきたそのような自己欺瞞は、力への意志の遂行がなされる限り不可避的に生じる仮象、いわば生の「超越論的仮象」だとも言えるだろう。そのため、客観性を自称する学問の内に、「真理への意志」

というかたちでの「力への意志」の発露を見抜いていくニーチェの批判的解体の作業は、必然的な誤謬の発生源を取り押えるカント的な意味での「弁証論」の役割をも担っているのである。

批判的機能を内在させながら、しかもそれ自身が一個の現象とみなされる仮象という理解は、すでに『悲劇の誕生』の時期に「仮象の仮象」が語られ、ディオニュソス的根源の形象化であるアポロンが、「仮象の感覚」をともなった「夢」として論じられていた際に示されていた。「この〔仮象の〕感覚が熄んだときに、病理的作用が始まり、夢はもはや活気を与えるものではなく、夢の状態の治癒的な自然力は働きを止める」[55]。ここで示された仮象理解は、認識論的な錯誤という限定を超えて、それ自身における反省的性格までをも包括した概念であり、その意味でこれは、仮象を「本質論」の課題としたヘーゲルの理解に近いものとも言える。

ヘーゲルの『論理学』において「仮象」は、直接的存在が、媒介された知である「本質」へと移行する段階に位置づけられ、本質の「それ自身の内への映現」として、つまり自己関係である「反省」として理解される[56]。そのような理解にもとづき、『美学』において「仮象〔映現〕」が「本質にとって本質的な輝き〔現出〕」とされたうえで、芸術が理念の「映現〔輝き〕」と規定されるのである。このようなヘーゲルにおける仮象は、それ自身の内に反省的機能を具えた現出という性格をもっており、存在の直接性を否定し、それ自身の「現れ」という身分を自覚する積極的な働きを担っている。このような積極的な仮象理解は、シラーの「美的教育」の理念を始め、ドイツ観念論における芸術の積極的評価と不可分の関係にあり、ヘーゲルやニーチェ自身の仮象理解もそうした歴史的文脈と無縁ではない。しかしヘーゲルの場合、反省としての仮象論はあくまでも「本質論」を「概念論」に向けて媒介するものであり、その限りで仮象は「真理」の自己把握へと向かう行程の一段階という位置づけをもつため、それ自身のあり方が逆に真理の側から逆行的に規定されていた。これに対して、ニーチェにおける仮象理解は、そのような真理と仮象の序列自体を無効化し、仮象概念自身の二義性の運動を通して、真理を仮象の忘却として、あるいは真理をむしろ虚偽としてすら顕わにしようとするものなのである(57)。

「真理への意志とは、固定化、または真にして持続的なものの制作であり、虚偽としての性格を度外視することであり、その虚偽性を存在者へと転釈することである(58)」。伝統的な真理概念の批判を展開するに際して、ニーチェが何よりも強調するのは、世界を形成する解釈の遠近法的性格である。伝統的な真理理解においては、遠近法的解釈のもつ相対性という意味での「虚偽性」が閑却され、学問自体がもつ一個の解釈としての性格が忘れ去られるというのである。それは言ってみれば、自らが仮象であることを忘れた夢であり、自分自身の夢に没入する病理現象だとも言えるだろう。そこから、解釈としての自らの身分に矛盾するあり方、つまり視点をもたない解釈という「眼にとってのひとつの背理と没理」(59)が要求されることになる。「〈純粋理性〉や〈認識自体〉といった」概念にあっては、とうてい考えることのできない眼、つまり何の方向ももたず、……解釈の力を削ぎ取られた眼を考えることが要求されている」(60)。

　そこでニーチェが目指したのは、客観性を自称するこのような認識理念の背後に、偽装した力への意志を見出し、客観的認識と言われるものを再び「解釈」として捉え返すことであった。そのためにニーチェは、「複数の眼で見ること」、ないし「視点を転換すること」(61)を通じて、解釈固有の相対性に対して自覚的になることによって、客観性の理念の内に潜むある種の「虚偽性」を指摘するのである。つまり、世界解釈のもつ「現象」としてのあり方が徹底され、それ自身の遠近法的な「現れ」(Schein)としての性格が顧慮されることで、遠近法的解釈は、それ自身が自らの視点の表現であると同時に、それが不可避的に陥る弁証論的仮象を見抜く場でもあることが理解されるにいたったのである。こうして初期のニーチェにおいては、自己忘却という病理現象の対極にあって、「仮象の感覚」をともなった夢として規定されていた世界の形象化の理解は、遠近法的解釈の理解を足がかりとして、自らの内に自らの現象性を見据える「仮象」という理解に結実し、それによって像と表現の論理が、伝統的な真理観の解体としての系譜学的批判と結び付くことになった。

自らの相対性を忘却する解釈遂行の只中で、その解釈そのものの遠近法的性格を洞察していくニーチェの方策は、写実的な近代絵画の確立と共に後退していったバロック期の「遠近法《パースペクティヴ》」概念の遠い原義を思い起こさせる。なぜならバロック期において「遠近法」の語は、正型的な幾何学空間の構成というよりは、さまざまな観点から見ることで異なった図柄を浮き上がらせる「騙し画《アナモルフォーズ》」(anamorphose; trompe-l'œil) の意味で用いられていたからである(62)。平面上に立体を仮構する一種の「騙し画」ということから発した「遠近法」は、近代絵画のリアリズムと結び付くことによって、三次元空間を写実的に描写する技法として確立されるが、それと並行して、そうした線的遠近法は、ありうる空間描写のうちのひとつにすぎない一個の「象徴形式」(63)であるということがしばしば忘却されがちになる。それになぞらえて考えるなら、ニーチェの試みは、客観的描写を自称することで相対性を忘却した遠近法に対して、自らの内に「複数の眼」を抱え込み、それらの視点のあいだの動揺を通じて遠近法が本質的にはらまざるをえない仮象性を突きつけるものなのである。そして、自らの像としての仮象性に対して自覚的であったバロック期の歪曲遠近法《アナモルフォーズ》が、「世の虚妄」(vanitas mundi) という世界観を背景としていたことが指摘されるように(64)、ニーチェにおいても最終的には、遠近法的解釈を遂行する力への意志それ自身の仮象性が問題となる。

三　仮象の自己肯定としての永劫回帰

(i) 等しいものの永劫回帰

ニーチェの系譜学的批判は、「現れ」としての仮象理解を手引きとしながら、従来の真理理解を「虚構」の意味での仮象として解体するという試みであった。ここでは、遠近法的地平が可能性として含みうる多様な視点のあいだを自覚的に彷徨い、その浮遊する視点のあいだから、遠近法的解釈そのものの相対性という意味での「仮象性」が洞察されることになった。「われわれが徹底的に破滅〔没落〕することなしに、仮象性を、虚言の必然性をどこまで承認しうるかは、力の強度に懸かっている(65)」とも言われるように、力への意志そのものは、自らの「遠近法的仮象」の仮象性に対するこのような高次の反省を自らの力の本質としている。ニーチェの語る「自由精神」というのも、「すべての信仰、あらゆる確実性に別れを告げ」、「細い綱や可能性の上に身を支え、深淵に臨んでもなお舞踏するすべに長けている(66)」ものとして、さまざまな遠近法同士の葛藤に進んで身を晒す徹底した反省のあり方を語っているものと理解できるだろう(67)。この自由精神は、遠近法的視点の自己忘却としての「虚偽性」を見抜き、それを一種の超越論的仮象とみなし、その仮象の成立の必然性とともにその深淵を直視するものなのである。伝統的な真理理解の仮象性を暴露するこのような反省は、最終的には遠近法的地平そのものの現象性格を際立たせることになる。つまり弁証論的な批判において見出される「仮象性」は、地平現象そのものがもつ「現れ」としての仮象性を示唆し、ここに「仮象」概念の二義性が明確になるのである。

しかしながら、多様な視点の可能性にもとづく系譜学的反省は、確かに遠近法的地平の視点拘束性を洞察するものではあるが、その視点拘束性は、他の複数の視点の可能性を考慮に入れることによって把握されるものであるため、そこで発見される仮象性は、解釈同士の相互否定という次元で見出される視点の「相対性」に制限されているとも言える。その限り、ここで示唆される「仮象性」は、他の遠近法との比較と差別化という観点にとどまっており、いまだ地平現象そのものが原理的に有する仮象性を把握するところにまでは達していない。換言するなら、この場合、力への意志の開く個々の地平は、それぞれが相対的で限定的なものとして示されるにしても、それらの地平を開示する力への意志そのもののあり方が、その固有性や限定性に即して理解されてはいない。最終的に示されなければならないのは、そうした地平の形成力としての力への意志そのものの現象性格としての「仮象性」である。「〈虚構には当然その創作者があるべきではないか〉と問う者がいたら……こう答えよう。その〈あるべき〉ということも虚構に属するのではないかと」(68)。そして、このような洞察を開き、「力への意志」ないし「生」などの用語に付きまといがちな実体性を最終的に消去する試みが、「等しいものの永劫回帰」の思想である。それはまた、「力への意志」において用いられていた「人間との類比」というある種の擬人的思考を究極のところで「脱＝人間化」する試みでもあった(69)。

　永劫回帰の思想の内には、世界を生成の相のもとで捉える着想、生成における偶然性と必然性との一致、ギリシア的宇宙論とヘブライ的時間論との緊張など、多様な論点が含み込まれているが、ここではまず表現上の問題として、この思想が「同一物の」（desselben）回帰ではなく、「等しいもの〔同等なもの〕の」（des Gleichen）回帰と言われていることに注目したい。同等性を表す「AはAに等しい」（A ist gleich A）という場合、主語Aと述語Aとが区別されながら総合されているように、そこには単純な同一性とは異なり、差異を隔てた統一が意味されている。ニーチェの「等しいものの永劫回帰」の場合にも、「汝の人生のありとあらゆるものが、細大洩らさず、そっくりそのままの順序で還ってくる」(70)と言われるとき、そこで経験されるのは、堅牢なものと信じられていた実在性の解体であり、同一性の内に侵食してくる差異の事実である。等しいことが永遠に反復されるなら、そこには反復の原典《オリジナル》となる原的《オリジナル》な事実は存在しないため、あらゆるものが仮象としての相貌を帯びざるをえない。そしてここで何よりも決定的なことは、そうした回帰を洞察するその瞬間そのものが回帰するとされている点である。「私がその内へと結び合わされている結び目、諸原因の結び目は回帰する。この結び目が再び私を創造するであろう(71)」。

永劫回帰の洞察の瞬間である「大いなる正午」が回帰するのであり、回帰の循環運動を客観的に観察するための静止地点は存在しない。しかもここにおいては、回帰の外部に立つ第三の視点が不可能とされるだけでなく、回帰を洞察する視点そのものが回帰の中で形成されるものとすらされている。「この結び目が再び私を創造する」のである。そのためここでは、諸事象の仮象性のみならず、いわば諸事象の仮象性を見抜く地点そのものの仮象性が洞察されることになると言えるだろう。回帰という事態が、等しい事柄を「もう一回、いや無数回にわたり繰り返して意志する(72)」というかたちで表現される場合も同様である。回帰への意志というこの事態の内には、諸事象の回帰のみならず、そうした回帰を意志している意志そのものの回帰が含まれており、それと同時に、そうした回帰という事態そのものに対する全面的な肯定も併せて実現されているのである。もとより、このような永劫回帰の理論は、力への意志の理論とかならずしも論理的に必然的な関係にあるわけではないし、両者の関係は一方から他方が演繹できるといった類いのものではない。むしろ、永劫回帰の理論は、力への意志そのものの現象性格を仮象として示すことによって、力への意志を実在的な客観性の次元から、仮象という表現と像の論理の水準へと転換する役割を果たしている。

固有の視点から世界を開示する超越論的な遂行として理解された力への意志は、それ自身は実体的存在ではなく、過程としての性格をもつと主張されはしたが、やはりそこには、何らかの「意志する主体」が想定される傾向を完全に払拭しえたわけではない。そのような実体的主体の残滓を取り除くのが永劫回帰の思想である。もちろんこれは、超越論的な論理が宇宙論的な論理によって乗り越えられ解消されるということを意味しているわけではない。[73]回帰思想とは、力への意志そのものを否定するのではなく、力への意志の中心において、そのありさま自体を洞察させるという機能をもっている。その意味では永劫回帰と力への意志は独立した二つの思想ではなく、相互に次元を異にしながら互いを補完し合うものだとも言えるだろう。[74]

(ii) 仮象の仮象性

このように永劫回帰の思想において力への意志そのものの仮象性が見極められることによって、「仮象」概念は最終的な内実を獲得する。ここではもはや、遠近法的地平の相対性ということによっては汲み尽くされることのない仮象理解、つまり「実在性の一存在様式[75]」としての仮象という新たな理解が形成される。これはもはや、「真理」や「実在性」を自らの対立項とすることなく、仮象の仮象性をそれ自身の規定の内に含み込んだ独自の「仮象＝実在」という概念である。しかし、そもそも実在という対立項の側から規定されるのでない仮象を「仮象」と呼ぶのは明らかな形容矛盾のようにも思える。実在という準拠枠があってこそ、仮象ははじめて仮象として、つまり副次的で随伴的な像という身分を獲得するはずだからである。とはいうものの、ニーチェの目指すところが、形而上学的思考によって招来されるニヒリズムの超克にあり、その形而上学が拠って立つのが仮象と実在という二項図式である以上、実在性に準拠しないこの新たな仮象の理解こそが、ニーチェにとって最も困難でありながら最も決定的な問題となるはずなのである。

実際にニーチェはこの仮象性の規定に際しては慎重にも、「遠近法的光景を遠近法的光景として、現象を現象として把握すること」をすら——それが形而上学的思考を背景とする限りで——排除しようとしている[76]。なぜなら、「現象を現象として」、つまり仮象を仮象として捉える際には、仮象を実在と対置し、仮象を「真なる現実との関係における遠近法的限定[77]」とみなす思考が介入する可能性を防ぎ切れないからである。つまりここで仮象を「仮象として」、つまり「単に仮象にすぎないもの」として把握するならば、そこでの仮象は、より根源的な事態に対する制限として理解されることになるだろう。しかしニーチェはまさにそのような思考形態をこそ、ヨーロッパ形而上学、ひいてはニヒリズムの元凶として指弾しているのである。そこで、ニーチェの意図に即して「仮象」を理解するには、『偶像の黄昏』の表現に従って、「われわれは異なる世界とともに仮象の世界も廃棄してしまった(78)」というところから出発しなければならない。

「現象を現象として」という規定においては、そこでの「として」は、実在と仮象（現象）を二項的に捉える既存の理解地平をもとに、対象規定的な次元にその機能が限定される可能性がある。そのような地平的存在者に対する規定に局限された限りでの「として」は、当の地平を開く遂行そのものを記述するには不十分である。そこでニーチェは、力への意志のあり方そのものを表現する際には、「この世界は力への意志であって、それ以外の何ものでもない（und nichts außerdem）(79)」という独特の言い回しを用いている。実在との対比によっては捉えられない「仮象」概念も、これに倣って、「この世界は仮象であって、それ以外の何ものでもない」というかたちで規定することができるだろう。この「それ以外の何ものでもない」（nichts außerdem: nichts anderes als）という表現は、他の対象との関係をともなわないという意味である種の同語反復でありながら、それを記述する視点そのものの転換をもそれ自身の内に含んでいるという点で、自己再帰的な反省構造を表現している。つまりこの思考様式においては、あるものがそのものの内部にある視点から一旦は抜け出て自らを相対化するが、そこから何らか別の視点に移行してしまうのではなく、むしろそうした否定を介しながら再び自己自身に還って自己を肯定するということがなされているのである。そのためここでは自己規定が否定を媒介とした自己肯定として再呈示されることになる。このような思考に即して仮象を捉えるなら、仮象を仮象として、（als）反省的に理解しながらも、同時にその仮象を「単なる仮象にすぎないものとして」ではなく、仮象をそれ自身のあり方に即したかたちで把握する方向が開けることであろう。これはおそらくニーチェが否定していたのとは異なった意味で、「仮象を仮象として」語る方途になると考えられる。戯れに語呂合せをするなら、地平的規定である「……として」のAlsは、仮象性としての「かのように」（als ob）を経て、仮象における自己肯定としての「……以外のなにものでもない」（nichts anderes als ...）に到達したとも言えるだろう。

否定を介した自己肯定において仮象を捉えるというこの理解は、ニーチェが「等しいものの永劫回帰」ということで主張しようとしていたことと別のことではないだろう。「永劫回帰」とともに語られた「運命愛」（amor fati）とは、このような仮象性の肯定であり、しかもそれは、そのような肯定の場がけっして中立的な第三の視点においてではなく、「いまここ」の時点でなされるほかはないということをも示しているように思われる。回帰の外部は存在しないのであり、特定の遠近法によって規定された世界解釈の外側から自らの解釈の解釈性を見抜くことはできない。すでに見たように、仮象の仮象性、地平の地平性が洞察されるのは、世界解釈の遂行における遠近法の転換であったが、このような経験といえども、当の世界解釈をもはや解釈ではない客観的視点に導くことはない。その限り、あらゆる世界解釈を同価値のものとして並列し、中立性という名の相対主義に向かう方向もここでは禁じられていると言わなければならない。(80)つまり「等しいものの永劫回帰」とは、解釈の抗争に晒されながらも、けっして自らの視点そのものを放棄することができない、力への意志がもつ根本的な遠近法的性格をも同時に反映しているのである。したがって「永劫回帰」の思想は、力への意志の思想の深化を図り、そうした世界解釈の遠近法的性格の徹底化の果てに自らを相対化しながらも、同時にその自己自身を仮象として肯定するありさまを伝えようとしているものと考えられるだろう。

結語

「力への意志」の思想を出発点として、遠近法的地平の形成における力の自己表現の理解を経て、最終的に「永劫回帰」における仮象性の理解にまでいたったこれまでの議論は、生の根源的自発性とそれを洞察する知の関係をめぐって展開されてきたと言える。力の実現は、原理でありながら、同時にそうした原理の自己知の遂行でもある超越論的な事態として理解できるのであり、そのような自己遂行はそれ自身の活動を通じて自らの像としての「意味」を形成し、さらにその像を再び自らの力の遂行の内に映し込んでいく「表現」の運動である。力の評定という意味での系譜学的解釈も、まさにそのような表現と像化の論理によって可能になっている。このように遂行と知、表現と意味という問題群を中核に据えて整理を行うなら、これはひとりニーチェ解釈だけにとどまらず、現代の現象学にも共通する生産的な課題として理解し直すことが可能だろう。(81) なぜなら、現象の自立的・内発的成立と知の自己構成、あるいは現象の遂行と意味といった、単純な二分法による整理を許さない二つの契機の入り組んだ関係は、現象学がその現出の理論の深化に当たって、当初より問題とし続けてきた課題だからである。ハイデガーの現象学の規定である「自らを示すものをそれ自身の側から見えるようにさせる」という定式の内にも、「自らを示す」自発性と「見えるようにさせる」知という二つの契機がやはり正確に書き込まれていた。しかも、ヘーゲル的な「精神の現象学」が、「顕現した存在」(ens manifestum)を「規定された存在」(ens certum)として知の内に定着しようとするのに対して、現象学における現象と知の関係は、現象の自体性そのものを知として形成しながら、なおかつそれを知による「構成」に尽きないものとして捉えようとする緊張に満ちたものであった。そして「力への意志」からの「理性」の発生を語っていたニーチェもまた、現象の力動性に根差す知の自己形成というこの同じ問題に触れていたものと考えられる。

力の自己現出と知の関係をめぐるニーチェの思考は、最終的に永劫回帰の思想の内に結実する仮象の理解において頂点に達する。力への意志が展開する自己表現としての解釈は、さまざまに可能な遠近法的視点を自在に横断し、それによって自らの視点の絶対化を避け、遠近法的地平性そのものの仮象性を洞察するという働きをもっている。このような仮象理解は、力への意志がなおも潜ませている実体的思考の名残りが、「等しいものの永劫回帰」の思想によって決定的に解体されるときに十全に展開されるにいたるのである。ニーチェにおける遠近法的解釈の理論が目指すこのような方向を見るなら、そこにはガダマーに代表される哲学的解釈学との接点と同時に、それとの微妙な緊張関係をも認めることができる。地平的に媒介された了解遂行としての解釈を存在論的に記述しようとしたガダマーの解釈学も、そうした解釈の運動を「像」(Bild)と「原像」(Urbild)との緊張関係によって説明し、実体論的思考の枠組を乗り越えることで、ニーチェ的に言えば、像の仮象性とでも呼べるような次元を洞察する場に立っていた。とはいうものの、ガダマーの場合は、そのような仮象性、ないし地平の地平性の成立という事態をも、歴史的媒介という地平の論理によって解明しようとしていたのに対して、力への意志から永劫回帰の思想に向かうニーチェは、「大いなる正午」の絶巓において歴史的次元を突破し、地平の論理そのものををも踏み越えようとしているかに見える。ニーチェが目指したのは、歴史的対話における了解地平の変貌といった連続的発展として地平の拡張を物語ることではなく、地平そのものの成り立つ次元に向けて、媒介という地平の論理を一挙に突き抜けることなのであり、まさしくそうした次元を名指すのがニーチェにおける「仮象」という言葉であったように思われる。

地平的媒介の論理によっては捉え切ることができず、しかも実在と仮象という二項対立の果てにあるこのような「仮象」の理解をめぐって、ニーチェが目指したニヒリズムの超克という最後の戦いが争われる。世界の仮象性を、仮象に「すぎない」ものと見るのか、仮象「以外の何ものでもない」ものと見るのか —— ニヒリズムないし歯止めのない相対主義の克服は、この微妙な一点に懸かってくる。回帰思想を最初に語った『喜ばしき知恵』の一節にあるように、永劫回帰を伝えるデーモンは、「悪霊」でも「神」でもありうるのである。そこにおいてニーチェが取ったのは、回帰の中に踏みとどまり、自らの同一性の内に穿たれる非同一性としての仮象を見据えながら、同時にその仮象性を、仮象自体の自己との同等性として全面的に肯定するという途であった。「この最終的な永遠の確認と封印より以上の何ものも望まない（*Nichts meh zu verlangen*, als ...）ためには、どれほど自分自身と生を愛しまねばならないことか[82]」。こうしてニーチェは、虚偽としての仮象理解を潜り抜けながら、最終的に現象を再び「自己自身を肯定し……自己自身を祝福する[83]」「輝き」（Schein）として、いわば表現主体なき純粋な表現として見出すことになったのである。

（1） G. Benn, Nietzsche: Nach fünfzig Jahren (1950), Sämtliche Werke, Bd. 5: Prosa 3, Stuttgart 1991, S. 198-208.（ベン「ニーチェ死後 —— 五十年」内藤道雄訳、『ゴットフリート・ベン著作集』第二巻、社会思想社、一九七二年、四七—五九頁）

（2） Cf. H.-G. von Segerem, *Nietzsches Philosophie des Scheins*, Weimar 1999.

（3） Th. Mann, Nietzsche's Philosophie im Lichte unserer Erfahrung, Gesammelte Werke in dreizehn Bänden,

Bd. 9: Reden und Aufsätze 1, Frankfurt a. M. 1990, S. 685.（マン「われわれの経験から見たニーチェの哲学」三城満禧訳、『トーマス・マン全集』第九巻、新潮社、一九七一年、五二九—五五七頁）

（4）Fr. Nietzsche, *Die fröhliche Wissenschaft*, Scherz, List und Rache, Kritische Studienausgabe (=KSA), Bd. 3, S. 357.

（5）Id., *Nachgelassene Fragmente 1875-1879*, März 1875, 3 [62], KSA 8, S. 31.

（6）*Ibid.*, Frühling-Sommer 1875, 5 [20], KSA 8, S. 45; cf. id., *Nachgelassene Fragmente 1869-1874*, Ende 1870, 6 [7], KSA 7, S. 131.

（7）Id., *Morgenröte* 23, KSA 3, S. 34f.

（8）Id., *Die fröhliche Wissenschaft* 360, KSA 3, S. 607.

（9）*Ibid.*

（10）M. Jammer, Entropy, in: Ph. Wiener (ed.), *Dictionary of the History of Ideas*, II, New York 1973, pp. 112s.（『西洋思想大事典』第一巻、平凡社、一九九〇年、三〇七頁以降）

（11）Fr. Nietzsche, Sämtliche Briefe. Kritische Studien ausgabe, Bd. 6, Janur 1880-Dezember 1884, München 1986, S. 84f.: Brief 103 1 [16. April 1881]. ペーター・ガストを介して『熱力学』（*Mechanik der Wärme* 1874）の第二版を入手してこれを読んだニーチェが、ガストに宛てて書き送った葉書の一節である。「マイアーの著作のような、素晴らしく簡潔な喜ばしい書物を読むと、ある種の〈天体の音楽〉が聞こえるようだ」。この『熱力学』には、『無機物の諸力について』（*Bemerkungen über die Kräfte der unbelebten Natur* 1842）と『発動について』（*Über die Auslösung* 1876）が収められていた。Cf. G. Abel, *Nietzsche. Die Dynamik der Willen zur Macht und die ewige Wiederkehr*, 2 Aufl. Berlin/New York 1998 (1. Aufl. 1984), S. 49.

（12）Fr. Nietzsche, *Nachgelassene Fragmente 1880-1882*, Frühjahr-Herbst 1881, 11[139], KSA 9, S. 493.

（13）H. Blumenberg, *Legitimität der Neuzeit*, 2. Aufl. Frankfurt a. M. 1988, S. 157.（ブルーメンベルク『近代の正当性I』斎藤義彦、法政大学出版局、一九九八年、一六二頁）ブルーメンベルクは、力と自己保持の二つの契機を包括するものとして、「自己主張」（Selbstbehauptung）という概念を中心として論じている。大著『近代の正統性』のこの個所を含む第一部・第二部は、*Säkularisierung und Selbstbehauptung*, Frankfurt a. M. 1974 としても公刊されている。

（14）　H. Blumenberg, Selbsterhaltung und Beharrung. Zur Konstitution der neuzeitlichen Rationalität, in: H. Ebeling (Hg.), *Subjektivität und Selbsterhaltung. Beiträge zur Diagnose der Moderne*, Frankfurt a. M. 1996 (1. Aufl. 1976), S. 146. 近代における「自己保持」の原理を、ストア学派の影響史を軸として思想史的に取り出したのはディルタイの先駆的な論考である。W. Dilthey, *Weltanschauung und Analyse des Menschen seit Renaissance und Reformation. Die Autonomie des Denkens, der konstruktive Rationalismus und der pantheistische Monismus nach ihrem Zusammenhang im 17. Jahrhundert*, Gesammelte Schriften, Bd. 2, Stuttgart/Göttingen 1957.

（15）　William Ockham, *Quaestiones in librum secundum sententiarum (Reportatio)* II q. 8, Guillelmi de Ockham Opera Philosophica et Theologica, Opera Theologica V, ed. G. Gál, R. Wood, New York 1981, p. 158.「創ることないし創造と保持とは、神に関して異なったものではない。なぜなら何ものも、神によって保持されることなしには、神によって創造されることはありえないからである」（... producere sive creare respectu Dei et conservare non differunt, quia nihil potest a Deo produci quin ab eo conservetur）。

（16）　R. Descartes, *Meditationes de prima philosophia* III, Œuvres de Descartes, éd. Ch. Adam, P. Tannery, t. 7, Paris 1996, p. 49; cf. *ibid.*, Secundae responsiones, Propositio III, *ibid.*, p.168.

（17）　B. Spinoza, *Ethica* III, Propositio VII, Opera/Werke: lateinisch und deutsch, ed. K. Blumenstock, Darmstadt 1967, p. 272.

（18）　H. Blumenberg, Selbsterhaltung und Beharrung. Zur Konstitution der neuzeitlichen Rationalität, S. 188. ブルーメンベルクでは、この事態は、「他動詞的な保持の思想」から「自動詞的・再帰的な保持の思想」への移行として語られている。

（19） ニーチェによるスピノザ批判は、この「自己保存」ないし「自己保存」の思想をめぐってなされている。つまりニーチェ自身は、スピノザに多大の共感を示す一方で、スピノザが消極的な意味での「自己保存」の思想に囚われているものと理解しているのである。Fr. Niezsche, *Die fröhliche Wissenschaft* 1, KSA 3, S. 226; id., *Nachgelassene Fragmente 1880-1882*, Frühjahr-Herbst 1881, 11 [193], KSA 9, S. 517; id., *Nachgelassene Fragmente 1885-1887*, Ende 1886-Frühjahr 1887, 7 [4], KSA 12, S. 261; id., *Nachgelassene Fragmente 1887-1889*, Frühjahr 1888, 14 [121], KSA 13, S. 301. しかしこのような消極的な理解によって、「自己保持」の問題圏が汲み尽くされるわけではない。ニーチェにおいては例えば、「生そのものが力への意志なのだ。自己保存はその間接的なごくありふれた結果にすぎない」（*Jenseits von Gut und Böse* 13, KSA 5, S. 27）などと語られるが、こうしたことも、「余計な目的論的原理」との関係で言われているのであり、この原理はむしろ近代の自己保持の思想が同じく超克しようとするものにほかならない。しかも、永劫回帰の思想が最初に記されたというシルス＝マリーアでのメモ（id., *Nachgelassene Fragmente 1880-1882*, Frühjahr-Herbst 1881, 11 [141], KSA 9, S. 494）がマイアーに関する言及の直後に置かれているという事実や、「エネルギー保存の原理は永劫回帰を要請する」（id., *Nachgelassene Fragmente 1885-1887*, Sommer 1886-Herbst 1887, 5 [54], KSA 12, S. 205（*Wille zur Macht* [=*WM*], 1063）という発言などからは、ニーチェにおいても自己保持の主題が積極的に捉えられる可能性があったことが窺える。本論の議論ではこうした可能性を重視し、「自己保持」の用語をやや拡大して理解するために、自己保持と「力への意志」の対比を強調するアベルなどの解釈とは、ニーチェの位置づけに関するアクセントの置き所が異なっている。G. Abel, Nietzsche contra 'Selbsterhaltung'. Steigerung der Macht und ewige Wiederkehr, *Nietzsche-Studien* 10/11(1981/82), S. 367-404, bes. S. 368, 385f. Cf. H. Blumenberg, Selbsterhaltung und Beharrung. Zur Konstitution der neuzeitlichen Rationaliät, S. 197-199.

（20） B. Spinoza, *Ethica* III, Propositio VIII, p. 274.「事物が自らの存在において〔自らを〕保持しようと努める力動は、限定的な時間ではなく、無限定な時間を含む」（Conatus, quo unaquoque res in suo esse perseverare conatus, nullum tempus finitum; sed indefinitum involvit)。「自らの存在において保持しようと努める力動」に含まれる「無限定な時間」とは、まさに「持続的創造」をスピノザ的に言い換えたものと考えられる。

(21)　conatus は『リヴァイアサン』のラテン語版において、英語原典の endeavour に対応するものとして用いられている。Th. Hobbes, *Leviathan, sive de materia, forma, et potestate civitatis ecclesiasticae et civilis*: Principia haec motus parva, intra humanum corpus sita, antequam incedendo, loquendo, percutiendo, caeterisque actionibus visibilibus appareant, vocantur conatus: Thomae Hobbes Malmesburiensis Opera philosophica quae laline scripsit omnia in unum corpus nunc primum collecta, London 1841 (reprint: Bristol 1999), p. 40.

(22)　佐々木力『近代学問理念の誕生』第二章「リヴァイアサン、あるいは機械論的自然像の政治哲学」岩波書店、一九九二年、一一九—二六三頁。

(23)　R. Spaemann, *Der Ursprung der Soziologie aus dem Geist der Restauration. Studien über L. G. A. de Bonald*, München 1959, S. 201; D. Henrich, Die Grundstruktur der modernen Philosophie, in: H. Ebeling (Hg.), *op. cit.*, S. 97-99; S. Müller, Selbsterhaltung und "Wille zur Macht". Typik und Folgelasten eines Problemzusammenhangs bei Hobbes und Nietzsche, in: id., *Topographien der Moderne. Philosophische Perspektiven - literarische Spiegelungen*, München 1991, S. 25-75.〔ミュラー『近代のトポグラフィー——哲学的遠近法と文学的反映』武居忠通訳、創文社、一九九四年、二一—七一頁〕

(24)　Fr. Nietzsche, *Also sprach Zarathustra*, Von tausend und Einem Ziele, KSA 4, S. 74.

(25)　Id., *Nachgelassene Fragmente 1880-1882*, Frühjahr-Herbst 1881, 11 [284], KSA 9, S. 550.

(26)　Id., *Nachgelassene Fragmente 1884-1885*, Juni-Juli 1885, 36 [31], KSA 11, S. 563 (*WM* 619).

(27)　V. Gerhardt, Vom Willen zur Macht. Zur systematischen Konzeption des "Willens zur Macht" bei Nietzsche, in: id. (Hg.), *Friedrich Nietzsche: Willen zur Macht und Mythen des Narziss*, Frankfurt a. M. 1989, S. 70.「力への意志について語るということは、現代科学の圧倒的な主導性を認めながらも、人間の世界関係を、人

間が自ら自身に出会う領域へと再び根づかせるという試みの表現なのである」。

(28) *Ibid.*

(29) Id., *Nachgelassene Fragmente 1884-1885*, August-September 1885, 40 [42], KSA 11, S. 650.

(30) id., *Nachgelassene Fragmente 1887-1889*, Frühjahr 1888, 14 [80], KSA 13, S. 260 (=*WM* 693).

(31) Id., *Jenseits von Gut und Böse* 36, KSA 5, S. 55.

(32) Id., *Nachgelassene Fragmente 1882-1884*, Winter 1883-1884, 24 [9], KSA 10, S. 647.

(33) Id., *Nachgelassene Fragmente 1887-1889*, Frühjahr 1888, 14 [152], KSA 13, S. 334f.

(34) Id., *Nachgelassene Fragmente 1885-1887*, Herbst 1885-Herbst 1886, 2 [204], KSA 12, S. 167.

(35) Id., *Götzen-Dämmerung*, Die vier grossen Irrthümer 3, KSA 6, S. 90.

(36) Id., *Nachgelasssene Fragmente 1887-1889*, Frühjahr 1888, 14 [79], KSA 13, S. 259.

(37) 内藤可夫『ニーチェ思想の根柢』晃洋書房、一九九九年、九四頁。

(38) Fr. Nietzsche, *Also sprach Zarathustra*, Von den Verächtern des Leibes, KSA 4, S. 39.

(39) *Ibid.*

(40) Id., *Morgenröte* 584, KSA 3, S. 318.

(41) Id., *Nachgelassene Fragmente 1885-1887*, Herbst 1885-Herbst 1886, 2 [152], KSA 12, S. 141.

(42) *Ibid.*, Herbst 1887, 10 [158], KSA 12, S. 549 (*WM* 484).「思考がなされる場合には〈思考する〉何ものかが存在しなければならないというのは、まさしく、行為に対して行為者を設定するというわれわれの文法上の習慣を定式化したものにほかならない」。

(43) Id., *Nachgelassene Fragmente 1887-1889*, Frühjahr 1888, 14 [186], KSA 13, S. 373 (*WM* 636).

(44) Id., *Nachgelassene Fragmente 1885-1887*, Herbst 1885-Herbst 1886, 2 [148], KSA 12, S. 139 (*WM* 643).

(45) Cf. L. Longo, Aufdeckung der leiblichen Venunft bei Nietzsche, Würzburg 1987, S. 95-109. これに対して、アンリの解釈においては、力への意志の直接的な「内在性」が強調され、遠近法もある種の対象化ないし

距離化としては理解されずに、情感性という側面から分析されるため、解釈による地平形成としての具体的な知の成立が見えづらくなっている。M. Henry, Vie et affectivité d'après Nietzsche, in: id., *Généalogie de la psychanalyse. Le commencement perdu*, Paris 1985, pp. 249-293.（アンリ「ニーチェによる生と情感性」『精神分析の起源——失われた始源』森藍訳、法政大学出版局、一九九三年、二九三—三四七頁）

（46）Fr. Nietzsche, *Nachgelassene Fragmente 1885-1887*, Ende 1886-Frühjahr 1887, 7 [60], KSA 12, S. 315 (*WM* 481); cf. *ibid.*, Herbst 1887, 9 [151], KSA 12, S. 424 (*WM* 656); id., *Nachgelassene Fragmente 1887-1889*, Frühjahr 1888, 14 [174], KSA 13, S. 360ff. (*WM* 702).

（47）G. Abel, Interpretationsgedanke und Wiederkunftlehre, in: M. Djurić, J. Simon (Hgg.), *Zur Aktualität Nietzsche*, Bd. 2, Würzburg 1984, S. 96; id., *Nietzsche. Die Dynamik der Willen zur Macht und die ewige Wiederkehr*, S. 173.

（48）Fr. Nietzsche, *Nachgelassene Fragmente 1885-1887*, Herbst 1885-Herbst 1886, 2 [117], KSA 12, S. 120 (*WM* 600).

（49）*Ibid.*, Herbst 1885-Herbst 1886, 2 [151], KSA 12, S. 140 (*WM* 556).

（50）Id., *Nachgelassene Fragmente 1887-1889*, 1888, Frühjahr 14 [184], KSA 13, S. 371 (*WM* 567).

（51）Cf. Id. *Nachgelassene Fragmente 1884-1885*, August-September 1885, 40 [12], 40 [24], KSA 11, S. 633, 640f.

（52）G. Teichmüller, *Die wirkliche und die scheinbare Welt. Neue Grundlegung der Metaphysik*, Breslau 1882, S. 186.（強調は原著者）

（53）Fr. Nietzsche, *Nachgelassene Fragmente 1887-1889*, 1888, Frühjahr 14 [184], KSA 13, S. 371 (*WM* 567).（強調は原著者）

（54）Id., *Nachgelassene Fragmente 1884-1885*, April-Juni 1885, 34 [253], KSA 11, S. 506 (*WM* 493).

（55）Id., Die dionysische Weltanschauung 1, KSA 1, S. 553.

(56) G. W. Fr. Hegel, *Wissenschaft der Logik* II, 1.Teil, 2. Buch: Die Lehre vom Wesen, Werke, Bd. 6, 2. Aufl. Frankfurt a. M. 1993, S. 13-16.

(57) Cf. K.-H. Bohler, Ästhetik und Historismus: Nietzsches Begriff des »Scheins«, in: id., *Plötzlichkeit. Zum Augenblick des ästhetischen Scheins*, Frankfurt a. M. 1981, S. 121f.

(58) Fr. Nietzsche, *Nachgelassene Fragmente 1885-1887*, Herbst 1887, 9 [91], KSA 12, S. 384f.(*WM* 552); cf. id., *Nachgelassene Fragmente 1887-1889*, Frühjahr 1888, 14 [103], 3, KSA 13, S. 282 (*WM* 583C).

(59) Id., *Zur Genealogie der Moral* III, 12, KSA 5, S. 364.

(60) *Ibid*., KSA 5, S. 365.

(61) Id., *Ecce Homo*, Warum ich so weise bin, 1, KSA 6, S. 266: Perspektiven umzustellen. 複数形 Perspektiven が用いられていることに注意を促したい。

(62) これを示す例として、シェイクスピア『十二夜』の一節を挙げておく。「一」つの顔容、一つの声、一つの姿、しかるに二人の人物が。あるかと思えばあらぬとも思える、自然の描く騙し画《パースペクティブ》のよう」(*Twelfth Night*, V, 1: One face, one voice, one habit, and two persons, A natural Perspectiue, that is and is not)。この一句には、遠近法と仮象(「あるかと思えばあらぬとも思える」)という問題が二つながらに含まれているが、この「自然の描く騙し画」の語は、仮象のジャンル化とも言える「夢幻劇《ロマンス》」を論じたフライの古典的著作(N. Frye. *A Natural Perspective: The Development of Shakespearean Comedy and Romance*, New York 1965)の標題ともなっている(ただし邦訳標題は副題を採って、『シェイクスピア喜劇とロマンスの発展』三修社、一九八七年)。

(63) Cf. E. Panofsky, Die Perspektive als ‘symbolische Form’, in: id., *Aufsätze zu Grundfragen der Kunstwissenschaft*, Berlin 1985, S. 99-167.(パノフスキー『象徴《シンボル》形式としての遠近法』木田元・川戸れい子・上村清雄訳、ちくま学芸文庫、二〇〇九年)

(64) Cf. J. Baltrušaitis, *Anamorphoses, ou perspectives curieuses*, Paris 1955; S. Greenblatt, *Renaissance Self-*

Fashioning. From More to Shakespeare, Chicago 1980. 最近のところでは以下を参照。池上英洋「アナモルフォーズ・ヴァニタス・"cogito"」『美学』一九八（一九九九年）、蒲池美鶴『シェイクスピアのアナモルフォーズ』研究社出版、一九九九年。またベームの以下の評言も、遠近法と仮象性との密接な繋がりを背景に語られている。「ルネサンス遠近法から十七世紀の歪曲遠近法への歩みは、ルネサンス遠近法に合意されていた理念を深化・徹底させたものである」（G. Boehm, *Studien zur Perspektivität. Philosophie und Kunst in der Frühen Neuzeit*, Heidelberg 1969, S. 55）。

（65）Fr. Nietzsche, *Nachgelassene Fragmente 1885-1887*, Herbst 1887, 9[41], KSA 12, S. 354 (*WM* 15).

（66）Id., *Die fröhliche Wissenschaft* 347, KSA 3, S. 583.

（67）Cf. Fr. Kaulbach, *Nietzsches Idees einer Experimentalphilosophie*, Köln 1980. S. 101. また、このような視点の転換は、アフォリズムの集成というニーチェのエクリチュールにも端的に現れている。Cf. A. Nehamas, *Nietzsche. Life as Literature*, Cambridge/ London 1985, p. 37. これは、バロックの歪曲遠近法をテクストとしてかたどったものとも言える。

（68）Fr. Nietzsche, *Jenseits von Gut und Böse* 34, KSA 5, S. 54.「われわれと何らか関係のある世界が虚構であってならない訳があろうか」。

（69）「人間化」「脱人間化」の議論については、M. Heidegger, *Nietzsche* I, Pfullingen 1961, S. 371ff.; 358 を参照。ただしハイデガーは、ニーチェにおける「脱人間化」の試みは、最終的に「人間化」の強化に寄与し、「幕の上がった人間化」を生じさせるものとしているため、ここではその解釈は採らない。

（70）Fr. Nietzsche, *Die fröhliche Wissenschaft* 341, KSA 3, S. 570.

（71）Id., *Also sprach Zarathustra*, Der Genesende 2, KSA 4, S. 276.

（72）Id., *Die fröhliche Wissenschaft* 341, KSA 3, S. 570.

（73）永劫回帰の宇宙論的解釈の代表的なものとして以下を参照。K. Löwith, *Nietzsches Philosophie der ewigen Wiederkehr des Gleichen*, Stuttgart 1956（レーヴィット『ニーチェの哲学』柴田治三郎訳、岩波書店、一九六〇年）；E. Fink, *Nietzsches Philosophie*, Stuttgart 1960.（フィンク『ニーチェの哲学』吉沢傳三郎訳、理想社、一九六三年）

(74) ハイデガーの解釈においては、このような次元の差異が無視されたため、永劫回帰は単に力への意志を補強するものと捉えられ、そこにおいて主体主義的な存在理解が窮まったものとされる。Cf. M. Heidegger, Nietzsches Metaphysik, in: id., *Nietzsche* II, Pfullingen 1961, S. 283-291.

(75) Fr. Nietzsche, *Nachgelassene Fragmente 1887-1889*, Frühjahr 1888, 14 [93], KSA 13, S. 271 (*WM* 568).「〈仮象性〉はそれ自体実在性に属している。これは実在性の一存在形式である」。

(76) Id., *Nachgelassene Fragmente 1885-1887*, Sommer 1886-Frühjahr 1887, 6 [23], KSA 12, S. 241.

(77) *Ibid.*

(78) Id., *Götzen-Dämmerung*, Wie die 'wahre Welt' endlich zur Fabel wurde 6, KSA 6, S. 81.

(79) Id., *Nachgelassene Fragmente 1884-1885*, Juni-Juli 1885, 38 [12], KSA 11, S. 611 (*WM* 1067); id., *Jenseits von Gut und Böse* 36, KSA 5, S. 54.

(80) Cf. G. Deleuze, *Le pli: Leibniz et le Baroque*, London 1993, p. 20.「ライプニッツ、ニーチェ、ウィリアムおよびヘンリー・ジェイムズ、ホワイトヘッドにおいて、遠近法主義は相対主義に帰着するが、それはわれわれが考えるような相対主義ではない。それは主観によって変化する真理の変容ではなく、変容の真理が主体に対して現れる際の条件を言っているのだ。そしてこれこそがバロック的遠近法にほかならない」。

(81) 表現および像の論理を現象学の可能性として積極的に展開するものとして以下を参照。新田義弘『現代の問いとしての西田哲学』岩波書店、一九九八年、特にその第一部。

(82) Fr. Nietzsche, *Die fröhliche Wissenschaft* 341, KSA 3, S. 570.（強調はニーチェによる）

(83) Id., *Nachgelassene Fragmente 1884-1885*, Juni-Juli 1885, 38 [12], KSA 11, S. 611 (*WM* 1067).「まったく同等な自らの軌道と年月を辿りながらも自己自身を肯定しつつ、永遠に回帰せざるをえないものとして、いかなる飽満をも、いかなる倦怠をも、いかなる疲労をも知らない生成として、自己自身を祝福するもの」。

VI　仮象の文献学と永劫回帰
――仮面・像・反復――

序　皮膚と仮面の哲学

思想の微かな味わいを見分ける繊細な哲学的味覚をもち、文体の肌触りを感じ取る鋭敏な文学的皮膚をもっていたニーチェは、表層の感触や衣装の隠喩を好み、「奇妙な言い方」と断りながらも、およそ最も関心を引く事象として、物事の「皮膚感覚」（Hautlichkeit）について語っている。「深みに棲む人間は、時に飛魚に似たものとなり、波頭の切先で戯れることに至福を覚える。彼らが物事に関して最善のものと評価すること――それは、それらが表面をもっているということ、つまり（奇妙な言い方だが）その皮膚感覚である(1)」。表層の謎めいた揺らめきこそが物事の真相を摑もうとする者を魅了し、その繊細さが思考の敏感な感性を惹きつける。表皮は何ものかを包み隠しているかのような所作によって見る者を欺き、深さを謀《たばか》り、表層との戯れを喚起する。表面はおのずからその姿を変転させ、千変万化する多彩な表情を見せるだけでなく、変化して止まないその皮膜は、見る者の視線に応じてそのつど新たな相貌を呈し、現実とも虚構とも決めがたい中間世界としての仮象を形成する。

ニーチェにとっては、皮膚という表層、そしてとりわけ特権的な皮膚である顔ですら、他者との対面や裸形の他者性を示すものではなく、常に「仮面」によって自らを覆い隠し、直接的な関係を妨げる距離を示唆している。「仮面」という「顔貌以上のもの、……完成された顔」(リルケ「仮面」)は、顔を覆い、現実の姿を隠すだけでなく、顔を占拠し、顔の優位を奪ってしまうものでもある。それどころか、仮面は自らの表面の上にさらに仮面を重ねることで、表層を発生させ続ける仮象の多層化を表現する。「すべての深い精神の周囲には、絶えず仮面が成長する。彼の発する一語一語、彼の一挙手一投足、彼の生の徴の一つひとつが、たえず間違った解釈に、すなわち表層的な解釈に晒されるためである」(2)。剥き出しの顔貌は、ひとたび仮面を被って自らを覆い隠した途端、さらにその仮面を覆う次の仮面を被せられ、可視性を可視性によって硬直させていく仮面の連鎖状の詐術に囚われることになる。「解釈」というメデューサの眼差しによって引き起こされる可視性の呪縛は、見る者と見られる者を共に仮象化の運動の内に巻き込み、仮象同士の空虚な邂逅を重層化していく。

ニーチェにとって、顔貌や仮面は、何らかの他者性というよりは、むしろ他者と自己の境界の喪失、あるいは顔貌自体と仮面の区別の消滅を示す役割を担っている。仮面が仮面を生み出し、解釈が解釈を引き寄せ、しかもそれらが常に顔を覆い隠し、原典を塗り替えるのだとしたら、仮面や解釈はオリジナルを反復するのではなく、その変奏とそこからの逸脱を繰り返すことで、オリジナルを宙吊りにしてしまうことだろう。無限に連鎖する新たな仮面や解釈は、さらに別の表面に覆われることによって、それ自身が背面となり、次々と背後へ後退していくが、そのような後退はけっしてそこに深みや奥行きを作り出しはしない。それどころか顔貌は、背後に退くことによってますます浅くなり、自らを増殖させることによってますます表面的となる。仮面はオリジナルの顔貌を背後に押し遣るように見えながら、むしろ顔貌を無数の仮面とともに表面へと浮上させ、顔貌の特権性を最終的に消滅させる。『人間的、あまりに人間的』の一節が語るように、俳優は自分が演じる悲劇と苦悶の表情について、「自分自身の見物人として涙を流す」ばかりか、「常に同じ役を演じる偽善者は、ついには偽善者であることをやめ」、やがては「仮象は存在へと転じる」(3)のである。仮面はその仮面性をオリジナルへ感染させ、オリジナルであったはずの生身の顔貌をも仮面へと変貌させることによって、生身の顔の死をもたらす。仮面の増殖とともに裸形の顔貌が希薄化し、顔の壊死が進行することで、仮面はやがて顔と癒合し、ついには顔と見分けがつかなくなった仮面は、顔それ自身のデスマスクと化す。

　顔と仮面をめぐるこうした悪夢のような反転劇は、同一性の失効と反復の復権をめぐるニーチェの秘義、「等しいものの永劫回帰」の思想の内に浸透し、その伝達の様式をも規定しているように見える。無限の増殖によって同一性を抹消し、オリジナルの本源性を疑問に付すその思想は、自己が無限の仮面のなかにその自己を見失い、無数の反映の内に自己の姿を追い求める夢幻的な光景を喚起する。「お前が現に生きて、これまで生きてきたこの人生を、お前はもう一度、さらに無限回にわたり生きなければならないだろう[4]」――『喜ばしき知恵』において秘めやかにこう語り、永劫回帰を告知する悪鬼《デーモン》は、見知らぬ他者というよりは、もう一人の自己《アルター・エゴ》のような親しさと不気味さをもって、いつ出現したともなく忍び寄り、気づいたときにはすでに傍らに居合わせている。この悪鬼は自己の影であるのか、あるいは自己のほうがこの悪鬼の影であるのか、そうした問いは永劫回帰の思想の中では確かな手応えを失い、ひたすら空転し、失速する。仮象が乱舞し、仮面が反復し、回帰の合わせ鏡に映った自己の無数の映像は、そのなかから「真の自己」を探し出す試みを徒労としてしまう。

このような表層感覚は、古典文献学を出発点としながら、やがてそこから文献学の鬼子とも言うべき系譜学を生み出していくニーチェの異《パラ》-文献学の思考をも貫いている。ニーチェがその学問的経歴の発端において、著者や原典の実体的な統一性に疑義を呈し、意味を多元的に分散させる独自の文献学の精神を培っていったとするなら、そしてまた、起源へと遡及する文献学の探求がついには起源を解体してしまうことで歴史と時間の逆説に出会ったとするなら、永劫回帰の思想こそが、そうしたニーチェの仮象の感性と文献学の思考が最終的に出会う地点であり、つまりは解体的な解釈学、あるいは仮象の文献学を発生させる場所となることだろう。

一　「仮象」の自己生成と像の演劇術《ドラマトゥルギー》

(i) 皮膚・仮面・衣装

「皮膚」や「表面」、あるいは「衣装」といった「浅さ」をめぐる感覚は、ニーチェが古典文献学者として学問的経歴を始めた時点で、すでにニーチェに取り憑き、その思考の内に織り込まれているように見える。古典的文献学という学問そのものが、「修辞」や「文体」という言語的表層を扱う学問であるというだけでなく、文献学の主題となる古典的文献そのものが、歴史的伝承の複数の過程が縺れ合い、原典と後世の加筆、あるいは正典と偽書の区別をつけるのが困難な伝承の薮のなかで形成されるものだからである。原典が註解や加筆によって覆われ、正典が偽書によって占拠され、原典としての特権性が簒奪される光景の前で、ニーチェは文献の真正性を実証的に確定する正統的な文献学から徐々に離れ、むしろ文献学の批判精神を引き継ぎながらも、そこに見え隠れする仮象感覚に囚われていくことになる。そこから、ニーチェ的文献学は、オリジナルと仮象、中心と周縁の区別が揺らぐに任せ、本体と衣装、顔貌と仮面の境界を流動化する点で仮象の文献学の性格を帯び、それとともに仮面や衣装への愛好を示し始める。実際に、バーゼル大学の教授就任講演「ホメロスの人格について」において、文献学上の「ホメロス問題」を、『イーリアス』『オデュッセイア』の伝承過程から歴史的・美学的に構築された「人格」の問題とみなし、ホメロスの歴史的実在性よりもその美的虚構としての価値を優先させたとき、ニーチェは――「仮面」を意味する「人格」（πρόσωπον; persona）の語の原義にきわめて忠実に――ホメロスという「人格」を、ある観念が自らを隠しながらその姿を示す「仮面」とみなしていたことになるだろう。著者の特権性を解除し、著者の同一性そのものを間テクスト的な歴史的形成へと譲り渡すことで、「ホメロス」は、顔をもたない仮面だけの存在と化し、その名前は何ものをも表すことのない空虚な記号へと転じる。顔貌からその心理や性格を読み取る「観相学」、あるいはある事象を特定の意味内容の表現と見る「記号学」の及ばない仮象の領域において、ニーチェの思考は、反観相学的・反記号学的な表層論にあくまでもとどまり、その表層の皮膜が見せる多様な表情とその形成過程《ファッショニング》をつぶさに見届けようとする一種の「衣装哲学」を形成していく。

『悲劇の誕生』と同時期の講演「ギリシアの楽劇」においても、アイスキュロスがヴェールのような襞取りの貫頭衣を舞台衣装に取り入れることでギリシア悲劇が完成に向かったという想定がなされ、そこからギリシア文化全体に浸透する衣装感覚・表層感覚が読み取られている。「ギリシアの楽劇は、古代芸術総体にとって、その軽やかな襞の役割を担っている。個々の諸芸術の重苦しさのすべて、孤立したすべての点は、その襞によって克服されたのである(5)」。裳裾を舞い上がらせ、嫋《たお》やかに風をはらむ襞取りの衣装は、芸術における軽やかで典雅な趣味を具現化するだけでなく、文化や思想の趣味を表現する象徴的形象となる。「ギリシア人は生きることに長けていた。そのためには、あえて表面に、襞に、皮膚にとどまること、仮象を崇めること……が必要なのだ。……ギリシア人は表面的であった——深さゆえに(6)」。『喜ばしき知恵』のこうした言葉の内にも、ギリシア人における表面や襞というモチーフが鮮明に刻み込まれ、生そのものの運動が表層と深淵の捩れた関係として、つまり自らの内に深さと浅さを作り出す襞として語られている。襞の戯れとみなされた生は、外部と内部の境界で漂いながら、「仮面」や「衣装」といった表層をめぐるさまざまな語彙を自らの周囲に張り巡らし、それ自身を襞によって幾重にも覆っていく。

ニーチェにとって「衣装」や「襞」、あるいは「仮面」といったイメージは、哲学的思考の水準では、表面と本体の流動的な関係を表すことで、形而上学的伝統の内に根づいた実体の観念を揺さぶり、また思考の表現の水準においては、完結的体系とは異なった統一性の新たな理念や文体の様式を暗示することで、思考の遂行や表現における複合的な問題を横断する多義性を具象化する。軽やかな襞の揺らめきは、対象を強引に囲い込むものでもなければ、閉ざされた領域内部で完結するものでもない。舞台衣装のヴェールが、その内にたっぷりと風を呼び込み、豊かに波打ち、外部と内部とを繋げながらその境界を移動させていくように、表層の思想は、概念の伽藍を建立する「理性の建築術」（カント）という構築の意志を挫き、「絶対精神の自己展開」としての「百科全書《エンチクロペディ》」（ヘーゲル）に窮まる「円環をなす知《エンキュクリオス・パイディア》」（ἐγκύκλιος παιδεία）の自己完結性を緩やかに解きほぐしていく。

ニーチェの多義性の思考は、身体や実体の「周縁《パレルゴン》」である襞やドレープそのものを、二次的な付加物や単なる見せかけとしてではなく、「本体《エルゴン》」が自らを表出する透過性の浸透面として捉え、しかもその本体をも、無差異の均質体ではなく、それ自体が襞やドレープによって形成される錯綜体とみなそうとする。原典《オリジナル》として想定される本体もまた、それ自体が同様に襞なのであり、探究の終着点ではなく、永遠に開始し続ける始まりなのである。この襞の運動は、可能性を新たな可能性へと受け渡す連鎖状の流れをどこまでも産出し続け、何らかの現実性において終端に達するということがない。表層が表層自身の上に折り重ねられることで、幾重にも絡み合いながら波打ちはためく襞やドレープが形成され、実体的に固定しえない力動が伝えられていく。それ自身を次々と表層化する表面の襞、その襞の多彩な表情と繊細で眩惑的な光景が、生成し変容する現実を浮かび上がらせるが、そこで現れる「現実」とは、実体や根拠といったものではなく、むしろ襞と襞との交錯、ドレープの自己生成という以外には言いようのないものである。表層を捉えようとする者は、ヴェールを捲り上げて裸形の現実を覗き込もうとする窃視者の誘惑に逆らって、自らがヴェールをはためかせる風と化し、波打つ力の波動を受け取らなければならない。そのため、表層や仮象をめぐるニーチェの強い関心は、単なる表面や皮膚感覚に対する愛着に尽きるものではなく、むしろ表層を突き動かし多重化する純粋で錯綜した波動状の運動への熱狂に根ざしている。表層がどのような動きに応じてしなやかさを獲得し、どのような手段によって存在を象《かたど》るかという点にこそ、ニーチェの仮象論の核心を見ることができるだろう。

(ii) 闇の光学

純粋な内在性にして、それ自身としては不可視の生が、ヴェールを身にまとうことによって顕現し、沈黙の生が自身を語るための言葉を獲得する。ニーチェの処女作『悲劇の誕生』が、表層やヴェールの形象をちりばめながら語ろうとしたのは、「根源的一者」である「意志」の暴力性と、その力から生を守る障壁である「仮象」のヴェールをめぐる攻防であった。そこでは、根源的意志を覆う「マーヤーの薄紗《ヴェール》」(ショーペンハウアー)としての現象世界をめぐって、ヴェールを切り裂き剥離する所作と、ヴェールによって覆い隠す所作とが競い合う。「高貴な単純さと静謐な偉大さ」というギリシア的明朗のヴェールを透かし見て、そこにディオニュソスの闇の力を発見し、その力動を探ろうとする『悲劇の誕生』は、ヴェールの被覆(Verhüllung)と剥奪(Enthüllung)をめぐる力学であり、揺蕩《たゆた》う表層の織りなす複雑な形状を見極める皮膜の位相学なのである。ディオニュソスは自らの内に退去しながら暗黒の奈落へと沈み込み、それを覗き見ようとする誘惑に駆られた者を狂乱の淵に引き攫《さら》うが、アポロンの仮象はその者を精神の闇から救い上げ、光の皮膜を張り巡らせることで精神を保護し、崩壊の淵から救出するのである。

アポロンの仮象はディオニュソスの圧倒的な暴力性から生と精神を保護する皮膜として成立し、またその逆に、ディオニュソスはアポロンの仮象を媒介とすることによって、それ自身は不可視でありながら、恐るべき美の相貌のもとで顕現する。皮膜や襞は、それをまとう裸体を優美で高貴なものに見せるため、見る者は、その背後の実体を直接に見ようとする欲望を抱き、覆いを剥ぎ取る誘惑に誘われるが、その皮膜を剥がしたからといって、そこに純粋な美の本体が現存するわけではない。それどころか、シラーの『ヴェールに覆われたイシス像』（Das verschleierte Bild zu Sais 一七九五年）が語るように、ヴェールを取り去り、イシス神殿に据えられた美の神像を直視しようとする者は、その恐るべき姿の前に息絶えるのである[7]。ディオニュソスの逆巻く混沌は、ヴェールという表面に覆われ、その皮膜に護られることによって、ようやくその姿を正視することが可能となり、そこに芸術という美的仮象が成立する。アポロンの仮象は、破滅の境界線上、可視性と不可視性、形象性と形象化不可能性とのあいだに生じるかろうじて認識可能な「中間世界」であり、無数の映像《ファンタスマ》が去来する幻影像《ファンタスマゴリー》、いわばサロメのいない「七つのヴェールの踊り」なのである。

「芸術のみが、存在の戦慄と不合理をめぐる厭うべき反省を、生きることを可能にする表象へと変成させることができる。これらの表象こそ、戦慄すべきものの芸術的制御たる崇高なるものと、不合理なるものの嘔吐からの芸術的解放たる喜劇的なるものである[8]」。ニーチェの理解に従う限り、ギリシア演劇の崇高と喜劇は、「存在の戦慄」の顕現形態として表裏一体を成すものであり、アリストテレス的な「道徳性」を範例とするのではなく、表象の限界領域に生じる仮象の運動性の内に成立する。ニーチェにとって、ギリシア悲劇におけるアポロンの仮象は、表象不可能性の表象、可視性の限界そのものの可視化にほかならない[9]。このようなギリシア演劇の理解の内にはすでに、実体論的な形象理解を超えるばかりか、美的現象を表象の臨界としての崇高や滑稽へと解き放つ契機が含まれている。つまりここには、何らかの実体を想定したうえで、仮象をその類似像《ミメーシス》というかたちで捉える理解を挫折させ、調和や総合としての美という古典的な美学を超える事態が示唆されている。

　このような仮象の理解ゆえに、『悲劇の誕生』においてニーチェが目指すのは、ヴェールを剥奪してその背後の根源を剥き出しにすることでもなければ、ショーペンハウアーのように、ヴェールともども実体としての意志を滅却することでもなく、あくまでもディオニュソスという世界の根源的動態の表現と像化の論理を洞察し、「仮象による救済」を主軸にして美的現象の生成を見届けること、それとともに芸術の様相の下に世界を肯定する美的主体の形成を見極めることであった。そのためニーチェは、ディオニュソスの闇からアポロンの光が誕生する経緯を、歴史的な影響関係や、心理学的な因果性に依拠するのではなく、闇と光の交錯を叙述する仮象の光学とともに提示しようとしている。ニーチェ自身が比喩的に語っているように、肉眼で光を凝視し続けると、目を逸らしたときにその過剰な輝きの補正として、視野の内に闇の斑点が浮かぶのとちょうど逆に、精神の眼は、闇を凝視し続けると、その反動として自らの視界の内に光を生み出す。「ソポクレスの英雄という光の像化現象、つまりアポロン的なものという仮面は、自然の恐るべき内面へと向けられた眼差しの必然的所産であり、戦慄すべき夜によって傷つけられた眼を治療するためのいわば光輝く斑点なのである(10)」。つまりアポロンにおける輝く仮象は、ディオニュソスを取り巻く闇が、自らを闇の内に像化することによって発生する。

アポロンはディオニュソスと別の神格として独立して存在するというよりは、ディオニュソスの力の効果、その力に抗する生の反動、あるいは陶酔の中で夢見られた幻影として立ち現れる。怒濤の狂乱と暗黒の乱舞であるディオニュソスは、自然の「造形力」によって自らを像化し、その原初的力動の内に像を分化させ、闇の内に最初の亀裂を走らせる。仮象とは、漆黒の闇が闇自身の内に落とす影なのであり、闇に映る闇の像、闇に浮かぶ闇自身の残像なのである。

そのため根源的仮象は、それ自身としては形象も概念をもたず、ディオニュソスの原初的顫動として、つまり「音楽」として立ち現れ、さらにこの仮象の始源的波動である音楽において像化の累乗化が発生し、仮象がそれ自身の内で二重化する。こうして、「音楽における根源的苦痛の反映——形象なき、概念なき反映——は、仮象におけるその救済とともに、いまや個々の比喩あるいは実例として、第二の鏡像化を生み出す[11]」のである。

(iii) 像と原像

ディオニュソス的根源の現象であり、「世界の反復」、「根源的一者の模像」である音楽がアポロンの形象性を喚起し、そこに可視化可能な形象を産出することによって、「仮象の仮象」であるギリシア悲劇、およびその原型である抒情詩が成立する。根源的一者は、脱中心的な意志の力に即して、自らを引き裂き、自身を多重化し像化することで、仮象の仮象性の度数を上げていく。このような仮象の非連続的な累乗化とともに、その像を創造し受容する芸術的主体が生成する。「この自我性（Ichheit）は、目覚めている経験的・実在的な人間の自我性と同一のものではなく、唯一の、およそ真に存在する、永遠なる、諸々の事物の根底に安らえる自我性であり、抒情的天才はこの自我性のさまざまな模像（Abbilder）を通して諸事物の根底まで洞察するのである」(12)。音楽から抒情詩、そして悲劇へいたる仮象の昇華過程とともに、経験的自己と区別される芸術的自我性、「主観であると同時に客観であり、詩人かつ俳優であると同時に観客でもある」主体、いわばオルフェウス的主体が誕生する。その点で、生の力動を基盤にギリシアのオリュンポス的仮象の世界を叙述する『悲劇の誕生』は、芸術の誕生譚としてのオルフェウス神話についての形而上学的演劇《ドラマ》であり、そこにおいては、仮象論と力動論、アポロンとディオニュソスを、どちらか一方の視点のみに原理的優位性を与えることなく、抗争状態において互いに競い合うさまを描き出すことが課題となっている。仮象論と意志の形而上学とが混在し、その両者が捩じれながら結び合うところに、アポロンの仮象と根源的意志としてのディオニュソスという構図、およびその両者を特徴づける現象と根拠という配置が成立する。二つの極をなす両者の葛藤は、常に緊張状態にとどまったまま、その「象徴的能力」によって「中間世界」としての仮象を顕現させるため、この仮象の世界は、アポロンとディオニュソスの媒介であるにしても、けっして両者の融和や総合ではなく、それ自身の内に再び自らを像化する自己分化の契機を含みもつ。ディオニュソス固有の闇の光学は、ここに仮象の守護者としての芸術的・オルフェウス的主体を見出すと同時に、仮象の累乗化の原理を見抜いていくのである。

アポロンとディオニュソスという神話的形象は、そのそれぞれが何らかの哲学的契機に対応するというよりは、両者の闘争と緊張関係が形象化の運動そのものを表し、仮象と根源、意味と力の調和しがたい差異を浮彫りにしていく。『悲劇の誕生』の論述は、根源がいかに自らを像化するかという関心に貫かれ、形而上学的な原理論と仮象の現象論の内に、像化の論理を見出していくものであった。とりわけ、根源的意志と音楽との関係を記述する表現、「音楽は意志として現象する」[13]という主張には、根源的一者の形而上学理解と現象論的理解が交叉し、その両者の間隙に像論としての仮象論が出現する地点が指し示されている。形象に対して破壊的な作用を及ぼす意志は、形象を母胎とする芸術と一致することは不可能であり、原理的には両者は厳然と区別されなければならないが、音楽を体現する抒情詩人は、「音楽を意志という形象によって解釈する」ことで、音楽という媒体を介して根源的意志を表現する。したがって抒情詩人は、音楽的形象という美的現象の領域に護られながら、音楽を自らの内に逆巻き咆哮する情念の像として表出し、「ディオニュソス的音楽」を成立させる。

こうした像化の理解は、音楽を単に主観的情念の発現とみなす「模倣《ミメーシス》」論とは異なり、表現されるべき実体的原理とその事後的表出という階層的な二重構造によっては定式化しえないものである。ニーチェの主張を正確に理解し、その定式が、「意志は音楽として現象する」ではなく、「音楽は意志として現象する」と表現されている点を厳密に考えるなら、ニーチェの主張においては、実体と現象という構図が崩され、その階層構造が反転させられていることが推察できるだろう。形而上学的な根源としての意志が先行して、それが付随的・偶存的に「音楽として」現象するというのではなく、音楽という現象は、それ自身を「意志の形象によって」、つまり意志の像と理解することを通じて、自らが根源の像たることを洞察するのである。意志は、音楽という現象の側に立つことによって、はじめて「根源的」意志として、つまり「像」(Bild) の根源たる「原 - 像」(Ur-Bild) として自らを示す。その限り、像と原像はあくまでも非対称的な関係であり、一切を像の一元的世界へと解消してしまう表象論ないし相対主義の論理とは一線を画し、像自身が自らの根源を洞見する眼差しを放棄することはない。しかしその根源は、経験的現象に対する「背後世界」として想定される形而上学的原理ではなく、像における自己解釈を通じてのみその根源性に即して観取されるという点で、それ自体としては現前化不可能な根源であり、形象化不可能性の像である。

こうして、アポロンの形象性とディオニュソスの根源性は互いに不可分でありながら、その関係は対等なものではなく、一方の項を根源とする非対称的な関係であること、それにもかかわらずすべてがその根源によって形而上学的に根拠づけられるのではなく、逆に当の根源の成立のためには、根拠づけられたものの側が、根源の現出の条件となっていることが、像論的な論理によって示される。したがって、『悲劇の誕生』の核心を成すのは、根源的一者と現象との外在的な関係と、美的仮象を通じて根源の現出を捉えようとする現象論的・超越論的な内在的関係との緊張であり、形而上学と仮象論という相反する視点相互の衝突である。『悲劇の誕生』の論述では、形而上学的な叙述法がいまだに優位を占めているとはいえ、そうした形而上学的思考を内側から食い破るような仮象論がそこに潜んでいるのも確かである。そこには、現象一元論とは異なる非対称的な関係性を開く像の論理が、形而上学的な原理性とは異なる根源理解を産み出す予徴が示されてもいる。ニーチェ自身は、実体的根拠と現象との形而上学的階層化をやがて拒絶し、仮象の論理を徹底しようとするが、その場合に問題となるのは、像と原像のあいだの像論的差異をいかに理解するかという点である。『悲劇の誕生』に残存する形而上学的構図に立脚するなら、原像として開かれる根源をディオニュソスと呼び、原像と像が差異化する一種の定点の位置に美的主体の成立を見るといった論述が成立する。しかしこうした叙述においては、美的主体は、ディオニュソス的な生の力動に対して観想的な視点に限定され、主体性と力動性の関係が外在的なものにとどまることによって、主体の自己形成における力の作動を十分に見届けることができなくなる。そのため、当の美的主体にとっては、形而上学的思考と現象一元論は、同じ事柄の異なった表現として等価のものとなり、そのどちらかの優先権を定める決定的な理由は存在しないということになるだろう。

ニヒリズム的論理とも言えるこうした構図を拒絶して、やがてニーチェが辿るのは、美的主体を審美的・観想的視点から解き放ち、それ自身を力の作動として理解する方向であり、生の力動性を根源それ自体とみなすのではなく、像と原像の差異化そのものに生の力動性を認め、そこにディオニュソス性を発見していく道である。なぜなら、生の力の作動を差異項の一方に同一視するのではなく、差異化そのものとして捉えることによってこそ、ディオニュソスははじめて、根源的意志の「像」ではなく、根源的意志の「力」として洞察されることになるからである。のちに『悲劇の誕生』の新版に付された「自己批判の試み」において、この著作は「歌うべきであり——語るべきではなかった[14]」と言われるのは、このような事情に対応しているとも考えられる。美的主体そのものの内に、原像と像の差異化を組み込み、自らを表現すると同時に隠蔽する像の差異化の構造を内在的に見抜いていくことによって、やがて「力への意志」と呼ばれる原的差異化の次元が見出されていく。表象の臨界にあって、表層性と運動性のパラドクスを貫きながら、像の論理そのものを起動させる力の振動の契機が、ここに浮かび上がってくる。被覆と剥奪をめぐる仮象の位相学の内に、表層の揺らぎに寄り添いながらその運動を精査する像の力学が導入される。「力」の次元は、表層性と運動性が相互否定的な統一とみなされるこうしたパラドクスを貫徹することによって見出されるのである。

二　仮象のエクリチュール

(i) 隠喩と遠近法

ニーチェの表層感覚は、『悲劇の誕生』において、形而上学との緊張のもとで仮象理解を多様化し、形而上学的な構図に解消しえない像論の可能性を開いていった。そうした像と力動をめぐる感触はニーチェ自身の思考にとどまらず、その著述のスタイルにまで浸潤していく。自己完結を望む哲学的思考の習性に逆らって、何らかの原理に収斂することを拒み、絶えず彷徨し変貌しようとするニーチェ独自の感覚は、厳密な論理的・体系的叙述とは異なり、思考を横滑りに連動させていくアフォリズムの形態に具体化される。ある着想から別の着想へと次々に跳躍していくアフォリズムの技法は、断絶しながら連繫し、思考を変形させながら、思いもかけない文脈へと接続させる識閾下の発見術である。連想の連結肢《シナプス》の明滅によって、推論や合理的予測の裏をかき、まったく異なった領域同士の間隙が瞬時に飛び越され、そこに予想もしなかった光景が見出されていく。ニーチェにとってアフォリズムという表現様式は、悟性的論理の整合性を寸断し、経験の一貫性の内に思考の強度を介入させることで、平坦で円滑な経験をそれ自身の内で波打たせる撹乱の試み、あるいは非連続性に向けて飛躍させる跳躍実験であった。

アフォリズムの形態は、思考を転移させ、意味をずらし、創造的な変容をもたらすという点で、言語における隠喩《メタファー》の使用に相当する。相互に無関係の項目を、連想によって魔術的に結合する隠喩的感覚は、ニーチェの文体と思考を支配しているだけでなく、すでに初期の修辞学講義において理論的反省の対象となり、やがて言語一般の隠喩的特性として普遍化されたものである。未完の「道徳外の意味における真理と虚偽」では、通常は言語の外見上の装いとして、文体の「衣装」とみなされる修辞学が、その表層感覚とともに肯定され、言語上に発生する表層的装飾としての隠喩を言語そのものの本質に繋げていく考察が繰り広げられている。互いに必然的な関係が存在しない感覚刺戟・形象《イメージ》・音の領域が、「ぎこちない翻訳」(15)（eine nachstammelnde Uebersetzung）によって相互に移行し、それぞれの領域が非連続的に接合されるといった構図によって、言語や思考の成立から模写的・転写的理解が排除され、それとともにその因果的根拠づけや心理学的動機づけの思考が破棄されていく。こうして、感覚刺戟にとっての物自体、形象にとっての生得観念、言語にとっての自然的有契性といった関係が廃棄されていく。それぞれの領域のあいだには説明可能な合理性は存在せず、創造的な飛躍によって異質な項目同士が隣接し、そこに隠喩としての真理が発生する。その点で、初期の修辞学講義「古代修辞学の叙述」において、字義通りの意味を否定し、「われわれが依拠しうる非修辞学的な言語の〈自然性〉などは存在しない」[16]と語られていた事柄が、「道徳外の意味における真理と虚偽」にあっては、言語にとどまらず、観念や認識そのものにまで普遍化されていると考えられる。未完とはいいながらこの論考では、原始的感情の自然な表出としての叫びに言語の起源を求める理論――コンディヤック（Etienne Bonnot de Condillac 一七一五―八〇年）やルソー（Jean-Jacque Rousseau 一七一二―七八年）など、十八世紀的な言語起源論においてしばしば流布した想定――が拒絶され、恣意的体系としての言語理解に近い着想が提起され、音声と観念との無契的・恣意的関係を繋ぐ力動性そのものに注目の眼差しが注がれている。

現実との直接的な繋がりや線型的な連続性を失った感覚・観念・言語は、本有的で一義的な根源に繋ぎ止められていない以上、そこで「真理」と呼ばれるものは、生が自らの便宜のために創作した虚構であり、「隠喩、換喩、擬人表現の躍動する集合、すなわち人間的諸関係の総体」(17)とみなされざるをえない。生の流動的現実を実用的観点によって固定化し、公共的な「真理」として流通させる過程のなかで、真理は自らが実在的根拠をもたない隠喩であることを忘却し、硬直した隠喩となって、等価的な交換価値として慣習化されていく。ニーチェが比喩的に語るように、それはちょうど音響が、振動する波動として聴き取られるのではなく、クラドニ図形として視覚化されるようなものである。音の振動によって描かれたクラドニ図形は、あくまでも波動の痕跡であり、その形状からそのときに響いた音響そのものを直接に想像することはできない。したがって、ニーチェが試みるのは、このクラドニ図形から再びそれを形成した波動を呼び起こし、隠喩を手がかりとして、それを産みだした力の作動を見抜くことであった。力動の原的様態を探るその読解は、いわば跳び越された断絶を、確かな目安もないままに再び逆向きに跳び越していく跳躍の冒険である。この跳躍は、「ぎこちない翻訳」を「正しい」翻訳に直すことや、原文に戻すことを願うのではなく、そこで何らかの変換が起きているということ、つまりそれが「翻訳」であるという事実を見抜くことを目指している。したがってその逆向きの跳躍は、対岸に着地し、原典を復元することを目的とするのではなく、跳躍者自身が跳躍の力を自身の内に経験し、その断絶の距離と跳躍に要する力を体感することを課題とする。真理と根源的隠喩のあいだに開ける深淵には合理性という橋梁は存在しないということと、その深淵はひたすら跳び越されるほかはないということを知ることで、その間隙が洞察の射程を開き、翻訳を翻訳として、錯覚を錯覚として洞見させる。「錯覚であることを忘れた錯覚」としての真理を、まさしく錯覚として洞察するなら、そこには真理を産出する「真理への意志」という跳躍の力が、あるいは、単に社会的な意思疎通を可能にするにとどまらず、世界そのものの創作を遂行する「美的主観」の創造力が発見されることになるだろう。現実についての慣習化した隠喩である真理から読み取られるのは、物自体についての認識ではなく、多様な世界を創出する生の衝動なのである。

　こうしてニーチェは、硬直した隠喩としての真理形成の過程を逆行し、「原始的な隠喩の世界」、「人間の幻想という原生力から熱い流動体となって根源的に噴流する形象群(18)」を探り当てていく。翻訳を翻訳として洞察し、隠喩の隠喩性を見抜いていくこの過程は、まさに像の内部に、その根源である原像との差異を開いていく差異化の遂行でもある。摩滅した隠喩としての真理に対する反省は、それが像であり、隠喩であることを顕わにするが、その隠喩が像化している原像は、あくまでも「原‐像」である以上、自存する即自的な現実としての物自体ではなく、それ自身もまた像であることを免れない。洞察されなければならないのは、原像の「意味」や「本質」ではなく、像と原像のあいだの差異であり、翻訳が翻訳であるときに現れるその「ぎこちなさ」なのである。そのためニーチェの思考は、原典固有の意図を汲み取ることを目指した伝統的解釈学や、意味内容における真理の発見を範型として解釈を普遍化する二十世紀の哲学的解釈学とは異なり、翻訳を翻訳として、仮象を仮象として相対化するという点では、仮象の文献学といった性格を帯びている。そして、仮象が仮象であることの内に開かれる差異と、その差異を跨ぎ越す跳躍の力を見抜いていくという点で、それはまた、力の査定としての系譜学の特徴を具えているのである。

言語・認識・思考について、相互に無関係の領域が隠喩的に飛躍を介して結合されるというニーチェの捉え方は、とりわけ「遠近法主義」(Perspektivismus)の思考において顕著な形を取る。なぜならここで言われる「遠近法」とは、幾何学的遠近法による合理的空間の形成ではなく、不協和で共約不可能な現実の複数的顕現を意味しており、したがって遠近法的解釈とは、複数の解釈同士の視点の転換を示唆しているからである。「遠近法的なもの」が、「諸地平のずれ、歪み、見かけの目的論」[19]と表現されているところからも、ニーチェにおける地平や解釈の理解が、哲学的解釈学における地平概念やその解釈理論と大きく隔たっていることが推察できる。ニーチェにとっての遠近法的解釈とは、全体地平をあらかじめ投企する目的論的な先行了解に導かれるものではなく、異質な観点への移動や、視点の多元化そのものを表しており、その点で、幾何学的な正型遠近法とは異なった歪曲遠近法《アナモルフォーズ》を暗示するものである。歪曲遠近法で描かれた絵画（例えば、ホルバイン『大使たち』、二〇一頁、図五）は、一つの画面の内に複数の視点を内在させ、そのうちのどの視点に立っても、視野の内には不可解で歪んだ形象が残り、観る者に絶えず違和感を抱かせ続ける。そのため歪曲遠近法は、「ぎこちない」絵画として、形象として把握しえない非‐形象を描く反絵画であると同時に、絵画を観るためにはかならず視点が必要であることをそれ自身の内で図像として示す図像、つまりは図像であることを自ら像化する図像である。

原典と照らし合わせることのできない翻訳は、その「ぎこちなさ」によって自らが翻訳であることを露呈するのと同様に、現実はその遠近法的な多様性によって、現実内部の綻びを垣間見させ、その唯一性・絶対性をそれ自身の内で解体していく。われわれの現実にはさまざまな綻びがあるがゆえに、われわれは規約的な「真理」によって盲目化されながらも、その綻びを通して、盲目性の間隙に現れる洞察を摑み取ることができる。その点で、遠近法主義は、ひとつの地平の内への拘束である一方で、その地平の内には、同一の視点には解消しえない異物が非現前的に現前する限り、そこには、地平の一元性を揺り動かし、他の視点へと非連続的に飛躍する可能性も秘められているのである。ニーチェの試みは、遠近法的解釈の網目がほつれる場所を探し出し、像と原像が差異化するそのわずかな隙間から、解釈の視点を転換する力の作動を目撃すること、そして波動の痕跡としてのクラドニ図形から、力の躍動そのものを読み取ることをその核心としている。視点の非連続的な移行の中で、現実の歪曲遠近法に潜む違和感を炙り出し、仮象の仮象性を観取する仮象の文献学によって、「力への意志」と呼ばれる差異化の遂行が見出され、仮象の像性がはらむ表層の歪みの内に、「永劫回帰」という同一性の謎が予感される。

(ii) 原典なきパロディ

表層にまつわる位相学的《トポロジカル》な謎、あるいは視点の断絶や複数性が最大限に発揮された『ツァラトゥストラはこう語った』において、ニーチェは自分自身に対する罠を仕掛け、表層と深層の反転へと自らの思考の主体性を委ねていく。弁論・対話・詩・アフォリズムなどのジャンル的諸要素を混在させたこの作品は、詩と演劇を頂点とする古典古代の芸術理解においては分類不可能な「パラドクス文学」であり、一定の形式を持たずに世事万端を語る散文作品として、「〔盛り合わせの〕大皿料理」(lanx satura) の語を語源とする「諷刺譚《サタイア》」(20) (satire)、あるいは古代のガダラのメニッポス (Menippos 前三三〇頃―二六〇年頃) に由来する「メニッペア的諷刺」

（satira menippea）、すなわち「メニッペア」の系列に連なるものと見ることができる。[21] メニッペアないし諷刺文学とは、何らかの特定のジャンルを成すものではなく、いかなる分類にも収まりきらないものを名指すジャンルの限界概念であり、分類にとっての困惑の表現なのである。[22] そのため、メニッペアの先蹤とみなされるルキアノスやペトロニウスなどの作品がそうであるように、その作品は定型的な規則に従ったものではなく、その語りは力の過剰ゆえに歯止めの効かない奔流となって、ジャンルという堰を押し流し、道徳や人間性の埒を越えていく。[23] 目標や結末を考慮せず、作品の統一的意味を振り払い、自己自身を打ち壊しながら驀進するメニッペアは、「生成の永遠の喜び[24]」であり、多くの場合は混成的で多声音楽的《ポリフォニック》な構成を取る。その雑多な世界にあっては、一つの筋立にはまとまらない多様な観点が絡み合い、一人の人物の語りには吸収しえない複数の声が同時に響き渡る。こうしたメニッペアの特性に呼応するかのように、『ツァラトゥストラはこう語った』には、逸脱や脱線とも思える多くの要素が埋め込まれ、ロートレアモン『マルドロールの歌』さながらに[25]、多様な動物をも含めた多彩な形姿《キャラクター》が登場し、それ自身の語りを複数化していく。こうした作品の振舞いを通して、ニーチェは自己の内に眠る多数の他者を覚醒させ、響き渡るその複数の声が波動となって自らに打ち返してくる地点で待ち構え、それら無数の他者性がそれでもなお自己であり、自己と同一のものであるといった驚愕すべき洞察に打たれながら、永劫回帰という、反復されるものなき反復を生き直そうとする。

この永劫回帰の磁場の中で、力の振動とその回帰を語るにあたって、ニーチェは形而上学的根源の表象と結び付いたディオニュソスから始めるのではなく、かつて『悲劇の誕生』で描いた「中間世界」、つまり仮象が形成する現象の世界の只中に身を置き、根源的一者、ないしは「力への意志」の風圧によって仮象が舞い散る転生の物語を語っていく。『喜ばしき知恵』初版の最後に置かれた「ここに悲劇が始まる」(Incipit tragoedia)という銘句[26]――『ツァラトゥストラはこう語った』の到来を予告する一節――は、そうした仮象の世界が幕を開ける開演の鐘の音であり、ツァラトゥストラなる形象は、その仮象世界を歌うオルフェウスにして、『悲劇の誕生』において切望された「音楽をするソクラテス」の再生であった。ツァラトゥストラの名前が選ばれた背景としては、ニーチェの同時代に、『ザンド・アベスター』を翻訳したデュペロン(Abraham-Hyacinthe Anquetil-Duperron 一七三一―一八〇五年)を筆頭に東洋学が目覚ましい進展を遂げ、ニーチェ自身もクロイツァー(Friedrich Creuzer 一七七一―一八五八年)の『古代民族の象徴と神話』[27](一八一一二年)を通じて、ゾロアスターについての若干の情報を得ていた事実を指摘することはできる。[28]しかしニーチェにとって重要であったのは、古代ではアリストテレスによっても語られ、近代になってもカントがその名前を書名とする著作を構想していた神話的賢者ゾロアスターを、いかに自らの神話の語り手たるツァラトゥストラへ、つまり哲学者にして詩人、ソクラテスであると同時にオルフェウスでもある形姿に変成させるかということであった。[29][30]

『ツァラトゥストラはこう語った』は、すでに『悲劇の誕生』において提起されていた仮象と美的主体の成立を内在的に辿り直し、仮象とその力動性の理解を、それを洞察する主体の自己形成の問題とともに展開した仮象の物語である。そのテクストは、歴史上のゾロアスターを踏まえ、そのパロディを展開しているように見えながら、実際のところそのパロディの元となった原典は何も存在しない。「道徳外の意味における真理と虚偽」において、原文のない翻訳が考えられていたように、『ツァラトゥストラはこう語った』は虚構の上に重ねられた虚構であり、パロディでありながら、原典不在の空虚なパロディである。近代のメニッペアの代表を引き合いに出すなら、架空の著作を再編集したとされるカーライル『衣装哲学』と同様に、『ツァラトゥストラはこう語った』もまた、原典を欠いたパロディであり、自分自身の上に折り畳まれたヴェールなのである。『ツァラトゥストラはこう語った』は、ひとつの焦点へと視線を集約させる線型的な物語とは異なり、それ自身の内に多様な視点を競合させることによって遠近法を攪乱し、幾何学的な正型遠近法の構図を歪曲遠近法《アナモルフォーズ》へと変換していく。そのためこのテクストは、原典との対比を考慮することなく、それ自体で自らがパロディであることを告げ、その違和感とともに内的分裂と差異を露呈するアレゴリー的物語であり[31]、視点の複数性を要請する歪曲遠近法的テクストにして、仮象のエクリチュールなのである。

『ツァラトゥストラはこう語った』は、自らがパロディであることを告げるパロディである点で、「クレタ人のパラドクス」にも似た自己撞着的な論理のなかで展開されている。しかしツァラトゥストラの自己矛盾は、単に真偽の決定不可能性や自己言及性の空転といった論理的水準にとどまることはなく、紆余曲折を辿るテクストの進展においてツァラトゥストラ自身の自存性を減衰させ、仮象性の度を増しながら、やがてテクストそのものの虚構性・仮象性が顕わになる地点へと読者を導いていく。序章を含む第一部から第四部へといたるその全体は、二年ほどの短期間で仕上げられているとはいえ、全体があらかじめ計画されたわけではなく、各部を書き継ぎながらその構想が次々と生成することで、そのつど性質と観点を大きく変えていった。草稿には第四部以降の計画まで記されているように[32]、それは完成を見ることのない、生成し続けるテクストと言うこともできるだろう。その未完結性、さらには第一部から第四部までの各部の質感の多様性、それらの連続の不自然さ、何よりもその内部で展開される多義的で多声的な語りの異様さ、その「ぎこちなさ」――こういった特質ゆえに、このテクストはメニッペアの性格を強め、連続的で完結した統一性や哲学的な体系性を重視する読解にとっては、取り扱いの難しい厄介な作品となる。全編にわたって強烈に漂う異物感、作品としての不全感が、このテクストに仮象性の物語という性格を与え、テクストの限界を際立たせる。『ツァラトゥストラはこう語った』は、物語が自らを仮象であることを示すことによって仮象の完結性から逸脱していく物語であり、物語が破綻していくことを語る物語として、虚の世界を反転させて実定化していく変換の機構なのである。

三　仮象論から永劫回帰へ

(i) 仮象の悪循環と、力への意志の自己肯定

『ツァラトゥストラはこう語った』全編は、逆説的な論理を続々と繰り出し、そのパラドクスを通じて、体系的秩序を動揺させ、根拠づけの思考を宙吊りにすることで、実体や自己同一性といった概念を失効させていく。「背後世界論者」や「身体の軽蔑者」に対する批判によっ

て伝統的な形而上学的思考を掘り崩し、自我意識の病理とその虚構性を告発し（「蒼白の犯罪者」）、「超人」への「没落」による新たな自己性の生成を掲げる第一部に始まり、第二部では、あたかもツァラトゥストラ自身が分裂を始めるかのように、その分身《ドッペルゲンガー》ないし戯画《カリカチュア》とも言えるグロテスクな形象が亡者のように彷徨い出て、ツァラトゥストラの自己同一性を脅かしていく。そのため第二部は、夢の中で鏡に映るツァラトゥストラの姿が「悪魔」へと変容する場面から始まり、本文全体に、「鏡」や「影」、「幽霊」といった仮象の類義語を瀰漫させていく。ツァラトゥストラの話法に関しても、第二部全編を覆うのは、もはや自らの敵対者を批判する第一部での壮大で高圧的な語り口ではなく、一切が仮象と化し、すべての規範が失われた空漠さであり、真理規範を失ったニヒリズムの重苦しさなのである。作品の構成に関しても、第二部はその中間部に、間奏曲としての三編の「歌」（「夜の歌」「舞踏歌」「墓の歌」）を挟むことで、ジャンルの混淆を実現し、「大皿料理」たる諷刺譚《サタイア》の面目を顕わにしていく。そうした物語の変貌に連れて、ツァラトゥストラは徐々に確固とした実在性を喪失し、自身が仮象性に感染することによって、さまざまな幻影《ファンタスマ》や、自らの模倣者《エピゴーネン》に出会い、その亡者の群れの中に自己の存在を見失っていく。元来が不在のゾロアスターのパロディであった『ツァラトゥストラはこう語った』は、その中核を成す概念的人物とともに、いよいよその虚構性を露呈し、原典《オリジナル》としての真正性《オーソリティ》を手放していくのである。真正性を剥奪された原典は、偽書を断罪する資格を有するはずもなく、真正性という基軸が散逸した世界では、あらゆる偽書が原典を名乗り、仮象同士が勝敗のつかない永遠の闘いを繰り広げることになる。第二部後半に登場する「預言者」は、「一切は虚しく、一切は同じことであり、一切はすべてあったことなのだ」(33)と嘆き、仮象の世界の「大いなる悲哀」を訴えるが、ここには、何ら確実な繋留点をもたないまま仮象が乱舞する悪循環の世界が示され、永劫回帰の負の類型《ヴァージョン》が告げられているのである。

こうして仮象論の果てに行きついたニヒリズムの領域において、それまでの仮象論の方向を転換するモチーフが現れる。一切が仮象として断片化し、全体の統一性と意味を失った世界をいかに再建し、いかに肯定するかといった「救済」のモチーフである。章の構成においても、ニヒリズムを告知する「預言者について」の直後に「救済について」が続いているように、仮象の円舞《ファランドール》とも言える悪循環は、ニヒリズムの極致であると同時に、そこからの救済の可能性を開く二義性を含みもつ。「断片であり、謎であり、恐るべき偶然であるものを、一つに圧縮し収集すること」(34)、つまり、意味を喪失し、互いの連関を見失った断片的な事実を新たに意味づけ、肯定することを模索するこの文脈において、「力への意志」の概念が主題として前面に現れる。それとともに、「預言者」が語った「一切はすべてあったことなのだ」という言葉を承けて、時間の不可逆性が直視されたうえで、永劫回帰の積極的な類型《ヴァージョン》が暗示される。「〈そうあった〉はすべて断片であり、謎であり、残酷な偶然である。——創造する意志がそれに向かって、〈だが私がそうあることを意志したのだ〉と言うまでは(35)」。偶然からの救済のための処方箋として、不可逆的な事実として意志の前に立ちはだかる偶然の出来事を、意志自身が後ろ向きに意欲するという転倒した時間の観念が示される。すなわち、時間が過去から未来へと流れ、過去の事実がその後の出来事の系列を一義的に規定するといった因果的・自然学的時間が転倒され、未来を志向するはずの意志が反転して、過去を肯定して救済するという逆説的な論理が展開されるのである。

「過去への意志」というこの不可解な主張によって、意志は時間を逆行する意志となり、さらには、自らが意志しなかったこと、意志に反するものを意志する反‐意志となって、意志自身の本質を二重に転倒する。過去の偶然を意志する「救済」の意志は、ショーペンハウアー的な「非意志」（Nicht-wollen）とは異なり、あらゆる事実と一切の価値評価に意志という性格を浸透させ、既存の時間的秩序と価値づけの位階を切り裂いて、無数の力動を解放していく。「そうであった」を「そう意志した」へ転じる創造的意志は、「私はそれがそうであったことを意志するのであり、意志するであろう」と宣言し、時間の三様相を貫き、過去・現在・未来を自らの意志へと凝集させる。この救済の意志は、現実がいまあるがままの現実であることを受け容れるだけでなく、それがいまある現実とは異なったものでもありえたこと、それにもかかわらずその現実を自らが意志したものと捉えることによって、現実に刻印されたニヒリズムの負の符号を、世界に対する肯定という正の符号へと書き換えていくのである。過去に生じえた無数の可能性を見渡しながら、それらを可能世界論のように等価的に並列するのではなく、現在という極に向かって一挙に収斂させ、現実の内圧を限界にまで高めたとき、偶然の現実は肯定されるべき「真の」現実へと生成する。偶然の事実という像を介して、その根源に働いている原像としての全体世界が、その両次元の差異とともに発現し、われわれの現実に解消しえない根源的現実が透かし見られる。もとよりその根源的現実なるものは、偶然を根拠づける自存的原理でもなければ、単なる可能性の集合でもなく、現働態に対する潜勢態とでも言うべき開かれた中立性の領域である。この両者の次元を開きながら、それを接合しつつ分離するところに、救済の意志としての「力への意志」が作動する。

救済への意志が、過去を未完了性へと転換する「過去への意志」として実現されるとき、この意志は中立的な潜勢態を発見することを介して、個的な生の救済という関心を離れ、個体性に縛られない世界全体の可能性へと開かれる。確かに「過去への意志」としての「救済」という主題は、偶然との和解、あるいは自由と必然性の宥和という文脈において展開されているため、その問題を自由と必然性の二律背反《アンチノミー》に従って理解し、そこから実践哲学の可能性を開き、カント的意味での道徳性との接点を探ることも不可能ではない。[36] しかしながら、自律的主体の確立に向かうこうした理解とは異なり、ツァラトゥストラが提起する「過去への意志」は、意志を個的で自律的な主体性から解き放ち、純粋な能動性としての「力への意志」へと向かい、自己意識における自己同一性とは別種の同一性を指し示そうとしている。[37] 力への意志は、主体の意志の個体性や、それにともなう「何ものかへの意志」という対象的性格を削ぎ落とし、世界全体を再帰的に肯定する純粋な受容の力となる。したがって力への意志は、けっして外的な何ものかを目指す意志ではなく、むしろ自らの意志の発現に対する肯定的意欲である。「力への意志」(Wille zur Macht) の語における前置詞「……への」(zu) は、目標や対象を表すものではなく、意志の内に生起する内的な差異と再帰的な自己関係を示しているのであり、そこで遂行される自己肯定は、自己との単純な同一化でもなければ、一切を自我の領域に囲い込む我有化でもない。「力への意志」は常にそれ自身とのあいだに距離を開き、その間隙こそが逆に「肯定」という力の自発性の空間を成立させる。[38] こうして『悲劇の誕生』において、アポロン・ディオニュソスという互いに外在的な二項間に設定された関係の非対称性は、「力への意志」

における自己と自己との内的な距離性として内在化されることになる。それゆえ「力への意志」とは、絶えず自分自身を逃れながら、それにもかかわらず自己の差異を介して自らを肯定する再帰的関係なのである。それはもはや単なる仮象という表層の探求には還元しえない、仮象の発生過程に働く能動性の自己生成なのである。『悲劇の誕生』における像論と同様に、ここに仮象の位相学から仮象の力学への転換点が示される。

(ii) 永劫回帰と媒体の振動

ツァラトゥストラの説話を通して進行する『ツァラトゥストラはこう語った』では、話者と聴き手の対話的関係に細心の注意が払われ、誰が語り誰が聴くか、その発話は何を意味し、何を引き起こすかといった、言語行為論的な関心が、その哲学的言説を支配している。そのため『ツァラトゥストラはこう語った』の各部が進むなかで、ツァラトゥストラの聴き手は、大衆一般から、選ばれた少数者へ、そして最後は自己自身へと絞り込まれ、それとともに語り手たるツァラトゥストラ自身の主体性も変貌していく。第一部において、大衆に訴えかけようとしながら挫折せざるをえなかったツァラトゥストラは、第二部ではさまざまな分身や模倣者《エピゴーネン》に取り囲まれ、仮象の悪循環に翻弄されることでニヒリズムの極限を経験するが、第三部においては説教者の身分を棄て、自己回復への旅程《イティネラリウム》を辿って、かつて十年を過ごした山に帰り着き、その地において永劫回帰への絶頂へと駆け上がっていく。そのため第三部では、「生の午後」、「天空」、「孤独」、「わが魂」など、実体を欠いた抽象的な存在を呼びかけの相手とする一方、一人称的で内省的な語りが多用され、その語り口は第一部の雄弁家とは異質のものへと変容し、その声音はますます歌声に近くなっていく。ツァラトゥストラ自身も、「病」と「快癒」という仕方で自身の主体の変貌を経験し、それにともなって、「一切の存在の言葉と、言葉の厨子とが打ち開かれる」場所が出現する。[39] ここにいたって、ツァラトゥストラの主体は輪郭を失い、それに代わって、純粋に思考する哲学的主体、あるいは「新しい歌を奏でる新しい竪琴」、つまりソクラテス＝オルフェウス的主体へと生成する。そのことを反映するかのように、永劫回帰の最も積極的な表現は、ツァラトゥストラ自身ではなく、彼に付き随っている鷲と蛇によって歌うように吟じられる。「あなたは永劫回帰の教師なのだ。……私たちが、そして私たちと共に一切の諸事物も、すでに無限回存在したのだ。……この太陽とともに、この大地とともに、この鷲とともに、蛇とともに、私は回帰する――何か新しい生、より良い生、あるいは似通った生へ回帰するのではない。この等しく同じ生へ、最大のことにおいても、細大漏らさずこの等しく同じ生へと、私は永遠に回帰するのだ」[40]（強調は引用者）。動物たちによるこの永劫回帰の讃歌では、ツァラトゥストラに向かって語る二人称の語り、ツァラトゥストラを含む動物たちを指す一人称複数の語り、そしてツァラトゥストラを代弁する一人称単数の語りが混在している。つまりこの讃歌は、もはや誰が語っているとも明言することができない多声《ポリフォニー》の語りであり、野生の動物を通して歌われる存在の歌、世界の頌歌なのである。

　逆説的思考の頂点である永劫回帰にあっては、生と思考、存在と知の緊張が最高潮に達する。永劫回帰が生全体の法則であるならば、その法則についての知もまた同様に生に帰属するものでなければならないため、回帰思想の形成にとっては、永劫回帰についての知と回帰そのものとの関係が、永劫回帰の思想の思想としての意味を決定する最も重要な問題となる。「幻影と謎について」の章において、「重力の魔」とツァラトゥストラとの対決のかたちで演じられるのが、回帰における遂行と知をめぐるこの緊張関係である。この対決においては、敵対者である「重力の魔」が、「一切の真理は曲線であり、時間自体は円環である」という客観的で傍観者的な表現で回帰を語るのに対して、ツァラトゥストラは、「私とお前もすでにあったのではないか」と詰め寄り、回帰の外部から回帰を語る客観的表現を斥け、回帰する主体自身の回帰という自己言及的な事態を強調する。[41] ツァラトゥストラが要求するのは、重力の魔のように、そして古代ピュタゴラス派の「輪廻」思想のように、循環や回帰を客観的な宇宙論・時間論として呈示することではなく、その回帰の内部にとどまりながら回帰そのものを語ること、そしてその回帰の只中にありながら、回帰を肯定し、自らの過去を意志することなのである。自己自身の内へと反転し、自らを肯定する純粋な能動性という理解、つまり第二部の「救済について」で暗示された時間論が、永劫回帰のかたちで、その本質を打ち明ける。「これが生というものであったか、よろしい、ならばもう一度」(42)（War das das Leben? Wohlan! Noch Ein Mal!）というツァラトゥストラの言葉において、回帰のなかでの自己肯定が、時間の逆転とともに表現されている。この一節において、生の存在は過去形（war）で語られるが、「もう一度」という能動的な意志によって諾《うべな》われ、過去が未来に向けて救済される。第二部で「過去への意志」として語られた事態が、ここであらためて「回帰」という現象に即して、再帰的自己関係を語る主体の位置づけを含めて正確に示される。

永劫回帰の思想とは、永劫回帰を見抜く瞬間そのものが回帰するという洞察である。経験の成立を反省し、その反省それ自体の成立をも、反省されるべき根源との関係において捉えようとする点で、この洞察は、自身の認識の条件を遡及的に語る超越論的反省の側面をもっている。しかしカント的な意味での超越論的反省が、超越論的統覚という同一性の結び目に繋ぎ止められていたのとは異なり、永劫回帰は、それが円環の形象と親和性をもつにもかかわらず、自己完結的な同一性を廃棄し、自らに回帰すると同時に自身から逸れていく脱中心的な動きである。永劫回帰の円環を閉ざす結び目は、それ自身が回帰の中に巻き込まれることで、その自己同一性を脅かされ、その円環の形象を内破させざるをえない。なぜなら、永劫回帰においては、「回帰を生きる自己」と「回帰を知る自己」のあいだに絶えず差異が発生し、反復と一回性をめぐる逆説が最大限に拡大することになるからである。生が純粋に自らを反復し、「細大漏らさずこの等しく同じ生へと」回帰するなら、反復する生は反復される生を忘却し、現実をそのつど新鮮で一回的なものとして経験する無垢なる生でなければならないが、その同じ生の内に永劫回帰の洞察がもたらされる限り、生は自らの現実を再認し、回帰を回帰として知ることによって、その無垢なる生を裏切らなければならない。ツァラトゥストラが、第二部「舞踏歌」の反復にして回帰である第三部「第二の舞踏歌」において、女性として寓意化された「生」を愛おしみながらも「知恵」を選び取り、「生」との別離を予感するのはそのためである。生は反復の内部にあって回帰を純粋に生きている限り、それを反復として再認することはできないが、回帰の外部に立って、反復を反復として再認するなら、その洞察自身はもはや回帰する生ではありえない。反復されるものの同一性は、自らが反復であることを洞察するなら、生との蜜月は破られ、自身が同一であることを断念せざるをえないのである。反復という法則が介入することによって、ここに同一性そのものが、実体的な自存性の枠から逸脱し、同一性と非同一性、一回性と反復のあいだで振動し始める。

(iii) 同等性と一回性

このような同一性の揺らぎは、「等しいものの永劫回帰」(Wiederkunft [Wiederkehr] des Gleichen)、あるいは「この等しく同じ生へ」(zu diesem gleichen und selbigen Leben) の回帰という規定の内にも正確に刻印されていた。回帰するものはけっして「同じもの」(dasselbe) ではなく、あくまでも「等しいもの」(das Gleiche)、「等しく同じ生」なのであり、そこで回復されるのは「自己同一性」(Identität; identitas) ではなく、「同等性」(Gleichheit; aequalitas) なのである。gleich の語が、語源的に英語の like と共通の要素 leich (中高ドイツ語 līk; ゴート語 leiks) をもつように、(43)「等しさ」とは、けっして完全な合致ではなく、むしろあらかじめ差異を前提したうえでの統一である。永劫回帰においては、自己自身へと反転することでその同等性が構成され、それによって回帰ははじめて回帰となる。回帰に先立って、反復されるべき何らかの実体的な同一性が存在するのでもなければ、過去の救済に先立って、救済されるべき過去の「事実」が存在しているわけでもない。「力への意志」が、何ものかの意志、あるいは何ものかへの意志としては規定することができなかったのと同様に、永劫回帰は何ものかの回帰としては示しえないし、救済は何ものかの救済としては語りえない。回帰や循環は、何らかの実在的出来事の反復ではなく、むしろ回帰が回帰として遂行されることによって、はじめて反復されるべきものを分岐させ、それを反復されるべき根源として立ち現れさせる創造なのである。回帰が反復として、つまり仮象ないし「像」として観取されることによって、反復されるべき何ものか、すなわち像として映されるべき「原像」への洞察が与えられ、現象と根源の関係が、像と原像の差異として開かれる。永劫回帰の法則を構成するこの反復は、反復するものと反復されるものとの差異化であり、像と原像、仮象と根源の分岐であるため、その反復そのものは、それ自体としては反復されない一回的なものである。反復される当のものは、反復においてはじめてその同一性において反復されるものであるため、反復の原理としての特権的な位置を占めることはなく、それ自体も反復の法則に服し、それ自身が像ないし仮象の性格を帯びることになる。したがって、一切が等しく同じものへと回帰する永劫回帰において、ただひとつ回帰しないものがあるとすれば、そして、永劫回帰する仮象の現実においてただひとつ原理の名で語りうるものがあるとすれば、それは反復するものでも反復されるものでもなく、反復という遂行そのものであり、回帰という事態そのものである。この純粋な反復という理解によって、「力への意志」は、生成する世界の能動性へ、そして世界が自己を肯定する再帰的自己関係へと生成する。

反復するものと反復されるものを差異化しつつ同一化する同等性の一回的な出現、つまり唯一的で純粋な反復という事態は、「幻影と謎について」後半での「牧人」のエピソードに書き込まれている。幻影の場面の急転換にともなって、「かつて聞いたことのない」犬の遠吠えが深夜の静寂を切り裂き、「犬でさえ亡霊の存在を信じる」その闇の中に、ニヒリズムの「黒い蛇」で喉を詰まらせ苦悶する「牧人」が出現する。「噛み切れ」というツァラトゥストラの叫びに応じて、牧人は自らの喉深く食い込んだ蛇を噛みしだくことで、ニヒリズムの窮地を脱し、克服の笑い声を上げ、その姿を変貌させる。「もはや人間ではなく、変容した者、光に取り巻かれた者として笑ったのである。これまで彼が笑ったようなありさまで人間が笑ったことはかつて一度たりともなかった[44]」。すべてが回帰するはずの永劫回帰において、ただ一度限りの犬の遠吠えが夢幻の光景を開き、ただ一度限りの牧人の笑いが響き渡る。反復され回帰する仮象を引き裂くかのように、回帰の内に一回的な笑いの楔が打ち込まれ、回帰が回帰であることの「同等性」の軸が突き刺さる。過去の出来事との連続性や循環に解消しえないこの笑いは、「救済について」における「過去への意志」の肯定と同質のものであり、その不気味にして華やぐ笑い声は、「これが生というものであったか、よろしい、ならばもう一度」という叫びと同じ音調をもっている。牧人の笑いの「一回性」あるいは「特異性」として表現されているのは、仮象の円舞《ファランドール》という悪循環を反転させる能動的な肯定の衝撃である。自己肯定によるこの衝撃こそ、一切が表層と仮象に解消されるニヒリズムを突き崩しながら、世界を世界として現象させる能動性を表しているとも言えるだろう。

生の反復の内で反復するものと反復されるもの、像と原像の差異を開きながら、それらを「等しく同じ生」として同等化する肯定の一回的な力は、回帰を生きる自己と回帰を知る自己を結び合わせ、そこに絶対的に内在的な瞬間を形成する。この直接的な接合は、像と原像、仮象と根源を差異化しながら、反省的な距離や媒介を無効化し、超越論性と経験性を瞬間の内に捻じ込み、そこにおいて両者の次元を一挙に圧縮する。この結合は、無媒介的で、経験的な内容をもたない空虚な瞬間、超越論性と経験性が陥入し合う無媒介性の場所である。「第二の舞踏歌」において、殷々と響く一二点鐘の一打ちごとに、「おお人間よ、心せよ」の句から始まり、「世界は深い」、「昼が考えたよりもなお深い」などの句が順次唱えられていくが、その最後の一二番目の鐘の音には、何の句も唱えられることなく、内容が充実されることがないまま、静寂の内に消えていく。永劫回帰の円環はこの一二番目の鐘の空白において、閉ざされ完結するかに見えて、再び開かれる。そのため永劫回帰とは、反復と一回性、完結性と開放性、そしてまた超越論性と経験性を衝撃的に出会わせ、閉ざされながらも開かれるパラドクスそのものだと言えるかもしれない。

ニーチェ以降の哲学的潮流を考慮するなら、超越論性と経験性の媒介という問題こそ、二十世紀の現象学・解釈学がその徹底した思考によって探究しようとした主題にほかならないが、永劫回帰の逆説的な結合においては、そうした媒介性のさまざまな様態が跳び越され、純粋な内在性の領域が開かれる。それに応じて、言語・身体・時間・世界といった——のちに現象学・解釈学において主題化される——それぞれの媒体は、永劫回帰において、二つの次元の媒介としての中間領域の枠から溢れ出て、それ自身の内で分裂し、自らを産出する固有性となる。永劫回帰において、言語は意味の無際限の産出、あるいは「ぎこちない翻訳」であるアレゴリーとして、身体はそれ自体が「大いなる理性」、あるいは引き裂かれるディオニュソスとして、世界はエネルギーの拡散体たる「力への意志」として、そして時間は、同一性と差異性の関係を狂わせる同等性の永劫回帰として、それ自身の内で差異化しつつ反復されるのである。仮象はそれ自身の内で像と原像に分化し、その内部で振動を始める。

古典文献学から出発しながらも、そこに潜む仮象感覚を存分に吸収したニーチェの仮象の文献学は、言語や哲学的言説のアレゴリー性を潜り抜け、仮象という虚の世界と実定的な現実世界との皮膜を通して、同一の事象が仮象でも根源でもあるような無媒介の直接性に直面し、その直接性そのものの自己生成の振動を発見していく。「最も静謐なもの、最も固着したもの、最も冷たいものから発して、最も灼熱したもの、最も粗野なもの、最高に自己矛盾したものの内へと入り込み、ついで再び充実から発して単純なものへと帰来しつつ、矛盾の戯れから調和の快楽にまで立ち戻り、そのようなまったく同等な自らの軌道と年月を辿りながらも自己自身を肯定しつつ、永遠に回帰せざるをえないものとして……自己自身を祝福するもの」、「永遠の自己創造、永遠の自己破壊である私のディオニュソス的世界(45)」は、自らを反復しながら、反復の生と反復の知を無媒介に直結し、一回限りの反復の中で媒体からその厚みを削ぎ落とし、もはや分割しようのない皮膜に映り込む何ものかの像を通して、自身を反復として洞察しながら、その洞察によって回帰の円環を破り、反復と一回性の逆説を体現していくのである。

（1） Fr. Nietzsche, *Die fröhliche Wissenschaft* 256, Kritische Studienausgabe (= KSA), Bd. 3, S. 517.
（2） Id., *Jenseits von Gut und Böse* 40, KSA 5, S. 58.
（3） Id., *Menschliches, Allzumenschliches* I, 51, KSA 2, S. 71f.
（4） Id., *Die fröhliche Wissenschaft* 341, KSA 3, S. 570.

（5）Id., *Das griechische Musikdrama*, KSA 1, S. 531.

（6）Id., *Die fröhliche Wissenschaft*, Vorrede zur zweiten Ausgabe 4, S. 352.

（7）Fr. Schiller, Das verschleierte Bild zu Sais, in: Schillers Werke, Nationalausgabe, Bd. 1, S. 254-256.

（8）Fr. Nietzsche, *Die Geburt der Tragödie*, KSA 1, S. 57.

（9）J.-L. Nancy, L'Offrande sublime, in: J.-Fr. Courtine et al., *Du Sublime*, Paris 1988.

（10）Fr. Nietzsche, *Die Geburt der Tragödie*, S. 65.

（11）*Ibid.*, S. 44.

（12）*Ibid.*, S. 45.

（13）*Ibid.*, S. 50.

（14）*Ibid.*, S. 15.

（15）Id., *Ueber Wahrheit und Lüge im aussermoralischen Sinne* 1, KSA 1, S. 884.

（16）Id., *Darstellung der antiken Rhetorik*, Kritische Gesamtausgabe Werke (= KGW) II-4, S. 425.

（17）Id., *Ueber Wahrheit und Lüge im aussermoralischen Sinne* 1, KSA 1, S. 880.

（18）*Ibid.*, S. 883.

（19）Id., *Menschliches, Allzumenschliches* I, Vorrede 6, KSA 2, S. 20.

（20）Cf. art: satire, in: *The Oxford English Dictionary*, London etc. 1933, vol. IX, pp. 119s.; cf. B. Meyer-Sickendiek, art. Satire, in: G. Ueding (Hg.), *Historisches Wörterbuch der Rhetorik*, Bd. 8, Darmstadt 2007, Sp. 448.

（21）Cf. K. Higgins, *Nietzsche's Zarathustra*, Philadelphia 1987. スウィフト『ガリヴァー旅行記』をメニッペアとして読解した四方田犬彦『空想旅行の修辞学――『ガリヴァー旅行記』論』（七月堂、一九九六年）において、『ツァラトゥストラはこう語った』第四部にメニッペアの系譜を延長する興味深い指摘がすでになされていた（同書、三七六頁）。同様に以下も参照。神崎繁『ニーチェ――どうして同情してはいけないのか』NHK出版、二〇〇二年。

(22) Cf. P. Dronke, *Verse with Prose from Petronius to Dante. The Art and Scope of the Mixed Form*, London 1994.

(23) M・バフチン『ドストエフスキイ論——創作方法の諸問題』新谷敬三郎訳、冬樹社、一九七四年、一五三―二〇〇頁。鈴木善三『イギリス諷刺文学の系譜』研究社出版、一九九六年。

(24) J. Kristeva, Le mot, le dialogue et le roman, in: *Σημειωτική: Recherches pour une sémanalyse*, Paris 1969.(クリステヴァ「言葉、対話、小説」『セメイオチケ 1』原田邦夫訳、せりか書房、一九八三年、八九―一〇三頁)

(25) Cf. G. Bachelard, Lautréamont, Paris 1939.(バシュラール『ロートレアモンの世界』「ロートレアモンの動物物語」平井照敏訳、思潮社、一九六五年)

(26) Fr. Nietzsche, *Die fröhliche Wissenschaft* 342, KSA 3, S. 571; cf. *ibid*, Vorrede zur zweiten Aufgabe 1, S. 346.

(27) G. F. Creuzer, *Symbolik und Mythologie der alten Völker besonders der Griechen*, 1. Aufl. 1836, Hildesheim 1973.

(28) 前田耕作『宗祖ゾロアスター』ちくま学芸文庫、二〇〇三年、二一八―二二五頁。青木健『ゾロアスター』講談社、二〇〇八年。

(29) アリストテレスは、その散逸著作『哲学について』(*Peri philosophias*)において、ゾロアスターをプラトンの死に先立つ六〇〇〇年前に生きていた人物として記述していたとされる。W. Jaeger, *Aristoteles. Grundlegung einer Geschichte seiner Entwicklung*, 3. Aufl., Frankfurt a. M. 1967, S. 134f.

(30) カントの『遺稿』では、ゾロアスターが「自然的および道徳的実践理性をひとつにまとめたものの理念」(Zoroaster: das ideal der physisch und zugleich moralisch practischen Vernunft in Einem Sinne)、あるいは「ひとつの原理のもとで総括された哲学全体」(Zoroaster: oder die Philosophie im Ganzen ihres Inbegriffs

unter einem Princip zusammen gefasst) として語られている。I. Kant, *Opus postumum*, Erster Convolut, Akademie-Ausgabe, Bd. XXI, Kant's handschriftlicher Nachlaß, Bd. VIII, Berlin/Leibzig 1936, S. 4, 156. ツァラトゥストラの出典に関しては、リヒテンベルクとの関係なども含め、以下を参照。氷上英廣『ニーチェの顔』「ツァラトゥストラとゾロアスター」岩波新書、一九七六年、一〇五―一三七頁。

（31） P. de Man, The Rhetoric of Temporality, in: id., *Blindness and Insight. Essays in the Rhetoric of Contemporary Criticism*, 2nd revised edition, Minneapolis 1983, pp. 187-228.

（32） Cf. Fr. Nietzsche, *Nachgelassene Fragmente*, Herbst 1885-Herbst 1886, 2 [129], KSA 12, 128f.

（33） Id., *Also sprach Zarathustra* II, Der Wahrsager, KSA 4, S. 172.

（34） *Ibid.*, Von der Erlösung, KSA 4, S. 179.

（35） *Ibid.*, S. 181.

（36） Cf. G. Simmel, *Schopenhauer und Nietzsche: Tendenzen im deutschen Leben und Denken seit 1870*, Hamburg 1990.（ジンメル『ショーペンハウアーとニーチェ』吉村博次訳、白水社、一九七五年、二九〇―二九五頁）

（37） P. Klossowski, *Nietzsche et le cercle vicieux*, Paris 1969.（クロソウスキー『ニーチェと悪循環』兼子正勝訳、ちくま学芸文庫、二〇〇四年、一三八―一五一頁）

（38） Cf. M. Heidegger, *Nietzsche* I, Pfullingen 1961, S. 52f.

（39） Fr. Nietzsche, *Also sprach Zarathustra*, III Die Heimkehr, KSA 4, S. 232.

（40） *Ibid.*, Der Genesende 2, KSA 4, S. 276.

（41） *Ibid.*, Vom Gesicht und Räthsel, KSA 4, S. 200.

（42） *Ibid.*, S. 199.

（43） J. Grimm, W. Grimmm, *Deutsches Wörterbuch von Grimm*, Leipzig 1854-1960, Bd. 7, Sp.7936f.; G・アガンベン『思考の潜勢力』「記憶の及ばない像」高桑和巳訳、月曜社、二〇〇九年、所收、四〇六―四〇八頁。

(44) F. Nietzsche, *Also sprach Zarathustra* III, Vom Gesicht und Räthsel 2, KSA 4, S. 202.

(45) Id., *Nachgelassene Fragmente 1884-1885*, Juni-Juli 1885, 38 [12], KSA 11, S. 611 (*Wille zur Macht* 1067).（強調はニーチェによる）

後　記

「哲学する」ことと同様に、「文献学する」ことが必要である。
（フリードリヒ・シュレーゲル）

「十九世紀の古典文献学はフリードリヒ・シュレーゲルやニーチェのような人物の、真正で大胆な人文主義には耐えられなかった」（クルティウス『危機に立つドイツ精神』）。二十世紀のロマンス語文学研究を代表する「文献学者」クルティウスは、すでに半世紀以上前に、われわれの時代と同じく、「教養の解体」や「大学の危機」を目の当たりにして、人文主義の崩壊を憂い、その復権を願っている。人文主義の精神が置き去りにされ、制度化による拘束ゆえに衰弱していく現状に対して、クルティウスは、制度や既存の歴史に縛られない真正の人文主義の必要を訴え、その文脈においてシュレーゲルとニーチェを引き合いに出しているのである。実証性や客観性という厳格な門番が警護する古典文献学は、「累進的・古典的文献学」を主張するシュレーゲルによって突破され、精神の無限の活動であるロマン主義へ、そしてその活動を支える生きた哲学へと変貌していった。「文献学者は（そのものとして）哲学するのでなければならない。……哲学者はおそらく、文献学とは何かを熟知していなければならない」（「文献学についての断章」）。こう語るシュレーゲルにとって、文献学は実証性の鉄鎖に繋がれたものではなく、ロマン主義文学を開花させ、その精神を大きく羽ばたかせる自由を意味していた。「哲学する」(philosophieren) という動詞表現にならって、「文献学する」(philologieren) という語を提起し、文献学と哲学の相互関係を主張するシュレーゲルと同じく、文献学者ニーチェもまた、古典文献学を受け継ぎながら、その内実を劇的に変えていくことで、自ら哲学者へと変貌していく。しかもそれは、けっして文献学そのものの否定ではなく、むしろ文献学の生命の救出であり、その精神の解放であった。

こうしてニーチェは、文献学と哲学の両面に渡って、思想の大きな変動を引き起こそうとしていた。真正で大胆な人文主義を復権し、古典文献学がもつ実証性を思考の過激さによって塗り替え、哲学の内に眠る偉大な潜勢力を目覚めさせることに、ニーチェの生命力のすべてが投入される。そこから生まれたニーチェの思考は、古代ギリシアという文献学的な主題を手がかりとして、合理性や理性に立脚する伝統的な哲学に戦いを挑み、旧弊な伝統を打破しながら、より根底的な問題へ遡ろうとしていた。とりわけそこには、従来の哲学において十分に扱いきれなかった「生」という非合理的で荒々しい力が浮上する。ディオニュソスという古代ギリシアの神の名で呼ばれたのが、そうした生の狂おしい渇望や自己の生への圧倒的な執着であった。しかしあまりに強大な力で打撃を加える拳は、殴打する拳自身を破壊してしまうように、この力は自己保存的であると同時に自己破壊的である。

このような矛盾する方向をもった力が自らを自身の力から護るために形成するのが、「仮象」という仮想的《ヴァーチャル》な世界、つまりは芸術的世界である。ニーチェにとって「美」とは、単に形式的な調和や均整にもとづくものではなく、相反する力同士の葛藤であり、緊張に満ちた力の帯域を意味している。そうした仮象の世界は、それぞれの観点から眺められ、各々の仕方で作り上げられた世界であり、ひとつとして同じものはない。力の作用する地点が変われば、そこから見える光景も一変するのであって、それらに何らかの共通点を見出すことはできない。ここで語られる仮想的な世界とは、個々人が抱く信念や信仰によって織り上げられる多彩な幻影《ファンタスマゴリー》であり、巨視的・超越的な視点を許さない複数の仮象的世界の闘争であった。ニーチェの語る「遠近法主義」の範型となるのはそれゆえ、ルネサンスにおける幾何学的な合理的遠近法ではなく、マニエリスム・バロック期に流行した多視点的な歪曲遠近法《アナモルフォーズ》である。

砕け散った鏡に映る世界の鏡像が無限に異なる光景を写し出すように、世界は無限に異種的で、多元的である。たとえ、ひとつひとつの世界はその内部で整合性をもっていても、それらを総体として一括して掴むことは不可能なのであり、すべての世界は互いに無関係で共約不可能である。無数の世界は、砕け散った破片が偶然に新たな模様を作り出す万華鏡ほどの調和すらもっていない。むしろニーチェの思考の中では、そうした「予定調和」が破られ、万華鏡そのものが粉砕され散乱する光景が展開される。仮象は乱舞して、絶対性という中心を欠いたまま、彩り鮮やかに舞い散り、そこに仮象の円舞《ファランドール》が現れる。この仮象の円舞は、根源的な原理を欠落させ、出発点も目的地もなく浮遊する表層の世界であり、たな引く薄紗《ヴェール》がさまざまな模様を作っては崩れていく流動的な光景を喚起する。しかしながら、もとよりこのヴェールはその内側に何ものかを隠しているわけではなく、その背後に真理の本体が実在することもない。襞だけが生まれては消え、その共鳴や齟齬の内で、互いに強め合い、あるいは妨害し合うかのような幻惑がそこに現出する。本体や事実が存在せず、一切が解釈であり表層であるのなら、それを「虚偽」や「仮象」として糾弾しうる論拠はどこにもない。ひたすら波打ち、豊かで絢爛たるヴェールの揺蕩《たゆた》いのみが、目を欺く幻想とともに去来する。このような虚の世界で起こる時間こそが「永劫回帰」と呼ばれるものにほかならない。

ニーチェにとって、多元的で多視点的な世界の根底に働く時間は、いわゆる時計的・客観的時間のような整合性をもったものではない。直線的に測定可能なものではなく、創造的に自分自身を産出しながら、自分自身を変化させていく流動的で錯綜した時間が考えられなければならない。ニーチェが提示する「永劫回帰」とは、そのような「箍《たが》の外れた時間」の別名なのである。時間もまた砕け散りながら、自分自身を映し、映す自分をまた映すといった狂乱の時間へと姿を変える。永劫回帰とはけっして「円環」ではない。そもそも同じものが「回帰」することは原理的にありえない。なぜなら回帰という「事実」が仮に存在したとしても、そこにはかならず回帰についての「知」が介在し、それによって「事実」は「思想」に変容せざるをえないからである。それにもかかわらず、ニーチェが「等しいものの永劫回帰」という思想を高らかに掲げるのは、自己同一性や同一律といった「一」の言説に溢れた哲学的伝統に対する、きわめて屈折した挑戦であった。ニーチェの語る「喜ばしき知恵」とは、正統的な世界観に対する揶揄を潜ませながら、それにもかかわらず快活に、肯定的に生きる圧倒的な力の発露である。それは、漂流する世界の中で萎縮することも悲観することもなく、多様な現実をあるがままに受け入れ、そこに輝かしい生の現れを感じ取ろうとする、現代的な新たな倫理であった。そしてまた、「喜ばしき知恵」に裏打ちされたニーチェの思考は、伝統的哲学や形而上学に対する単なる拒絶ではなく、哲学の根本的動機に駆り立てられながら、制度に縛られた「学校概念」としての哲学ではなく、「世界概念」としての哲学を貫徹し、脱形而上学的な形而上学を目指す果敢な挑戦であった。

本書が「仮象の文献学」ということで名指しているのは、まさにそうしたニーチェの思考の境位であり、哲学の別の作法である。本書では哲学の変貌を体現するニーチェの思考を、近代哲学の流れの中に位置づけ、その破壊力と創造性の射程を見極めることが目標となっている。そのため本書は、ニーチェの思想の単なる祖述や反復ではなく、それ自体がニーチェ的意味での「文献学」たらんとしている。本書のそうした試みが、哲学研究者にとどまらず、一般の読者の目に触れ、何らかの刺戟を与えることができれば、著者としてこれに過ぐる喜びはない。

著者識

初出一覧

序章　ニーチェのスタイル――表層の哲学をめぐって（『ニーチェ入門』河出書房新社、二〇一〇年）

Ⅰ　文献学・修辞学・歴史学――初期ニーチェにおける言語と歴史（『理想』六六四号「哲学者ニーチェ」、理想社、二〇一〇年）

コラム　山口誠一訳著『ニーチェ『古代レトリック講義』訳解』書評（『図書新聞』三〇二五号、二〇一一年八月六日）

Ⅱ　仮象の論理――『悲劇の誕生』における芸術論と形而上学（『上智哲学誌』六号、一九九三年）

Ⅲ　「喜ばしき知恵」と肯定の思想――ニーチェの美学＝感性論と哲学のドラマ（初出表題「〈華やぐ知恵〉と肯定の思想」『実存思想論集』実存思想協会編、二五〔第二期第一七号〕「実存の美学」、理想社、二〇一〇年）

コラム　「友よ、この響きではなく！」（『喜ばしき知恵』訳者解説、河出文庫、二〇一二年）

Ⅴ　力への意志・モナド論・解釈学――遠近法主義と系譜学（『理想』六六五号「生の哲学――現在に至るまでの展開」、理想社、二〇〇〇年）

Ⅵ　仮象としての世界――ニーチェにおける現象と表現（『思想』九一九号「ニーチェ」、岩波書店、二〇〇〇年一二月）

Ⅶ　仮象の文献学と永劫回帰――仮面・像・反復（『現代思想』四一―二「ニーチェはこう言った」、青土社、二〇一三年二月）

本書の原型となった論考や書評などの初出は、以上の通りである。今回あらためて加筆を行ったものもあるが、おおむね初出の形態を保って本書に収録した。これらの文章を発表する機会を頂戴した学会・研究会や専門誌などに感謝したい。また一書にまとめるに当たってお力添えを給わった知泉書館の小山光夫氏・高野文子氏・齋藤裕之氏、そして本書の内容を象徴的に示唆する装幀という「衣装」を施していただいたデザイナーの谷一和志氏に謝意を表したい。本文の校正や索引作成に関しては、上智大学大学院RAの梅田孝太氏の全面的な協力を仰いだ。これらの方々、および学会・研究会を始め、さまざまな機会で筆者を激励し、刺戟を与えてくださった先生方・知友の方々にこの場を借りて、お礼を申し上げたい。

村井 則夫（むらい・のりお）

1962年東京に生れる。上智大学文学部哲学科卒業後，上智大学大学院哲学研究科博士課程満期退学。現在，明星大学人文学部教授。

〔著書〕『ニーチェ――ツァラトゥストラの謎』（中公新書, 2008年）

〔共著〕*Aufnahme und Antwort. Phänomenologie in Japan* I (Königstein & Neumann, 2011),『西洋哲学史 1』（講談社, 2011年),『哲学の歴史』（中央公論社，2007-2008年），『西洋哲学史再構築試論』（哲学史研究会編，昭和堂，2007年），『ハイデッガーと思索の将来』（ハイデッガー研究会編，理想社，2006年），他。

〔訳書〕ニーチェ『喜ばしき知恵』（河出文庫，2012年），シュナイダース『理性への希望』（法政大学出版局, 2009年), リーゼンフーバー『中世哲学における理性と霊性』（知泉書館, 2008年), ブルーメンベルク『近代の正統性　Ⅲ』（法政大学出版局, 2002年), リーゼンフーバー『中世思想史』（平凡社，2003年），トラバント『フンボルトの言語思想』（平凡社，2001年），他。

〔論文〕「田辺元のバロック哲学――絶対媒介の力学性と象徴性」（『思想』1053，2011年),「可能性としての人文主義――グラッシとアウエルバハにおける修辞学的・文献学的思考」（『思想』1023，2009年),「歴史と起源――フンボルトにおける媒体としての言語」（『思想』）949，2003年），他。

〔共編〕『西田幾多郎全集』第14-16巻（岩波書店, 2004-2008年）

〔ニーチェ　仮象の文献学〕　ISBN978-4-86285-172-7

2014年4月 5日　第1刷印刷
2014年4月10日　第1刷発行

著者　村井則夫
発行者　小山光夫
製版　ジャット

発行所　〒113-0033 東京都文京区本郷1-13-2
電話03（3814）6161 振替00120-6-117170
http://www.chisen.co.jp
株式会社 知泉書館

Printed in Japan　印刷・製本／藤原印刷

人名索引
（「コラム」を除く）

事項索引

（「コラム」を除く）

さ　行

た・な 行

は　行

ま・や　行

ら・わ　行

（索引作成：梅田孝太）